D1433122

DICCIONARIO DE MODISMOS
INGLESES Y NORTEAMERICANOS

ALFONSO TORRENTS DELS PRATS

Intérprete de las Naciones Unidas

DICCIONARIO DE MODISMOS

INGLESES Y NORTEAMERICANOS

EDITORIAL JUVENTUD, S. A.

PROVENZA, 101 - BARCELONA

© A. Torrents dels Prats, 1969
  Editorial Juventud, Barcelona (España), 1969
Primera edición, junio 1969
Segunda edición, marzo 1977
Tercera edición, julio 1979
Depósito Legal, B. 2.413-79
ISBN 84-261-0838-5
Núm. de edición de E. J.: 6.054
Impreso en España - Printed in Spain
Talleres Gráficos A. Núñez - París, 208 - Barcelona-8

NOTA PRELIMINAR

*A*L buscar un título para esta obra, la palabra «modismo» nos pareció una auténtica áncora de salvación, ya que nos permite disimular la falta de homogeneidad de las diversas expresiones recogidas. En su más amplia acepción, entendemos por modismo la pirueta gramatical que nos impide aprisionar un idioma dentro de los límites de una ecuación lógica. El modismo es la alegría del idioma, el color o la sal, o como se le quiera llamar. Es la evasión inesperada de la monotonía narrativa, que nos hace más soportable la confidencia personal no solicitada o que nos pone inmediatamente en ambiente. Cuando decimos que «no está el horno para bollos», nos ahorramos el esfuerzo de matizar una situación que difícilmente podríamos expresar con la misma viveza que nos depara el modismo.

El idioma inglés, además de ser sumamente práctico, cuando se le trata en la intimidad resulta tan romántico, tan tierno o tan sentencioso como cualquier otro. Y lo que se ha dado en llamar el genio del idioma se manifiesta en sus proverbios, aforismos, frases hechas o, simplemente, rarezas gramaticales, que de todo contiene nuestra colección. Para añadir un poco más de confusión a esta confesada falta de sistemática, diremos que incluso hemos introducido algunas expresiones que de por sí no constituyen ningún modismo en el idioma inglés, es decir, que no presentan ninguna peculiaridad de expresión, pero las hemos considerado interesantes desde el punto de vista de su traducción al español. Otras de las expresiones presentadas serán consideradas como «fáciles», o sea fáciles de comprender o traducir, y en este caso nos hemos propuesto simplemente dar fe de un paralelismo, pensando también que podían servir de comprobación a los hipotéticos lectores de habla inglesa que utilicen el libro. *El grupo menos representado es el de los llamados modismos verbales, que son las variaciones de significado que pueden obtenerse en inglés añadiendo a un verbo distintas preposiciones o adverbios. El motivo es que dichos modismos se encuentran ya en los diccionarios corrientes y aun existen excelentes obras especializadas sobre el tema, por lo que nos hemos limitado a incluir aquellos que presentan un interés especial. Abundan, en cambio, las expresiones «slang», que a pesar de su antiacademicismo se hallan presentes en el lenguaje de casi todos los grupos sociales norteamericanos y constituyen un sector que presenta ciertas dificultades de comprensión. Dichas expresiones vienen indicadas por la abreviatura* sl. *Como llevamos medio dicho, hemos tratado de traducir al castellano todas estas expresiones, pero esta operación, que es el objeto principal del «diccionario», no hemos podido indicarla en el título porque hubiese resultado demasiado largo.*

Si las palabras aisladas de uso corriente ya presentan frecuentemente dificultades de traducción, es evidente que establecer la equivalencia entre dos idiomas para lo que constituyen sus fórmulas de expresión más propias es una labor mucho más ardua. Sin querer entrar en la teoría de la traducción, y en todo caso huyendo de las posturas pesimistas en cuanto a las posibilidades de comunicación entre lenguas distintas, creemos que todas las lenguas poseen un substrato cultural común y que hay muchas situaciones ante las que los hombres de distintas culturas reaccionan de la misma manera.

Todo eso viene a cuento para decir que para la traducción de una expresión inglesa determinada hemos tratado de dar el modismo español más aproximado posible. Muchas veces, no hay que ser pesimistas, existen expresiones perfectamente paralelas. Y en los casos en que no existe el equivalente español no nos ha quedado más remedio que recurrir a la explicación. También es posible que, de haber buceado a mayores profundidades en el riquísimo refranero castellano, hubiésemos dado con más equivalencias. Pero habiendo querido dar a esta obra un carácter esencialmente práctico, hemos considerado que expresiones del tipo «Ni con cada mal al cirujano, ni con cada pleito al letrado, ni con cada sed al jarro», por un lado, son prácticamente desconocidas, y por otro, de utilizarse en una traducción constituirían a buen seguro un bache estilístico en la gran mayoría de los contextos.

* * *

Según se observará, el método seguido para cada modismo es el siguiente: debajo de la expresión inglesa se dan diversas acepciones de aquél en castellano, seguidas de una frase en inglés que contiene el modismo que trata de ilustrarse, la cual finalmente se traduce al castellano. Creemos que el ejemplo ayuda a fijar el sentido del modismo y facilita la retentiva, permitiendo al mismo tiempo que el lector aprecie el contexto en que se usa e incluso que pueda encontrar soluciones complementarias a las dadas por nosotros. Esta norma la hemos roto únicamente para los refranes y algunas frases hechas. En estos casos hemos prescindido del ejemplo, ya que al tratarse de unidades expresivas autónomas lo hemos creído innecesario. Guiados por el mismo afán de economía, en la traducción de la frase inglesa suele utilizarse una acepción distinta de las indicadas en primer lugar. En cuanto a dichas acepciones, debe observarse que no siempre se trata de sinónimos (suponiendo que existan los sinónimos), sino de acepciones auténticamente distintas que puede entrañar el modismo y que no ha sido posible ilustrar en su totalidad para que la obra no sobrepasara los límites que nos habíamos fijado. Los paréntesis que aparecen a veces en las expresiones del modismo inglés indican que las palabras encerradas constituyen una variante de las palabras que les preceden inmediatamente. También debe observarse que los modismos que no vienen traducidos por remitirnos a otro equivalente no son por ello menos importantes. Respecto al orden alfabético, se observará que hemos seguido una rigurosa clasificación por la forma más corriente de aparición del modismo. Así, si bien el enunciado general de «It goes without saying» sería «To go without saying», nos hemos decidido por la primera expresión por ser la que casi siempre se presentará en la práctica. De acuerdo, pues, con el criterio alfabético anunciado, dicho modismo se ha clasificado atendiendo a su primera palabra componente, es decir, el pronombre "it". Sin embargo, para ayudar al lector a superar las vacilaciones que pueda sentir, sea por la imprecisión de su memoria, sea porque la expresión que busca constituye una variación de la recogida en el diccionario, al final de la obra figura un índice complementario de las palabras significativas que integran los modismos y que le remite a la página donde éstos se encuentran.

Y habiendo ya vencido realmente nuestra timidez en lo que va de prólogo, nos atrevemos por último a mencionar la distinción que hacemos en el título entre modismos «ingleses y norteamericanos». Para los que no podemos alegar como lengua materna la que dio fama al bardo de Stratford, creemos sinceramente que la distinción es válida. También creemos que la distinción no puede molestar a ninguno de los dos grupos angloparlantes separados por el Atlántico. En todo caso, lo único que se nos ocurre es que los embarcados en el Mayflower *han quedado ampliamente vengados en el terreno lingüístico porque sus descendientes han puesto el mismo dinamismo en «acuñar» nuevas expresiones idiomáticas que el desplegado por ellos en un principio para dominar una naturaleza, aunque rica, salvaje. Pero tratándose, naturalmente, de un desquite incruento, el resultado no podía ser otro que una fecundísima colaboración, de la que ha surgido una de las lenguas más precisas, más ágiles y brillantes de todos los tiempos: el inglés moderno.*

A. T. dels P.

A

ABOUT FACE

cambio radical (diametral, completo, repentino) de actitud (postura, orientación, proceder, etc.); viraje en redondo, viraje inesperado, viraje, media vuelta, cambio de frente.

The Institute will have to make an about face in its traditional methods if it wishes to align itself with modern trends.

El Instituto tendrá que modificar radicalmente sus métodos tradicionales si quiere incorporarse a las corrientes modernas.

ACCORDING TO HOYLE

correcto, reglamentario, conforme a las normas, «católico», que va a misa.

It might not be according to Hoyle, but I love to soak croissants in my milk.

No será muy correcto, pero me encanta mojar los *croissants* en la leche.

ACCOUNT FOR, TO

1) explicar, ser la razón o el motivo de algo.

And that accounts for him being so tired.

Y esto explica por qué estaba él tan cansado.

2) responder de, dar cuenta y razón, rendir cuentas.

We have to account for our actions.

Todos debemos responder de nuestras acciones.

3) representar, constituir, suponer. *In this country women account for sixty per cent of the population.*

En este país, las mujeres constituyen el sesenta por ciento de la población.

ACID-HEAD

persona que toma la droga LSD (ácido lisérgico), aficionado al «ácido».

Though some of the boys were intelligent and interesting, I decided to stay away from that group of acid-heads and pot smokers.

Aunque algunos de los muchachos eran inteligentes y tenían

una personalidad interesante, decidí no mezclarme con aquel grupo de aficionados al «ácido» y fumadores de grifa.

ACID TEST, THE

la prueba decisiva (suprema, definitiva), la prueba del fuego, la parte más difícil.

The acid test of marriage is the first fifty years.

La prueba suprema del matrimonio son los primeros cincuenta años.

ACQUIRE A TASTE FOR, TO

aficionarse a, tomar gusto a.

With my frequent trips to Amsterdam I have acquired a taste for Rembrandt.

En mis frecuentes viajes a Amsterdam me he aficionado a Rembrandt.

ACROSS THE BOARD

con carácter general, en todos los casos, lineal.

I submit that reductions have to be made across the board.

Sostengo que las reducciones han de hacerse con carácter general.

ACT OF GOD

1) fuerza mayor, caso fortuito, fenómeno de la naturaleza, catástrofe natural.

Insurance companies consider hurricane damage, as an act of God and do not therefore accept claims in respect of it.

Las compañías de seguros consideran los daños causados por un huracán como un caso de fuerza mayor y, por lo tanto, no aceptan las reclamaciones por este concepto.

2) obra de Dios, milagro del cielo, milagro de la Providencia.

The sole survivor of the shipwreck said yesterday in an interview that his survival was an act of God.

El único superviviente del naufragio declaró ayer en una entrevista que su salvación había sido un milagro.

ACT ONE'S AGE, TO

comportarse de acuerdo con la edad que se tiene.

You should start acting your age and stop buying those flashy dresses.

Deberías empezar a portarte de acuerdo con tu edad y dejar de comprarte esos vestidos tan llamativos.

ADD INSULT TO INJURY, TO

para colmo (de insolencia, de desfachatez); por si esto fuera poco; para colmar la medida; para mayor sarcasmo; y encima, la burla; agraviar por partida doble; tras la ofensa, la burla.

Not only was he late for dinner, but he added insult to injury by complaining that the food was cold.

No solamente llegó tarde a la cena, sino que, para colmo de

desfachatez, se quejó de que la comida estaba fría.

ADMINISTER AN OATH, TO

tomar juramento.

In Australia the oath of allegiance to the Crown is administered by a Justice of the Peace.

En Australia, el juramento de fidelidad a la Corona se presta ante el juez municipal.

AFFORD A RISK, TO

exponerse a, correr un riesgo.

We cannot afford the risk of putting all the money in stocks and shares.

No podemos correr el riesgo de invertir todo el dinero en valores mobiliarios.

AFTER ONE'S OWN HEART

enteramente al gusto de uno.

When she told me that she was mad about auto racing I realized that she was a girl after my own heart.

Cuando me dijo que se pirraba por las carreras de coches comprendí que era el tipo de chica que a mí me gusta.

AGAINST ONE'S BETTER JUDGMENT (OPINION, WISHES)

contra los deseos de uno, contra su parecer.

I will promote your daughter to the next class if you insist but it will be against my better judgment.

Si insiste, pondré a su hija en la clase siguiente, pero que conste que no soy de su opinión.

AGAINST THE GRAIN

a contrapelo, cuesta arriba, que repugna.

It goes against the grain to do a friend a bad turn.

Hacer una mala jugada a un amigo es algo que nos repugna a todos.

AGONIZING REAPPRAISAL, AN

doloroso replanteamiento, angustiosa revisión, penosa rectificación de conceptos.

After the war many countries had to go through an agonizing reappraisal of their participation in world affairs.

Después de la guerra, muchos países tuvieron que proceder a un doloroso replanteamiento de su participación en los asuntos mundiales.

AGREE TO, TO

quedar en, convenir en, acordar que.

We agreed to share the cost.

Quedamos en que compartiríamos los gastos.

AGREE WITH SOMEONE, TO

1) estar de acuerdo con alguien, estar con uno.

I agree with you.

Estoy de acuerdo contigo.

2) irle (sentarle) bien a uno, probarle.

I don't think the climate agrees with me.

Creo que este clima no me prueba.

ALIVE AND KICKING

vivito y coleando, lleno de energías, más fuerte que nunca.

Despite 30 years of illnesses and accidents he is still alive and kicking.

A pesar de haber pasado treinta años de enfermedades y accidentes, está todavía vivito y coleando.

ALL ALONG

desde el principio, en todo momento.

We knew all along what was going on.

Desde el principio supimos lo que ocurría.

ALL AND SUNDRY

todos, todos sin excepción; todo quisque, ciento y la madre, una caterva.

We expected only a few people but they came all and sundry.

Esperábamos sólo a unas pocas personas, pero vinieron ciento y la madre.

ALL BUT

1) casi, casi del todo.

All traces of snow have all but disappeared.

Las señales de nieve casi han desaparecido.

2) todos excepto, todos menos.

All but four passengers survived.

Se salvaron todos los pasajeros menos cuatro.

ALL CATS ARE ALIKE IN THE DARK

De noche, todos los gatos son pardos.

I am not sure if I saw John last night after leaving your house because, as you know, all cats are alike in the dark.

No estoy seguro de haber visto a Juan anoche al salir de tu casa, porque ya sabes que de noche todos los gatos son pardos.

ALL DAY LONG

todo el día, durante todo el día.

We were travelling all day long.

Viajamos durante todo el día.

ALL DRESSED UP AND NOWHERE TO GO

Compuesta y sin novio, muchas molestias para nada, haberse molestado uno inútilmente, quedar chasqueado.

The dinner was ready, I had even lit the candles when Albert called to say that it was impossible for him to come. There I was, all dressed up and nowhere to go.

La cena estaba lista, e incluso había encendido las velas, cuando llamó Alberto para decir que le resultaba imposible venir. Así que me quedé compuesta y sin novio.

ALL HIS GEESE ARE SWANS
lo suyo es siempre lo mejor, no hay nada como lo suyo.

«He boasts of having the best house in the village.»

«O, well, we all know that all his geese are swans.»

—Presume de tener la mejor casa del pueblo.

—Bueno, todos sabemos que lo suyo es siempre lo mejor.

ALL IN
cansado, rendido.

After so many hours of walking we arrived home all in.

Después de andar tantas horas, llegamos a casa rendidos.

ALL IN ALL
1) en general, en conjunto, en total.

All in all they numbered only 300 men.

En total, no eran más de trescientos hombres.

2) en definitiva, en resumidas cuentas, bien mirado.

All in all this is the best solution.

En definitiva, ésta es la mejor solución.

ALL IN ONE (THE SAME) BREATH
sin detenerse a respirar, sin interrupción, de una tirada, de carrerilla, acto seguido, a renglón seguido, una cosa detrás de otra.

She told us she had a new job, bought a car, was going to take a trip and get married all in one breath.

Nos dijo que había conseguido un nuevo empleo y, a renglón seguido, que se había comprado un coche, que iba a hacer un viaje y que se casaba.

ALL IS WELL THAT ENDS WELL
Bien está lo que bien acaba.

ALL NIGHT LONG
toda la noche, durante toda la noche.

The dog has been barking all night long.

El perro ha ladrado toda la noche.

ALL OF A SUDDEN
repentinamente, de pronto.

I was about to board the train when all of a sudden I realized that I had lost my ticket.

Me disponía a subir al tren, cuando, de pronto, me di cuenta de que había perdido el billete.

ALL OUT
a fondo, a toda marcha, a todo vapor, a pleno rendimiento, en gran escala, con el esfuerzo máximo o supremo, a la máxima potencia, echando mano de todos los recursos, en toda la línea, total.

This machine can turn out forty units a day when it is going all out.

Funcionando a pleno rendimiento, esta máquina puede producir cuarenta unidades diarias.

The Government is determined to launch an all-out attack against illiteracy.

El Gobierno está decidido a emprender un ataque a fondo contra el analfabetismo.

The pilot made an all-out effort and recovered control of the aircraft.

Con un esfuerzo supremo, el piloto consiguió recuperar el control de la aeronave.

ALL RIGHT

1) está bien, perfectamente.

«*Is it all right if I come at five o'clock?*»

«*All right.*»

—¿Le viene bien que vaya yo a las cinco?

—Perfectamente.

2) ciertamente, efectivamente, desde luego.

«*Did Paul come, as he had said?*»

«*He came all right but didn't bring the money.*»

—¿Vino Pablo, como prometió?

—Vino, en efecto, pero no trajo el dinero.

ALL SET

dispuesto, preparado, listo, a punto de marcha, dispuesto a empezar, que ya no necesita nada más.

When I got home the children were all set to go to the park.

Cuando llegué a casa, los niños estaban ya listos para ir al parque.

ALL THAT GLITTERS IS NOT GOLD

No es oro todo lo que reluce.

ALL THE BEST

que tengas mucha suerte, que te vaya bien.

Don't forget to write once in a while and...all the best.

No te olvides de escribir de vez en cuando, y que tengas mucha suerte.

ALL THE BETTER

tanto mejor.

We could go by train but if you can borrow your father's car, all the better.

Podríamos ir en tren, pero si puedes conseguir que tu padre te preste el coche, tanto mejor.

ALL THE OTHER WAY (A)-ROUND. Véase OTHER WAY etc.

ALL THE SAME

igualmente, de la misma manera; a pesar de ello; de todos modos.

He has behaved badly to us, but we invite him to our parties all the same.

Se ha portado muy mal con nosotros, pero, a pesar de ello, seguimos invitándole a nuestras fiestas.

ALL THE WORLD AND HIS WIFE (UNCLE). Véase ALL AND SUNDRY.

ALL THINGS BEING EQUAL

en igualdad de circunstancias.

All things being equal I shall finish the job before he does.

En igualdad de circunstancias, yo puedo terminar el trabajo antes que él.

ALL TOLD

en total, en conjunto, en resumidas cuentas.

All told, we visited five countries.
En total, visitamos cinco países.

ALLOW FOR, TO

tener en cuenta, considerar, hacerse cargo de.

In assessing the extent of his victories we must allow for the material assistance provided by his allies.
Al enjuiciar la magnitud de sus victorias, hay que tener en cuenta la ayuda material que le prestaron sus aliados.

ALL-TIME

sin precedentes, el mayor hasta la fecha, el mayor de la historia.

This year we had an all-time harvest.
Este año hemos tenido una cosecha sin precedentes.

ALSO RAN

(En una carrera deportiva, después de nombrar a los que han obtenido los primeros puestos se cita a los demás participantes, precedidos de estas palabras.) de segunda fila, del montón, entre otros muchos, entre los demás participantes.

He was a good actor but never made it big. All his life he was an also ran.

Era un buen actor, pero no consiguió triunfar de verdad. En toda su vida no logró salir de la mediocridad.

AN OUNCE OF PREVENTION IS WORTH A POUND OF CURE

Vale más prevenir que curar.

AND THEN SOME

y mucho más, y más si lo hubiere, ¡y cómo!, ¡y de qué manera!, con creces.

After working for a few months I made the money to pay for my fare and then some.
Después de trabajar unos pocos meses conseguí ganar el dinero para pagarme el pasaje y mucho más aún.

He wants the lot and then some.
Lo quiere todo, y más si lo hubiera.

AND WHAT HAVE YOU

todo lo que quieras, y no digo más, y para qué voy a contarte.

The house they have rented is equipped with furniture, utensils, wall to wall carpet and what have you.
La casa que han alquilado está amueblada, tiene vajilla, moqueta y todo lo que quieras.

AND WHAT NOT

(igual que el anterior)

ANNOUNCE THE GLAD TIDINGS, TO

dar buenas noticias.

When the child was born I was charged with announcing the glad tidings.

Cuando nació el niño, me encargaron de dar la buena noticia.

ANSWER THE PURPOSE, TO

cumplir su cometido, ser adecuado, resolver la cuestión, producir el efecto deseado, responder al fin perseguido.

My boss said a holiday in Jamaica would improve my spirits but I thought a rise in salary would answer the purpose better.

Mi jefe dijo que unas vacaciones en Jamaica me levantarían la moral, pero yo pensé que lo que resolvería la cuestión sería un aumento de sueldo.

ANY MINUTE (or TIME) NOW

de un momento a otro, en seguida, al caer.

The train from Toronto is due in any minute now.

El tren de Toronto llegará de un momento a otro.

ANY TIME

siempre que quiera, ya lo sabe; está a su disposición.

«Here is the wrench I borrowed last night. Thank you very much».

«Any time».

—Aquí tiene la llave inglesa que me prestó anoche. Muchas gracias.

—Cuando quiera, ya lo sabe.

ANYONE FOR...?

¿Quiere alguien...?

Anyone for a cigarette?

¿Quiere alguien un cigarrillo?

ANYTHING ELSE? Véase WHAT ELSE?

ANYTHING GOES

todo está permitido, todo vale, todo está bien, cualquier cosa sirve.

It is a kind of wrestling where anything goes: you may kick your opponent, pull his hair or bite him.

Es el tipo de lucha en la que todo está permitido: se puede dar patadas al adversario, tirarle de los pelos o morderle.

APPLE OF ONE'S EYE, THE

la niña de sus ojos.

He loves Albert very much but Juanita is the apple of his eyes.

Quiere mucho a Alberto, pero Juanita es la niña de sus ojos.

APPLY FOR, TO

solicitar, acudir a.

I intend to apply for the post of secretary.

Tengo la intención de solicitar el puesto de secretario.

APRIL FOOL'S DAY

el día de los Inocentes.

Do not believe a thing of what he is saying. Don't you remember that to-day is April Fool's Day?

No creas una palabra de lo que te dice. ¿No recuerdas que hoy es el día de los Inocentes?

ARM IN ARM
del brazo, cogidos del brazo.

We strolled arm in arm toward the waiting car.

Fuimos del brazo hasta el coche que nos esperaba.

ARM OF THE LAW, THE.
Véase LONG ARM OF, etc.

ARM-CHAIR STRATEGIST, AN
estratega de café.

It's very easy for arm-chair strategists to decide the fate of the world.

A los estrategas de café les resulta muy fácil decidir el destino del mundo.

AROUND THE CLOCK
sin interrupción, las veinticuatro horas del día, día y noche, sin parar.

The factory worked around the clock to complete the order by Christmas.

La fábrica trabajó día y noche para poder servir el pedido en Navidad.

AS A MATTER OF COURSE
como cosa corriente y normal.

Travel expenses should be paid to lecturers as a matter of course.

Abonar a los conferenciantes los gastos de viaje debería ser cosa corriente y normal.

AS A MATTER OF FACT
1) a decir verdad, en realidad, realmente, efectivamente, de hecho.

«Did you ever suspect the intentions of the defendant?»

«As a matter of fact, I did not.»

—¿Llegó usted a sospechar cuáles eran las intenciones del acusado?

—A decir verdad, no.

Henry pretends to be interested in Laura, but, as a matter of fact, he only wants to make Pamela jealous.

Enrique trata de hacer ver que está interesado por Laura, pero, en realidad, no quiere más que darle celos a Pamela.

2) por cierto, a propósito, precisamente, justamente.

«Do you feel like going out tonight?»

«As a matter of fact, I was about to put you the same question.»

—¿Tienes ganas de salir esta noche?

—Precisamente eso iba a preguntarte yo.

AS ANY ONE MAN
como el que más, como cualquier hijo de vecino.

I like drinking as any one man but I know where to stop.

Me gusta beber como el que más, pero sé cuándo debo pararme.

AS APPROPIATE
según el caso, según corresponda.

For your application use form A-27 or A-28, as appropiate.

Para su solicitud utilice el impreso A-27 o el A-28, según corresponda.

AS BROAD AS IT IS LONG

es igual, lo mismo da.

Since we are four, taking a bus or a taxi to go to the fair is as broad as it's long.

Como somos cuatro, para ir a la feria lo mismo da que tomemos el autobús que un taxi.

AS EASY AS FALLING OFF A HORSE (LOG)

más fácil no puede ser.

All you have to do is to fill out this card and wait for the mailman to deliver the book. It's as easy as falling off a horse.

Todo lo que tienes que hacer es llenar esta tarjeta y esperar a que el cartero te traiga el libro. Más fácil no puede ser.

AS FAR AS I AM CONCERNED

por lo que a mí se refiere, en cuanto a mí, por mí.

As far as I am concerned you can give it all to him.

Por mí, se lo puedes dar todo.

AS GOOD AS DONE

poder darlo por hecho.

Given the money and labour, the job is as good as done.

Contando con el dinero y la mano de obra, el trabajo puede darse por hecho.

AS HAPPY AS A LARK

más contento que unas pascuas.

We told our maid that she could have the evening free and she was as happy as a lark.

Le dijimos a la muchacha que no la necesitábamos por la noche y se puso más contenta que unas pascuas.

AS I SEE IT...

a mi entender, a mi modo de ver, en mi opinión.

As I see it Gloria was right in not going.

A mi modo de ver, Gloria hizo bien en no ir.

AS IT WERE

por decirlo así, como si dijéramos, como quien dice.

Oil has become, as it were, the lifeblood of modern industry.

El petróleo se ha convertido, por decirlo así, en la savia de la industria moderna.

AS LIKE AS TWO PEAS

parecidos como dos gotas de agua.

In spite of not being twins they are as like as two peas.

A pesar de no ser gemelos, se parecen como dos gotas de agua.

AS LONG AS I AM SOUND IN WIND AND LIMB

mientras me queden fuerzas, mientras no me falle el ánimo, mientras el cuerpo aguante.

I intend to continue playing football as long as I am sound in wind and limb.

Me propongo seguir jugando al rugby mientras me queden fuerzas.

AS LUCK WOULD HAVE IT

quiso la suerte (el destino) que, por suerte o por desgracia, por una coincidencia, resulta que.

As luck would have it, I arrived in New York just when my brother got there.

Por una coincidencia llegué a Nueva York cuando mi hermano acababa de llegar.

AS SOON AS

tan pronto como, apenas, así que.

My husband asks for his dinner as soon as he arrives from the office.

Mi marido pide la cena así que llega de la oficina.

AS THE CROW FLIES

en línea recta, a vuelo de pájaro, por el camino más corto.

Our house is only a mile from the village, as the crow flies, but it is much further by the road because you have to go around the lake.

Nuestra casa está sólo a una milla del pueblo en línea recta; pero por carretera la distancia es mayor, porque hay que rodear el lago.

AS WELL BE HANGED FOR A SHEEP AS FOR A LAMB

De perdidos, al río. Preso por mil, preso por mil y quinientos.

AS YET

todavía, hasta ahora.

As yet I have not received his letter.

Hasta ahora no he recibido su carta.

ASK FOR IT, TO

buscársela, ganársela.

I did not want to send him away. He asked for it by his bad behaviour.

Yo no quería echarlo de casa. Pero él se lo ha buscado con su mala conducta.

AT A PREMIUM

muy buscado, que se paga a muy alto precio, solicitadísimo; con prima, por encima de la par.

Owing to the rapid growth of schools teachers are at a premium in this country.

Debido al rápido aumento del número de escuelas en este país, los maestros están solicitadísimos.

AT A SITTING

de una sentada.

He could consume five bottles of wine at a sitting.

Era capaz de beberse cinco botellas de vino de una sentada.

AT AN EARLY DATE

dentro de poco, en fecha próxima.

We look forward to hearing from you at an early date.

Esperamos tener noticias tuyas dentro de poco.

AT ANY RATE

como sea, a cualquier precio.

Try to get those tickets at any rate.

Trata de conseguir los billetes como sea.

AT BEST

en el mejor de los casos, cuanto más.

He'll get fifty per cent, at best.

En el mejor de los casos, conseguirá un cincuenta por ciento.

AT FAULT

1) culpable, que ha hecho mal, que no ha cumplido.

Custom dictates that the husband gets his money back if the marriage breaks up because of the wife's misdeeds. If he is at fault, he loses both bride and dowry.

Según estipula la costumbre, el marido recupera el dinero cuando el matrimonio se disuelve como consecuencia de la mala conducta de la esposa. Cuando el culpable es él, se queda sin mujer y sin dote.

2) que anda desencaminado, desorientado, perplejo.

Once again, the facts have proved that our adviser's foresight has not been at fault.

Una vez más, los hechos han demostrado que nuestro asesor no andaba desencaminado en sus previsiones.

AT FIRST

al principio.

At first you'll be a bit confused but then you'll get used to it.

Al principio estarás un poco desorientado, pero después te acostumbrarás.

AT HEART

en el fondo, en realidad.

In spite of what people say about him, he is a good person at heart.

A pesar de lo que dice la gente, en el fondo es una buena persona.

AT HIS (or HER) BEST

en uno de sus mejores momentos, en plenitud de facultades, en su apogeo, a mayor altura.

He is at his best when playing Mozart.

Interpretando a Mozart es cuando raya a mayor altura.

AT ITS BEST

del bueno, de la mejor clase; en todo su esplendor.

Paris is at its best in the spring.

En primavera es cuando está París en todo su esplendor.

AT ITS WORST

de lo peor, de la peor clase, en sus peores momentos.

This is a case of politics at its worst.

Es un ejemplo de política de la peor especie.

AT LARGE

1) en libertad, suelto.

With so many criminals at large it is dangerous to walk in the streets.

Con tantos criminales sueltos, resulta peligroso andar por la calle.

2) extensamente, en detalle, a fondo.

This chapter deals at large with the Middle Age.

Este capítulo trata extensamente de la Edad Media.

3) en general.

His theories are popular with the intellectuals at large.

Sus teorías gozan del favor general de los intelectuales.

4) a los cuatro vientos, a diestro y siniestro.

Since you left, your friends have been criticizing you at large.

Desde que te marchaste, tus amigos te han estado criticando a diestro y siniestro.

5) *Ambassador-at-large.* (Embajador que no está acreditado permanentemente ante un jefe de Estado extranjero, sino que es enviado al exterior por su gobierno para determinadas misiones concretas y transitorias.)

embajador especial, embajador en misión especial, embajador volante.

As an Ambassador at large he had to be careful not to hurt the feel-ings of the resident ambassadors in the countries he had to visit.

En su calidad de embajador especial, había de tener buen cuidado de no herir la susceptibilidad de los embajadores acreditados ante los países que tenía que visitar.

AT LENGTH

con detenimiento.

I can't give you an answer to your request until I have studied it at length.

No puedo dar respuesta a su solicitud hasta que la haya estudiado con detenimiento.

AT ODD MOMENTS

de vez en cuando, a ratos perdidos.

If you only study at odd moments you'll never pass the examination.

Si sólo estudias a ratos perdidos, nunca te aprobarán.

AT ONCE

en seguida, inmediatamente, sin pérdida de tiempo.

Go and do your homework at once.

Ponte a hacer los deberes inmediatamente.

AT ONE GO

de una vez, de golpe.

I was so thirsty that I emptied the glass at one go.

Tenía tanta sed que vacié el vaso de golpe.

AT ONE'S WITS' END

sin saber qué hacer o decir.

He has lost his job and is at his wits'end to know how to keep his family.

Perdió su empleo y ahora no sabe qué hacer para mantener a su familia.

AT SEA

desorientado, confuso, perplejo, perdido, en un mar de dudas.

I could tell by his words that he was all at sea.

Por sus palabras me di cuenta de que estaba desorientado.

AT SIXES AND SEVENS

1) en desorden, manga por hombro.

Everything is at sixes and sevens at the office now that the new time table has been introduced.

En la oficina reina el desbarajuste desde que adoptamos el nuevo horario.

2) no conseguir ponerse de acuerdo.

The Committee is at sixes and sevens about the new draft bill.

El comité no consigue ponerse de acuerdo sobre el nuevo proyecto de ley.

AT THAT

1) por cierto, además, por demás, para el caso.

His suggestions are off the subject and badly expressed at that.

Sus propuestas no vienen al caso y, además, están muy mal presentadas.

2) sin embargo, no obstante, a pesar de eso.

George describes Paris vividly, but at that I doubt that he has ever been there.

Jorge habla de París con un gran realismo. Sin embargo, dudo de que jamás haya estado allí.

3) precisamente, por más señas.

One of my guests was male, the other female and a nun at that.

Uno de mis invitados era un hombre y el otro una mujer, y monja, por más señas.

AT THE DROP OF A HAT

1) por un quítame allá esas pajas, a la menor provocación, por el menor motivo.

They are the type of quick-tempered people who would fight with each other at the drop of a hat.

Son gente de genio pronto que se pelean por el menor motivo.

2) inmediatamente, con toda rapidez, en un santiamén.

I like this restaurant. They serve you at the drop of a hat.

Me gusta este restaurante. Te sirven inmediatamente.

AT THE END OF NOWHERE

en el quinto infierno, muy lejos, en los confines de la tierra.

I seldom go to see them; they live at the end of nowhere.

Raras veces voy a verlos; viven en el quinto pino.

AT THE RATE OF

a razón de.

Visitors are coming at the rate of one thousand a day.

Los visitantes llegan a razón de mil al día.

AT THIS STAGE

a estas alturas, en la actual coyuntura, por ahora, tal como están las cosas, en estos momentos, dada la situación.

It would be premature to take any final decision at this stage.

En estos momentos sería prematuro adoptar una decisión definitiva.

AT TIMES

a veces, a ratos.

At times he is very charming but he can be very nasty when he wants to be.

Hay veces que está muy simpático, pero cuando se lo propone puede ser muy desagradable.

AT YOUR EARLIEST CONVENIENCE

a la primera oportunidad, en cuanto pueda, en cuanto le venga bien (es una forma educada de dar prisa).

Please answer me at your earliest convenience.

Le ruego que me conteste a la primera oportunidad.

AU PAIR (GIRL), AN

(Chica joven, por lo general de procedencia extranjera, que ayuda al ama de casa en las tareas del hogar a cambio de su manutención y otras pequeñas compensaciones.)

chica que trabaja en una familia.

Anne was planning to work as an au pair for six months with a Spanish family before taking her Spanish examination.

Ana se proponía trabajar con una familia española durante seis meses antes de pasar el examen de español.

AVOID LIKE THE PLAGUE, TO

huir como de la peste.

The neighbours avoid Johnny like the plague.

Los vecinos huyen de Juanito como de la peste.

AWHILE BACK (sl.). Véase WHILE BACK, A.

B

BABES IN THE WOODS

(Alusión al cuento infantil de los niños perdidos en el bosque.)

inocentes, incautos, inexpertos, expuestos a los peligros que acechan al inocente.

In the ruthless atmosphere of this business the Joneses look to me like two babes in the woods.

En el ambiente despiadado de este tipo de negocio, los Jones me recuerdan un par de inocentes corderitos.

BABY SITTER

«canguro», persona que vigila a los niños en ausencia de los padres de éstos, niñera.

If we don't get a baby sitter for tonight we won't be able to go to the movies.

Como no encontremos a alguien que vigile a los niños esta noche, no podremos ir al cine.

BACK OF BEYOND, THE

lugar (pueblo) perdido (lejos de la civilización, olvidado de Dios), el desierto, el quinto pino, las quimbambas.

I am happy to be living in the city again. The last house we rented was in the back of beyond.

Estoy contento de vivir de nuevo en la ciudad. La última casa que alquilamos estaba lejos de todo lugar civilizado.

BACK OUT, TO

volverse atrás, romper un compromiso, echarse atrás, desdecirse.

It will not help us to back out from our present engagements.

Romper nuestros compromisos actuales no nos va a favorecer.

BACK STAGE

entre bastidores, en privado, fuera de la vista del público; sordamente, calladamente.

I shall not let this matter be decided back stage without being discussed at the Conference.

No permitiré que este asunto se decida en privado, sin discutirse en la Conferencia.

BACK UP, TO (sl.)

1) hacer marcha atrás.

He backed up his car so I could park.

Él hizo marcha atrás para que yo pudiera aparcar.

2) apoyar, secundar.

You have nothing to fear. All your friends will back you up.

No tienes nada que temer. Todos tus amigos te apoyarán.

BACKSEAT DRIVER, A

(Alusión a la persona que va de pasajero en un automóvil y molesta al conductor con continuas observaciones sobre la manera de conducir.)

persona que da consejos sin que se lo pidan, que se mete donde no la llaman.

A backseat driver is a hazard on the highway and should be made aware of it.

La persona que inoportuna al conductor de un automóvil con sus consejos (sobre la manera de llevar el coche) constituye un peligro en carretera y es preciso que alguien se lo diga.

BAG AND BAGGAGE

con todos los bártulos, con armas y bagajes; totalmente, enteramente.

After two months of not paying his board the landlady threw him out bag and baggage.

A los dos meses de no pagar la pensión, la patrona lo puso en la calle con todos los bártulos.

BAKER'S DOZEN, A

docena de fraile, trece en lugar de doce.

I suppose he made a mistake because he gave me a baker's dozen instead of twelve.

Supongo que se equivocó porque me dio trece en lugar de doce.

BALANCE OF POWER, THE

el equilibrio de fuerzas.

Needless to say that the balance of power policy is better than the use of force.

Huelga decir que la política del equilibrio de fuerzas es mejor que el uso de la fuerza.

BANG THE DOOR, TO

dar un portazo.

And please don't bang the door on your way out.

Y, por favor, no des un portazo al salir.

BAREKNUCKLE FIGHTING

a puñetazo limpio, sin contemplaciones.

The meeting started quite peacefully but I'm afraid it is going to end in bareknuckle fighting.

La reunión ha empezado con toda tranquilidad, pero me temo que va a terminar a puñetazo limpio.

BARK UP THE WRONG TREE, TO (sl.)

equivocarse de puerta, andar descaminado.

If what you want is a loan I'm

afraid you're barking up the wrong tree.

Si lo que quieres es un préstamo, me temo que te has equivocado de puerta.

BE A DIME A DOZEN, TO

ser abundantes o numerosos, haber de una cosa a patadas o a montones; ser muy baratos.

Psychiatrists are a dime a dozen in this country.

En este país encontrarás todos los psiquiatras que quieras.

BE A FAR CRY FROM, TO

distar mucho de, estar muy lejos de, no poderse comparar.

This model is a far cry from the one we saw in Paris.

Este modelo dista mucho del que vimos en París.

BE A FEATHER IN SOMEONE'S HAT, TO

apuntarse un tanto, una a su favor, triunfo personal.

The new plant is certainly a feather in the manager's hat.

El director se ha apuntado ciertamente un tanto a su favor con la nueva fábrica.

BE A GOOD SHOT, TO

ser buen tirador.

You need to be a good shot to hit a moving target at this distance.

Hay que ser un buen tirador para acertar un blanco móvil a semejante distancia.

BE A STONE'S THROW FROM, TO

estar a tiro de piedra de.

You can say that Madrid is a stone's throw from Barcelona by jet.

Puede decirse que, en un avión de reacción, Madrid está a un tiro de piedra de Barcelona.

BE ABLE TO USE, TO (sl.)

venirle bien a uno.

I certainly could use some money now.

¡Lo bien que me vendría ahora un poco de dinero!

BE ABOUT, TO

estar a punto de, disponerse a.

I was about to call you when you came in.

Iba a llamarte cuando tú viniste.

BE AHEAD OF THE GAME, TO

salir ganando, ser una cosa más conveniente (ventajosa) para uno, resultarle a uno mejor una cosa.

You are ahead of the game paying annually instead of monthly because they offer you a five per cent rebate.

Te sale más a cuenta pagar anualmente en lugar de cada mes, porque te ofrecen un cinco por ciento de descuento.

BE-ALL AND END-ALL, THE

lo más importante de todo, el interés primordial.

Painting was the be-all and end-all of his existence.

Pintar era el interés primordial de su vida.

BE ALL FOR SOMETHING, TO

ser defensor acérrimo, partidario incondicional, entusiasta de algo.

I am all for freedom of speech.

Soy un partidario acérrimo de la libertad de palabra.

BE ALL OVER, TO

1) terminar.

It will be nice to go back home when it is all over.

Será agradable volver a casa cuando todo haya terminado.

2) por todas partes.

People all over the world are finding life increasingly difficult.

En todo el mundo la gente encuentra la vida cada vez más difícil.

3) ser propio (peculiar, típico, característico) de una persona.

I haven't got a reply yet but that's John all over.

Todavía no he recibido contestación, pero eso es muy propio de Juan.

BE ALL THE RAGE, TO

hacer furor, causar sensación, estar de moda.

This record was all the rage five years ago.

Este disco hizo furor hace cinco años.

BE ALL THERE, TO (sl.)

poner los cinco sentidos en algo, no escapársele nada a uno.

Despite his age and slowness he is all there when it comes to buying and selling.

A pesar de sus años y de su lentitud no se le escapa nada cuando se trata de comprar o vender.

BE ALL THUMBS, TO

tener manos torpes.

Do you want me to sew it? I'm all thumbs!

¿Quieres que lo cosa? ¿Con lo manazas que soy?

BE ALL WET, TO

estar (totalmente) equivocado.

You are all wet. These are not peaches but apricots.

Estás completamente equivocado. No son melocotones, sino albaricoques.

BE AS GOOD AS GOLD, TO

ser más bueno que el pan.

This child never gave me any trouble. He is as good as gold.

Este niño no me ha dado nunca quehacer. Es más bueno que el pan.

BE AS SMART AS A WHISTLE, TO

ser un águila, ser listo como una anguila, ser más listo que el hambre.

The elder is not very clever but the younger is as smart as a whistle.

El mayor no es muy inteligente, pero el pequeño es más listo que el hambre.

BE AT EACH OTHER'S THROAT, TO

estar a matar, andar a la greña, pelearse.

From the shouting we hear from here I'd say that the couple in the apartment upstairs are at each other's throat constantly.

Por los gritos que oímos desde aquí, diría que la pareja del piso de arriba anda a la greña continuamente.

BE AT IT AGAIN, TO

volver a las andadas, volver uno a hacer de las suyas, estar otra vez con las mismas.

Johnny, you're at it again!

¡Juanito! ¡Otra vez haciendo de las tuyas!

We are at it again.

Otra vez andamos con las mismas.

Ya estamos otra vez con ésas.

BE AT ODDS WITH, TO

1) discutir, pelearse, andar a la greña.

Mary is always at odds with her neighbour.

María anda siempre a la greña con su vecina.

2) estar en pugna, en contradicción.

His actions seem to be at odds with his ideals.

Sus acciones parecen estar en contradicción con sus ideales.

BE AT SIXES AND SEVENS, TO. Véase AT SIXES AND SEVENS.

BE AT STAKE, TO

estar en juego, hallarse en entredicho, peligrar.

He said he couln't do it because his reputation was at stake.

Dijo que no podía hacerlo, porque peligraba su reputación.

BE BACK TO SQUARE ONE, TO

volver al punto de partida.

His representations have been a waste of time so we find ourselves back to square one.

Sus gestiones no han servido para nada, con lo que nos encontramos igual que al principio.

BE BESIDE THE POINT, TO

no venir al caso.

Your argument is beside the point.

Su argumento no viene al caso.

BE BETTER OFF, TO

estar mejor (se refiere a toda situación que suponga una ventaja de cualquier tipo respecto a otra).

We are better off here than in our home country.

Estamos mejor aquí que en nuestro país.

You'll be better off in the first balcony if you want to see the stage.

Si quieres ver bien el escenario estarás mejor en el anfiteatro.

You are better off shopping at the supermarket than at your local shop.

Te sale más a cuenta comprar en el supermercado que en la tienda del barrio.

BE BORN WITH A SILVER SPOON IN ONE'S MOUTH, TO

Haber nacido en la opulencia.

BE BOUND FOR, TO

dirigirse, ir destinado, ir a.

Is this bus bound for Toledo?

¿Va a Toledo este autobús?

BE BOUND TO, TO

estar destinado a, tener que.

It was bound to happen.

Tenía que ocurrir.

BE BROKE, TO (sl.)

estar sin blanca, estar a dos velas.

Peter is always broke long before pay day.

Pedro está sin blanca desde mucho antes del día de cobro.

BE CIVIL, TO

tratar con amabilidad, ser cortés.

Be civil to him even if you find him repulsive.

Debes tratarlo con amabilidad, aunque te resulte desagradable.

BE CONSPICUOUSLY ABSENT, TO

brillar por su ausencia.

Your husband was conspicuously absent at Mr. Rodríguez's lecture.

Tu marido brilló por su ausencia en la conferencia del señor Rodríguez.

BE CHICKEN, TO (sl.)

ser cobarde.

I don't want him in the gang. He is chicken.

No quiero que sea de nuestra banda. Es un cobarde.

BE DEAD-BEAT, TO

estar agotado, molido.

He is always dead-beat when he leaves the office.

Cuando al final de la jornada sale de la oficina está siempre agotado.

BE DONE WITH, TO

haber terminado, no querer seguir con.

When my husband buys me a washing machine I'll be done with washing by hand.

Cuando mi marido me compre una lavadora se habrá acabado para mí eso de lavar a mano.

BE DOWN AND OUT, TO

estar arruinado, no tener donde caerse muerto, estar en la indigencia, no tener un céntimo.

Peter is quite down and out and seems to have no more interest in life.

Pedro se ha quedado sin un céntimo y parece haber perdido todo interés por la vida.

BE DOWN AT THE HEELS, TO. Véase BE OUT AT THE ELBOWS, TO.

BE DOWNCAST, TO

estar abatido, alicaído.

You look downcast; what's wrong with you?

Pareces abatido. ¿Qué te ocurre?

BE EXPOSED AS, TO

quedar como, pasar por.

Nobody likes to be exposed as a fool.

A nadie le gusta pasar por tonto.

BE FED UP, TO (sl.)

estar harto, estar hasta la coronilla.

I'm fed up. If I don't get a raise I'll quit.

Ya estoy harto. Si no me aumentan el sueldo, me marcho.

BE FOR, TO

ser partidario de, preferir.

I am for going to the movies rather than to the theater.

Prefiero ir al cine que al teatro.

BE FROWNED UPON, TO

estar una cosa mal vista, poner mala cara a algo.

In our tennis club playing in non-white attire has been traditionally frowned upon.

En nuestro club de tenis siempre ha estado mal visto jugar con ropas de color.

BE GOOD ENOUGH, TO

tener a bien, tener la bondad.

I pray you to be good enough to...

Le ruego tenga a bien...

BE GRATIFIED, TO

estar satisfecho, congratularse.

I am gratified with the results of your work.

Estoy satisfecho del resultado de tu trabajo.

BE HAD, TO (sl.)

ser engañado, estafado, jugársela a uno.

Only when I got home and opened the parcel did I realize that I had been had.

Al llegar a casa y abrir el paquete fue cuando me di cuenta de que me habían engañado.

BE HAND IN GLOVE TOGETHER, TO

ser uña y carne.

One couldn't antagonize them, they are hand in glove together.

Es imposible tratar de enemistarlos: son uña y carne.

BE HERE TO STAY, TO

haberse adoptado definitivamente, que ha ganado carta de naturaleza entre nosotros, haberse impuesto, no haber ya quien lo suprima (lo quite, lo mueva); haber para rato, estar ahí.

It is clear that the 5-day week is here to stay.

Es evidente que la semana de cinco días es una conquista definitiva.

Tipping, at best, is a barbarous habit, but here to stay.

La propina, en el mejor de los casos, será una costumbre bárbara pero destinada a perdurar.

Of all the trends in modern art only a few are here to stay.

De todas las tendencias del arte moderno sólo quedarán unas pocas.

Miniskirts are here to stay.

Tenemos minifalda para rato.

BE HOMESICK, TO

sentir la nostalgia de la patria, añorar el país natal.

He has confessed to me that in spite of his cheerful looks he is always homesick.

Me ha confesado que, a pesar de su aparente animación, añora continuamente su país.

BE HOPELESS AT SOMETHING, TO

ser una desgracia para, ser muy malo en, ser incapaz.

My sister is hopeless at mathematics.

Mi hermana es una desgracia en matemáticas.

BE IN, TO

1) estar de moda, ser elegante.

Jane came back from Paris yesterday and said that long skirts are in again.

Juana regresó ayer de París y dijo que vuelve a llevarse la falda larga.

2) estar (en casa, en la oficina, etcétera).

I called you yesterday at the office but they told me you were not in.

Ayer llamé a tu oficina y me dijeron que no estabas.

3) haber llegado.

«Do you have The New York Times?»

«It is not in yet.»

—¿Tiene usted el «New York Times»?

—No ha llegado todavía.

BE IN A HURRY, TO

tener prisa, llevar prisa.

Excuse me if I don't stop, but I am in a hurry.

Perdone que no me detenga: tengo prisa.

BE IN A QUANDARY, TO

estar perplejo, verse ante un dilema, encontrarse ante una encrucijada; estar en un apuro.

His last words left me in a quandary. I didn't know if he wanted me to stay or to leave.

Sus últimas palabras me dejaron perplejo. No comprendí si quería que me quedara o que me marchara.

BE IN AN ACCIDENT, TO

sufrir un accidente.

Henry has been in an accident

and will be in hospital for at least a month.

Enrique ha sufrido un accidente y estará por lo menos un mes en el hospital.

BE IN FAVOUR OF, TO

ser partidario de, inclinarse por.

I am in favour of longer working hours for office staff.

Soy partidario de que el personal de oficinas trabaje más horas.

BE IN FOR, TO

venírsele (echársele) encima, esperarle a uno alguna cosa (desagradable, por lo general).

I'm afraid we are in for a very hot summer.

Creo que nos espera un verano muy caluroso.

BE IN GOOD STANDING, TO

1) Véase BE WELL SPOKEN OF, TO.

2) estar al corriente de pago, al corriente de las obligaciones sociales.

Members who are not in good standing will not be able to vote in the Assembly.

Los socios que no estén al corriente en el pago de sus cuotas no podrán votar en la Asamblea.

BE IN HOT WATER, TO

estar metido en un lío, estar en un aprieto, en un brete, en un atolladero.

Alexander is in hot water for not having reported to the draft board.

Alejandro se ha metido en un buen lío por no haberse presentado a la caja de recluta.

BE IN MOURNING FOR, TO

llorar a, estar de luto por, estar de duelo por.

The whole country is in mourning for the President.

Todo el país está de luto por la muerte del Presidente.

BE IN ONE'S GOOD (or BAD) BOOKS, TO

gozar del favor (o de las antipatías) de uno.

John only visits his aunt for the sake of staying in her good books.

Juan va a ver a su tía con el exclusivo propósito de estar a bien con ella.

BE IN ORDER, TO

1) imponerse, proceder, ser lo indicado.

After working so much in the garden I think a beer would be in order.

Después de trabajar tanto en el jardín, creo que estaría indicado tomarse una cerveza.

2) en regla.

Check whether your passport is in order.

Comprueba si tienes el pasaporte en regla.

BE IN SOMEONE'S SHOES, TO

estar en el lugar, en el pellejo de otro.

If I were in your shoes I would go to the police and report everything.

Si yo estuviera en su lugar, iría a la policía y denunciaría el caso.

BE IN THE BAG, TO

ser cosa hecha, estar en el bote.

Tell Carmen no to worry about her promotion; it's in the bag.

Dile a Carmen que no se preocupe por su ascenso: es cosa hecha.

BE IN THE CART, TO

estar en un aprieto.

Albert looks worried these days. I guess he is in the cart.

Alberto parece preocupado estos días. Debe de estar en un aprieto.

BE IN THE CLEAR, TO (sl.)

quedar libre de culpa, al margen de toda sospecha, libre de deudas, saldado, liquidado.

You don't have to worry. The Police told me you are in the clear.

No tienes por qué preocuparte. La policía me ha dicho que estás al margen de toda sospecha.

BE IN THE DOGHOUSE, TO

(Alusión jocosa a la situación del marido que ha incurrido en las iras de su mujer por alguna querella de tipo doméstico.)

ponerse a las malas, ganarse la enemistad, ser víctima del enfado de la mujer de uno.

John has been in the doghouse ever since his wife found those love letters in a drawer of his desk.

Juan se ha ganado el enfado de su mujer desde que ésta le descubrió unas cartas de amor en el cajón del escritorio.

BE IN THE DOLDRUMS, TO

estar alicaído, abatido, desanimado.

Charles has been in the doldrums since last winter.

Carlos está algo alicaído desde el invierno pasado.

The stock market is in the doldrums and it is imposible to sell anything.

La bolsa ha entrado en un período de apatía y no hay quien venda nada.

BE IN THE EYE OF THE BEHOLDER, TO

ser una cosa subjetiva, depender de cómo se mira, según el cristal del color con que se mira.

Beauty is in the eye of the beholder.

Quien feo ama, hermoso le parece.

La belleza depende del que la contempla.

BE IN THE KNOW, TO

estar en el ajo, estar en el secreto.

Don't be afraid to talk in front of him because he is in the know.

No tengas reparo en hablar delante de él, porque está en el secreto.

BE IN THE MOOD FOR (or TO), TO

sentirse dispuesto, predispuesto a, con ganas de, con humor para, en vena de.

After the losses of the previous days Charles was not in the mood for generosity.

Tras las pérdidas de los días anteriores, Carlos no se sentía predispuesto a la generosidad.

BE IN THE OFFING, TO

vislumbrarse, avecinarse, acercarse, fraguarse, en perspectiva.

People sensed that a great event was in the offing.

La gente presentía que se avecinaba un importante acontecimiento.

BE IN THE SAME BOAT, TO

estar en la misma situación.

If they start by firing the workers who joined the company the latest you and I are in the same boat. We came the same day.

Si empiezan por despedir a los obreros que ingresaron los últimos, tú y yo estamos en la misma situación. Llegamos el mismo día.

BE IN THE WAY, TO

obstruir, dificultar, impedir, estorbar.

We can't see our neighbours front door because it's a garage in the way.

No podemos ver la puerta de entrada de nuestros vecinos porque hay un garaje de por medio.

BE IN THE WIND (AIR), TO

pasar, prepararse, fraguarse, tramarse alguna cosa.

There's something in the wind. The prime minister left hurriedly for the capital after the visit of the general.

Algo está pasando. El primer ministro salió apresuradamente para la capital después de la visita del general.

BE IN TROUBLE, TO

estar en un apuro, o en un aprieto, meterse en un lío, tener dificultades, tener problemas.

In this town no one gives you a hand when you are in trouble.

En esta ciudad nadie te tiende una mano cuando estás en un apuro.

BE INSTRUMENTAL IN, TO

contribuir (material o moralmente) a, colaborar en.

We are greatful to all those who have been instrumental in carrying out this project.

Estamos agradecidos a todos los que han contribuido a la realización de esta obra.

BE INTO SOMETHING, TO

dedicarse a, haberse aficionado a, gustarle a uno una cosa.

I'm off scotch and into gin now.

Ahora he dejado el whisky para dedicarme a la ginebra.

BE KEEN ON (or ABOUT), TO
ser entusiasta de, tener gran afi-
ción a.

Most Americans are keen on
baseball just as Englishmen like
cricket.

La mayoría de los norteamericanos son entusiastas del baseball,
como los ingleses lo son del cricquet.

BE LABELED, TO
ser tildado de, calificado de, estar
encasillado como, conceptuado
como.

Before I am labeled as an intrud-
er I'll give you my reasons for
being here.

Antes de que se me tilde de intruso, voy a explicarles el motivo
de mi presencia.

BE LONG, TO
tardar.

It won't be long now; the arrival
time is 6 o'clock.

No puede tardar ya: la hora de
llegada es a las seis.

BE LONG IN THE TOOTH, TO
ser mayor (viejo).

I think I am getting a bit long
in the tooth to wear these
clothes.

Me parece que ya empiezo a ser
un poco viejo para llevar estas
ropas.

BE MY GUEST!
por supuesto, con mucho gusto,
adelante, sírvase a su gusto, está
a su disposición.

«Could I borrow your Latin dic-
tionary?»

«Be my guest».

—¿Me prestas el diccionario de
latín?

—Está a tu disposición.

BE NOT WITHOUT, TO
no dejar de tener.

The place is not without its charm.

El lugar no deja de tener su en-
canto.

BE OBLIGED, TO
quedar agradecido.

I would be very obliged if you
could help me.

Le quedaría muy agradecido si me
ayudara.

BE OF BENEFIT, TO
ser útil, ayudar, servir.

I hope it will be of benefit to you.

Confío en que le sea útil.

BE OFF, TO
1) salir, largarse.

I told him to be off immediately.

Le dije que se largara en seguida.

They are off!

¡Ya han salido!

2) bajar, disminuir.

Our shares are off one point to-
day.

Hoy nuestras acciones han bajado un entero.

BE OFF ONE'S ROCKER

estar majareta (chiflado, loco).

He must be off his rocker to say a thing like this.

Debe de estar loco para decir una cosa así.

BE ON A FIRST NAME BA-SIS, TO

tutearse, llamarse por el nombre de pila, ser íntimos.

In our grandparents days it took a long time before you could get on a first name basis with a person.

En tiempos de nuestros abuelos, para que dos personas se tutearan, tenían que haberse tratado mucho tiempo.

BE ON CLOUD NINE, TO (sl.)

estar en el séptimo cielo, estar en la gloria.

Since he proposed she is on cloud nine.

Desde que se le declaró, está en el séptimo cielo.

BE ON DUTY, TO

estar de servicio.

I never drink while on duty.

Nunca bebo cuando estoy de servicio.

BE ON HAND, TO

estar presente, asistir, estar en un lugar determinado, acudir.

I asked Mary if she would come to see Paul off at the airport and she told me that she planned to be on hand.

Pregunté a María si iría al aeropuerto a despedir a Pablo y me contestó que, en efecto, pensaba ir por allí.

BE ON ONE'S TOES, TO

tener los ojos muy abiertos, estar alerta, estar al tanto, estar ojo avizor.

Our company is always on its toes with technical development to best serve the public.

Nuestra empresa está siempre al tanto del progreso técnico a fin de poder servir al público de la mejor manera.

BE ON THE BALL, TO

estar al tanto, no distraerse, ser despierto, estar en todo; estar al corriente, estar informado; ser eficiente, ser diligente.

Being so much on the ball it took him no time to learn the trade.

Como es un chico tan despierto, aprendió el oficio en seguida.

His articles on foreign politics carry much weight in diplomatic circles because he is much on the ball.

Sus artículos sobre política extranjera gozan de gran autoridad en los círculos diplomáticos, porque es un hombre muy enterado.

Get on the ball! You almost ran a red light.

¡No te distraigas! Por poco te pasas un disco rojo.

BE ON THE FENCE, TO. Véase SIT ON THE FENCE, TO.

BE ON THE GO, TO (sl.)

no parar, estar en movimiento, en acción, viajar, en marcha, ocupado.

We've been on the go ever since we moved.

Desde que nos mudamos, no hemos parado un instante.

BE ON THE MAKE, TO (sl.)

ser interesado, ser ambicioso, tener deseos de medrar, tener ambiciones sociales.

Our janitor is on the make and wouldn't do a thing for us without a tip.

Nuestro portero sólo piensa en el dinero: no hace nada si no se le da propina.

BE ON THE RECEIVING END, TO

It is easy to laugh at jokes but not so much when one is at the receiving end.

Es fácil reírse de las bromas, pero ya menos si se las hacen a uno.

ser uno el blanco o la víctima de algo, ser uno el que recibe.

The woman was obviously in a bad temper. Perhaps she had been on the receiving end of some salty language from her husband at breakfast.

Aquella mujer estaba evidentemente de mal humor. Quizá durante el desayuno su esposo había tenido unas palabras poco amables con ella.

BE ON THE (WATER) WAGON, TO

que ha dejado de beber.

Just orange juice for me. I've been on the wagon for three months now.

No me des más que zumo de naranja. Hace tres meses que he dejado la bebida.

BE ON THE WAY, TO

avecinarse, acercarse.

Indications are that a tax reform is on the way.

Hay indicios de que se avecina una reforma fiscal.

BE ON TO SOMEONE, TO

tenerle ojeriza a alguien, meterse con uno.

She is always on to me for no reason at all.

Siempre se está metiendo conmigo, sin motivo alguno.

BE ONE'S BAG, TO

1) interesarle, gustarle a uno una cosa, ser de su gusto.

Environment has become everybody's bag.

Hoy día todo el mundo se interesa por los asuntos del medio ambiente.

2) ser una cosa la especialidad de uno, ser lo suyo.

I dropped Medicine after two years. It wasn't my bag.

Dejé medicina al cabo de dos años. No era lo mío.

BE OUT AT THE ELBOWS, TO
ir mal vestido, andrajoso, descuidado, que ha venido a menos.

He used to be a very elegant man and it is sad to see him out at the elbows now.

Era un hombre muy elegante; da pena verle ahora tan derrotado.

BE OUT OF ONE'S MIND, TO
haber perdido el juicio, estar loco, estar trastornado, desesperarse.

Mary was out of her mind thinking of what might have happened to the children.

María estaba loca de ansiedad pensando en lo que podía haberles ocurrido a los niños.

BE OUT OF ONE'S WITS, TO
perder el juicio, no saber uno lo que se hace.

I must have been out of my wits to do such a stupid thing.

Sin duda había perdido el juicio cuando cometí esta estupidez.

BE OUT TO GET SOMEONE, TO
ir a por uno, perseguir.

If I were you I would go into hiding right now. The word in the street is that the mob is out to get you.

Yo de ti, me escondería ahora mismo. Corre el rumor de que el hampa va por ti.

BE OVERDUE, TO
retrasarse; no pagar a su vencimiento; que debía haberse hecho hace tiempo.

The train from Milan is long overdue.

El tren de Milán lleva un gran retraso.

A revision of our methods is overdue.

Hace ya tiempo que se debieron revisar nuestros métodos.

BE PAST PRAYING FOR, TO
no tener remedio.

The situation is so bad it is past praying for.

La situación es tan mala que ya no tiene remedio.

BE ROUGH ON, TO
estropear, deteriorar.

This detergent makes laundry very white but it's very rough on it.

Este detergente deja la ropa muy blanca pero la castiga mucho.

BE SURE AND DO IT
no dejes de hacerlo.

You have promised to ring Mary when you get home. Be sure and do it.

Prometiste llamar a María en cuanto llegaras a casa. No dejes de hacerlo.

BE SWORN IN, TO
prestar juramento, jurar el cargo.

The new President was sworn in yesterday.

Ayer el nuevo Presidente juró el cargo.

BE TAKEN ABACK, TO

quedarse asombrado, boquiabierto, desconcertado.

I was taken aback when she started talking fluent Japanese.

Cuando la oí hablar en correcto japonés, me quedé boquiabierto.

BE TAKEN SICK, TO

ponerse enfermo, contraer una enfermedad.

We had to postpone the trip because my daughter was taken sick.

Tuvimos que aplazar el viaje porque mi hija se puso enferma.

BE THE LIFE AND SOUL OF THE PARTY, TO

ser el alma de una fiesta, animarla.

You should invite John; he is always the life and soul of the party.

Deberías invitar a Juan: es único para animar una fiesta.

BE THE POINT (or THING), TO

tratarse de.

This is not the point. The point is that you had a chance and you did not take it.

No es eso. Se trata de que tuviste una oportunidad y no la aprovechaste.

BE THROUGH (WITH), TO

terminar, acabar.

I'm through with the typewriter if you want to borrow it.

Puedes coger la máquina de escribir: yo ya he terminado.

BE UNDER WAY, TO

estar (o ponerse) en marcha, haberse iniciado alguna cosa, procederse a, avanzar.

Once the subway works are under way the house will be filled with dust.

En cuanto empiecen las obras del metro, se nos llenará la casa de polvo.

The construction of the new bridge is well under way.

La construcción del nuevo puente está ya muy avanzada.

BE UNDERSOLD, TO

haber otro que venda más barato que uno.

We must reduce our prices further if we are not to be undersold by our competitors.

Tenemos que bajar los precios todavía más si no queremos que nuestros competidores vendan más barato que nosotros.

BE UP AND ABOUT, TO

haberse restablecido de una enfermedad, hacer vida normal.

She has recovered from the operation but will not be up and about again for another month.

Ya se ha restablecido de la operación, pero no saldrá de casa hasta dentro de un mes.

BE UP TO, TO

tramar, maquinar, proponerse, pretender, traerse algo entre manos.

I haven't heard the children for a while so I wonder what they are up to.

Hace rato que no oigo a los niños. ¿Qué estarán tramando?

BE UP TO ONE'S EYES (IN WORK), TO

estar abrumado, o agobiado, de trabajo.

With this conference we have work up to our eyes.

Con esta conferencia estamos agobiados de trabajo.

BE WELL SPOKEN OF, TO

tener excelente reputación, estar acreditado, estar bien considerado.

Our professor is well spoken of by all the experts.

Nuestro profesor goza de excelente reputación entre sus colegas.

BE WILLING, TO

estar dispuesto, inclinado.

I am willing to lend you the money if you give it back to me next week.

Estoy dispuesto a prestarte el dinero si me lo devuelves la semana próxima.

BE WITH IT, TO (sl.)

1) ser (o seguir) la última moda, lo más moderno, lo último, estar al día.

The children love their uncle because in spite of his age he is with it.

Los chicos quieren mucho a su tío porque, a pesar de su edad, es un hombre muy moderno.

2) Véase BE ON THE BALL, TO.

BE YELLOW, TO. Véase BE CHICKEN, TO.

BE YOURSELF

cálmese, serénese, tranquilícese.

Be yourself and tell me what happened to you.

Cálmese y explíqueme lo que le ha ocurrido.

BEAR A GRUDGE, TO

guardar rencor, estar resentido.

He is not the type of person to bear a grudge for ages.

No es de esas personas que guardan rencor mucho tiempo.

BEAR IN MIND, TO. Véase KEEP IN MIND, TO.

BEAR THE BRUNT OF, TO

cargar con la culpa, pagar el pato, soportar, llevar la peor parte.

The Minister of Finance bore the brunt of the opposition's accusation, though it was aimed at the whole cabinet.

El ministro de Hacienda llevó la peor parte en las acusaciones de la oposición, si bien iban dirigidas a todo el gabinete.

BEAR WITH, TO

soportar, aguantar, ser paciente con alguien.

Please bear with me while I explain what happened.

Te suplico que tengas un poco de paciencia mientras te explico lo que ocurrió.

BEAT A PATH TO SOME-ONE'S DOOR, TO

asediar, acosar.

Since he had his beard shaved women have ceased to beat a path to his door.

Desde que se afeitó la barba ya no se ve asediado por las mujeres.

BEAT ABOUT THE BUSH, TO

andarse por las ramas, andar con rodeos.

Answer my question and don't beat about the bush any more.

Deja ya de andarte por las ramas y responde a mi pregunta.

BEAT IT, TO (sl.)

largarse, ahuecar.

I told you I didn't want to see you any more, so... beat it!

Ya os dije que no quería veros más, conque... ¡largo de ahí!

BEAT ONE'S HEAD AGAINST A STONE (or BRICK) WALL, TO

dar contra el poste, dar en duro, topar con una pared, hallarse ante un obstáculo insuperable.

When I had made five unsuccessful applications for an interview I realized I was only beating my head against a stone wall and gave up.

Después de solicitar cinco veces una entrevista, sin resultado, comprendí que me hallaba ante un obstáculo insuperable y desistí.

BEEF UP, TO

incrementar, reforzar, aumentar, dar mayor fuerza o volumen.

The political situation justifies a beefing up of our forces in the region.

La situación política justifica que reforcemos nuestros contingentes armados en la región.

BEFORE ONE KNOWS IT

sin darse cuenta, en un instante, sin sentirlo, a la que uno se descuida.

The conversation was so interesting that it was midnight before we knew it.

La conversación era tan interesante que nos dieron las doce de la noche sin darnos cuenta.

BEFORE ONE'S TIME

1) antes de haber venido al mundo, a este país, empresa, etc.

I understand your father used to travel to the Stock Exchange in a nice horse-drawn cab, but that was before my time.

Creo que tu padre acostumbraba ir a la Bolsa en un hermoso carruaje, pero por aquel entonces yo no había nacido todavía.

2) con anticipación, demasiado temprano.

I am afraid I am before my time because my appointment was for five o'clock.

Creo que he llegado demasiado temprano, porque estaba citado para las cinco.

BEG THE QUESTION, TO

dar por sentado lo que se pretende probar, hacer una petición de principio.

I would like to ask the plaintiff to refrain from referring to the homestead as his, during this trial, because this is to beg the question.

Quisiera pedirle a la parte actora que, durante la vista, se abstuviera de referirse a la heredad como suya, porque eso es precisamente lo que se trata de demostrar.

BEGIN AT THE BOTTOM OF THE LADDER, TO

empezar desde abajo, sin nada.

They have millions now, but they had to begin at the bottom of the ladder.

Ahora tienen millones, pero empezaron sin nada.

BEHIND THE EIGHTH BALL

en situación apurada, difícil o desventajosa.

He hasn't worked at all during the term and now that the exams are close he is behind the eighth ball.

No ha dado golpe en todo el curso, y ahora que se acercan lcs exámenes se encuentra apurado.

BEHIND THE SCENES. Véase
BACK STAGE.

BELIEVE IT OR NOT

aunque parezca mentira, por increíble que sea, créase o no.

Believe it or not, the earth is as old as the rest of the universe.

Por raro que parezca, la tierra es tan vieja como el resto del universo.

BELONG SOMEWHERE, TO

1) estar uno en el lugar que le corresponde, ser de alguna parte.

«You don't belong here, do you?» the policeman asked me.

—Usted no es de aquí, ¿verdad? —me preguntó el policía.

I've had many offers to work abroad but I have rejected them all. I belong here.

He tenido muchas ofertas para trabajar en el extranjero, pero las he rechazado todas. Mi puesto está aquí.

2) estar uno en su elemento, en su ambiente.

It was very nice of him to invite me to his friends' parties but I was continually aware that I didn't belong there.

Le agradecía su amabilidad cuando me llevaba a las fiestas que daban sus amigos, pero, entre ellos, yo tenía continuamente la sensación de no estar en mi ambiente.

BELL THE CAT, TO

ponerle el cascabel al gato.

I see that you all agree in that something should be done but I wonder who is going to bell the cat.

Ya veo que estáis todos de acuerdo en que se debe hacer algo, pero ¿quién querrá ponerle el cascabel al gato?

BEST MAN

1) el mejor.

May the best man win.

Que gane el mejor.

2) padrino de boda, padrino del novio (la equivalencia no es exacta pero sí suficiente para los efectos de la traducción).

Arthur was best man at my wedding.

Arturo fue mi padrino de boda.

BEST OF LUCK, THE

mucha suerte, que te vaya bien.

I wish you the best of luck in your examination.

Te deseo mucha suerte en los exámenes.

BEST-SELLER

éxito editorial, libro de gran venta.

He has written many books but only one best-seller.

Ha escrito muchos libros, pero sólo uno de ellos ha tenido un gran éxito.

BETTER A DEVIL YOU KNOW THAN ONE YOU DO NOT KNOW

Vale más loco conocido que sabio por conocer.

BETTER A POOR COMPROMISE THAN A STRONG CASE

Vale más un mal arreglo que un buen pleito.

BETTER AND BETTER

cada vez mejor.

I think that your Spanish is getting better and better.

Observo que hablas el español cada vez mejor.

BETTER HALF

cara mitad, media naranja, costilla, consorte.

I can't tell you anything before consulting my better half.

No puedo decirle nada hasta haber consultado a mi cara mitad.

BETTER LATE THAN NEVER

Más vale tarde que nunca.

BETWEEN THE DEVIL AND THE DEEP (BLUE) SEA

entre la espada y la pared.

With the desert in front and the British army behind, the rebels were caught between the devil and the deep sea.

Con el desierto delante y el ejército inglés detrás, los rebeldes se encontraron entre la espada y la pared.

BEYOND ALL QUESTION

indudable, incontestable.

I don't want you to talk about John like that because his honorability is beyond all question

No quiero que habléis así de Juan, porque su respetabilidad está por encima de toda duda.

BEYOND WORDS

indescriptible, lo indecible, inefable.

*When I told her that I wouldn't
stay for double the salary her
astonishment was beyond words.*

Cuando le dije que no me quedaría aunque me pagara el doble, su
asombro fue indescriptible.

BIG DEAL, A (sl.)

1) persona importante, personaje,
alguien. (Véase BIG SHOT.)

He thinks himself a big deal.

Está convencido de que es una
persona importante.

2) asunto, negocio importante.

*The match to-night is supposed to
be the biggest deal in the history
of boxing.*

La pelea de esta noche está considerada como el mayor acontecimiento de la historia del boxeo.

3) ¡gran cosa!, ¡pues sí que...!,
¡pues vaya...! (en tono sarcástico).

*«I offer you one thousand dollars
for your car.»*

*«Big deal! I know one dealer who
will pay me twice as much.»*

—Te ofrezco mil dólares por el
coche.

—¡Vaya negocio! Conozco a un
revendedor que me da el doble.

BIG HAND, A (sl.)

ovación, fuertes aplausos.

*And now, let's give a big hand to
this wonderful artist.*

Y ahora, tributemos una ovación
a este maravilloso artista.

BIG SHOT, A (sl.)

personaje, figurón, pez gordo, jefazo, mandamás.

*This restaurant is reserved for the
big shots.*

A este restaurante no vienen más
que peces gordos.

BIG TRADERS CUT OUT THE SMALL, THE

El pez grande se come al chico.

*Henry has never been able to get
any of his pictures accepted by
the Academy. As usual, the big
traders cut out the small.*

Enrique nunca ha conseguido que
la Academia le acepte un solo
cuadro. Como siempre, el pez
grande se come al chico.

BIG WHEEL (or WIG), A. Véase BIG SHOT, A.

BILL OF HEALTH

(Certificación que llevan las embarcaciones que van de un puerto a otro, de haber o no haber
peste o contagio en el paraje de
su salida. En el primer caso se
llama «patente sucia», y en el
segundo, «patente limpia». Se
aplica por extensión, en el lenguaje familiar, al certificado extendido por un médico acerca
de la salud de una persona.)

certificado médico, estado de salud.

*I'm glad to tell you that I'll be
able to take this trip with you.*

The doctor just gave me a clean bill of health.

Tengo la satisfacción de comunicarte que podré ir de viaje contigo. El médico acaba de decirme que estoy perfectamente bien de salud.

BIRD IN THE BUSH, A

que no es seguro, que está en el aire, problemático.

Having read this letter I would say that his wedding is a bird in the bush.

Después de leer esta carta, yo diría que su boda está todavía en el aire.

BIRD IN THE HAND, A

cosa segura.

With such a good record his promotion is a bird in the hand.

Teniendo un historial tan brillante, su ascenso puede darse por seguro.

BIRD IN THE HAND IS WORTH TWO IN THE BUSH, A

Vale más pájaro en mano que ciento volando.

BIRDS OF A FEATHER

de la misma calaña, de la misma ralea, tal para cual.

Al Capone and Dillinger were birds of a feather.

Al Capone y Dillinger eran tal para cual.

BIRDS OF A FEATHER FLOCK TOGETHER

Dios los cría y ellos se juntan.

BITE OFF MORE THAN ONE CAN CHEW, TO

querer abarcar demasiado, acometer una empresa superior a las propias fuerzas, medir mal las propias fuerzas.

He tried to run the business by himself but this was biting off more than he could chew, so he had to ask his brother's assistance.

Trató de llevar el negocio él solo, pero la empresa era superior a sus fuerzas y tuvo que pedir ayuda a su hermano.

BITE THE DUST, TO

morder el polvo.

This time he wins but next I'll make him bite the dust.

Esta vez ha ganado él, pero la próxima le haré morder el polvo.

BLACK TIE

esmoquin, «smoking».

The invitation says that black tie is not necessary.

La invitación dice que el esmoquin no es obligatorio.

BLAST-OFF

lanzamiento (de un cohete o nave espacial), despegue.

Blast-off time had to be postponed due to the malfunctioning of one of the engines.

La hora del lanzamiento del

cohete tuvo que aplazarse porque uno de los motores no funcionaba bien.

BLESSING IN DISGUISE, A
una suerte en el fondo.

Flunking university was a blessing in disguise for my son as he set out to work and now he is a successful businessman.

Para mi hijo fue una suerte que no aprobara la universidad, porque se puso a trabajar y ahora es un próspero hombre de negocios.

BLIND ALLEY, A
callejón sin salida.

The negotations have entered a blind alley.

Las negociaciones han llegado a un callejón sin salida.

BLIND DATE, A
cita entre dos personas de sexo opuesto que no se conocían anteriormente; cualquiera de estas dos personas.

My room-mate had an appointment with his girl friend and as I had nothing to do he said he would ask her to bring along one of her friends, but in principle I do not like blind dates.

Mi compañero de habitación tenía cita con su novia, y como yo no tenía nada que hacer me dijo que le pediría que trajera una amiga, pero en principio no me gusta salir con chicas que no conozco.

BLOOD IS THICKER THAN WATER
la sangre tira, la fuerza de la sangre.

Although I have no great admiration for my cousin Jack I couldn't deny helping him. After all, blood is thicker than water.

Aunque no siento demasiada simpatía por mi primo Jack, no podría negarle mi ayuda. Al fin y al cabo, la familia es la familia.

BLOW A FUSE, TO. Véase TO BLOW ONE'S TOP.

BLOW BY BLOW DESCRIPTION, A
descripción con todo lujo de detalles, con pelos y señales.

I fear Mondays and his blow by blow description of Sunday games.

Temo los lunes por las descripciones de los partidos del domingo que me hace con todo lujo de detalles.

BLOW HOT AND COLD, TO
cambiar continuamente de opinión, pasar de un extremo a otro, dar una de cal y otra de arena, ser voluble, no saber con qué carta quedarse.

Mary is friendly one day and distant the next; I don't like people who blow hot and cold like that.

María está simpática un día y reservada al siguiente. No me gusta la gente tan voluble.

BLOW OFF STEAM, TO
1) desahogarse, descargar el mal humor.

One needs to blow off steam once in a while.

Uno necesita desahogarse de vez en cuando.

2) consumir energías.

Sport is the best way to blow off steam.

El deporte es el mejor medio de consumir las energías sobrantes.

BLOW ONE'S MIND, TO

dejarle a uno una cosa estupefacto, asombrar, impresionar.

It blows your mind to see the amount of money they spend only on travelling.

Es impresionante la cantidad de dinero que gastan sólo en viajar.

BLOW ONE'S OWN TRUMPET (or HORN), TO

alabarse a sí mismo, no tener abuela.

Don't try to justify John's plans to the meeting. He is quite capable of blowing his own trumpet.

No te molestes en apoyar los planes de Juan ante la junta. Se basta a sí mismo para pregonar sus propios méritos.

BLOW ONE'S TOP, TO (sl.)

poner el grito en el cielo, montar en cólera.

I'm afraid that when I give him the news he'll blow his top.

Me temo que cuando le dé la noticia, pondrá el grito en el cielo.

BLOW THE BELLOWS (or COALS, FIRE), TO

echar leña al fuego, excitar los ánimos.

You shouldn't blow the bellows by telling her that Arthur goes out with another girl now.

No tienes por qué echar leña al fuego diciéndole que ahora Arturo sale con otra.

BLOW (TAKE) THE LID OFF, TO

tirar de la manta, descubrir el pastel, revelar públicamente un asunto censurable que se mantenía reservado.

I thought that the business was not very clear and that if someone took the lid off we would be in the hands of police.

Me pareció que el asunto no estaba muy claro y que si alguien tiraba de la manta caeríamos en manos de la policía.

BLOW THE WHISTLE ON SOMEONE, TO

denunciar (delatar, descubrir) a uno, dar la alarma.

I do not see how we can gyp him of his share. He would blow the whistle on us.

No veo la manera de estafarle su parte. Nos denunciaría.

BLUE CHIPS. Véase GILT-EDGED SECURITIES.

BLUE JEANS

pantalones tejanos, tejanos, vaqueros.

The main advantage of bluejeans is that you still can wear them even if they are dirty or creased.

La principal ventaja de los tejanos es que se pueden llevar aunque estén sucios o arrugados.

BLUE-PENCIL, TO

censurar, tachar o cortar algo la censura.

The first chapter of his novel was blue-penciled into oblivion.

El primer capítulo de su novela quedó relegado al olvido por obra de la censura.

BLUE STOCKING, A

mujer intelectual, literata, marisabidilla (utilízase generalmente en sentido despectivo).

I was never too attracted by blue stockings.

Las intelectuales nunca me sedujeron demasiado.

BODY AND SOUL

en cuerpo y alma.

She gave herself body and soul to the care of sick people.

Se entregó en cuerpo y alma a cuidar enfermos.

BOGEY-MAN, THE

el Coco, el hombre del saco.

You go to sleep now or the bogey-man will catch you.

Y ahora, a dormir, o se te llevará el Coco.

BOIL DOWN TO, TO

reducirse a, equivaler a.

For all its digressions on existentialism the theory boils down to a few old aristotelian ideas.

A pesar de las disquisiciones sobre el existencialismo, esta teoría se reduce a unas pocas ideas aristotélicas ya conocidas.

BOIL WITH ANGER, TO

echar chispas, enfurecerse.

When I told him that his secretary had left for another firm he boiled with anger.

Se puso hecho una furia cuando le dije que su secretaria lo había dejado para trabajar en otra casa.

BOLT FROM THE BLUE, A.
Véase OUT OF THE BLUE.

BOLT THE STABLE DOOR AFTER THE HORSE HAS BEEN STOLEN, TO. Véase LOCK THE STABLE DOOR, etcétera.

BOLT UPRIGHT

tieso, erguido.

We overheard the voice of the teacher coming closer and sat bolt upright in our desks.

Oímos la voz del maestro que se acercaba y nos sentamos en nuestros pupitres, tiesos como postes.

BONE OF CONTENTION, THE

la manzana de la discordia, el motivo de desunión.

Alsace-Lorraine was the bone of contention between France and Germany for many years.

Alsacia y Lorena fueron la manzana de la discordia entre Francia y Alemania durante muchos años.

BOOBY TRAP

(Artefacto explosivo disimulado que es activado inconscientemente por la futura víctima mediante un movimiento ajeno a toda idea de peligrosidad.)

artefacto (explosivo) disimulado, trampa explosiva.

The innocent-looking vase with flowers on the table was actually a booby trap and the sergeant died instantly from the explosion as he touched it.

El jarro de flores que había encima de la mesa era una trampa explosiva, a pesar de su apariencia inocente, y el sargento murió de la explosión con sólo tocarlo.

BOTTOMS UP

¡bebamos!, ¡salud!

Henry said «bottoms up» and we drained our glasses.

Enrique dijo: «¡Bebamos!», y todos apuramos nuestras copas.

BOUNCE OUT, TO (sl.)

poner en la calle, echar, expulsar violentamente.

He was so drunk that they had to bounce him out.

Estaba tan bebido, que tuvieron que ponerlo de patas en la calle.

BOWL OF CHERRIES (BEER AND SKITTLES), A

delicia, diversión continua, camino de flores.

Life is a bowl of cherries for very few people, if any.

La vida es un camino de flores para muy pocas personas, por no decir ninguna.

BOXING DAY

el día siguiente al de Navidad, el día de San Esteban.

Boxing day was usually devoted to taking Christmas gifts (normally in a box) to friends and hence its name in English.

El día de San Esteban solía dedicarse a llevar los regalos de las Navidades (normalmente dentro de una caja) a los amigos, y de ahí su nombre en inglés.

BOY WONDER (or PRODIGY), A

niño prodigio.

Mozart is the classical example of a boy wonder.

Mozart es un ejemplo típico de niño prodigio.

BOYS WILL BE BOYS

ya se sabe lo que son los niños, los niños siempre son igual.

Don't get cross with junior, Alice, boys will be boys.

No te enfades con el pequeño, Alicia, ya se sabe lo que son los niños.

BRAIN DRAIN, THE

(Emigración de los profesionales de un país que se van a trabajar al extranjero, atraídos, generalmente, por mejores sueldos o mejores condiciones de trabajo.)

Having spent vast sums on higher education the Government was worried about the brain drain to neighbouring countries.

Habiendo dedicado grandes cantidades a la enseñanza superior, el gobierno estaba preocupado ante la emigración continua de los profesionales a los países vecinos.

BRAIN-WAVE

feliz idea, idea genial, inspiración repentina.

Modern inventions are more and more the product of research rather than brain-waves.

Los inventos modernos son cada vez más el resultado de la investigación que de una idea feliz.

BRAND NEW

flamante, nuevo, último modelo.

I felt shabby sitting beside Sylvia in her brand new mink overcoat.

Sentada al lado de Silvia, que lucía un flamante abrigo de visón, tenía la sensación de ir vestida como una pordiosera.

BREACH OF PROMISE

incumplimiento de compromiso matrimonial.

She told me that she was planning to sue her former fiancé for breach of promise.

Me dijo que pensaba demandar a su prometido por incumplimiento de compromiso matrimonial.

BREAD - AND - BUTTER LETTER, A

carta para agradecer la hospitalidad de que se ha disfrutado.

You should always write your friends a bread and butter letter after spending a few days at their house.

Después de haber pasado unos días en casa de unos amigos, es de rigor ponerles unas líneas para agradecerles la hospitalidad de que se ha disfrutado.

BREAK A LEASE, TO

no cumplir, rescindir sin causa justificada un contrato de inquilinato.

He broke the lease only a week after renting the house for a year.

Alquiló la casa por un año, y al cabo de una semana se marchó, dejando el contrato en el aire.

BREAK EVEN, TO

no perder ni ganar, tener los mismos gastos que ingresos, cubrir gastos.

The first year he was happy to break even.

El primer año se contentó con cubrir gastos.

BREAK IN, TO

1) iniciar, preparar, enseñar, domar.

It takes 6 months to break in a new technician in this field.

Hacen falta seis meses para formar a un técnico de esta especialidad.

2) forzar, derribar (una puerta).

The robbers had no difficulty breaking in the flimsy door.

Los ladrones no tuvieron la menor dificultad para forzar una puerta tan endeble.

BREAK ONE'S SPIRIT, TO

doblegar el ánimo, vencer la resistencia de alguien.

Your threats are not going to break my spirit.

No me acobardarás con tus amenazas.

BREAK THE ICE, TO

romper el hielo.

Everybody was staring at each other in silence so I tried to break the ice by proposing a toast to the newlyweds.

Al ver que todos se miraban en silencio, traté de romper el hielo proponiendo un brindis por los recién casados.

BREAK THE NEWS, TO

ser el primero en dar una noticia, encargarse de darla.

I don't want to break the bad news to Rosita.

No quiero ser yo quien le dé a Rosita la mala noticia.

BREAK THE PEACE, TO

perturbar (alterar) el orden público, producir disturbios.

My brother and his friends were arrested last night and charged with a break of the peace.

Mi hermano y sus amigos fueron detenidos anoche por alterar el orden público.

BREATHING SPELL, A

pausa, tregua, descanso, compás de espera, respiro.

The indecision of the opposition gave the Government a breathing spell to consolidate its position.

Las vacilaciones de la oposición facilitaron al Gobierno un compás de espera que le permitió consolidar su posición.

BRIDE-TO-BE. Véase FATHER-TO-BE.

BRING A HORNET'S NEST ABOUT ONE'S EARS, TO

desencadenar una lluvia de protestas, producir indignación general, provocar una oleada de ira, meterse en un avispero.

The Minister stirred up a hornet's nest when he raised the question of hiking taxes.

El ministro provocó un clamor general de indignación al plantear la cuestión del aumento de impuestos.

BRING CLOSER, TO

acercar.

Could you please bring that chair closer to the table?

¿Quiere acercar esa silla a la mesa?

BRING HOME, TO

demostrar, convencer, hacer comprender, hacer caer en la cuenta.

It took 5 years of war to bring home the folly of imperialism to some European statesmen.

Hubo que sufrir cinco años de guerra para convencer a algunos estadistas europeos de que el imperialismo era una locura.

BRING HOME THE BACON, TO

1) ganarse la vida, mantener una casa.

Stop giving me orders. After all it's me who brings home the bacon.

No admito que me des órdenes. Piensa que soy yo el que mantengo la casa.

2) vencer, triunfar, superar una dificultad.

The match was undecided till the last minute, when John brought home the bacon.

El partido se mantuvo indeciso hasta el último minuto, en el que Juan consiguió derrotar a su adversario.

BRING IT ON ONESELF, TO

buscarse uno una cosa.

Don't feel sorry for him. He brought it on himself with his negligence and lack of interest.

No lo compadezcas. Se lo ha ganado por su desidia y falta de interés.

BRING OUT THE WORSE IN ONE, TO

ejercer una influencia maléfica sobre una persona, despertar en ella la inclinación al mal.

You were not like this before meeting Albert. I can see that he brings out the worse in you.

Antes de conocer a Alberto no eras así. Veo que ejerce en ti una influencia maléfica.

BROACH A SUBJECT, TO

abordar, plantear un asunto.

I dare not to broach the subject of higher wages to the boss in his present mood.

No me atrevo a plantearle al jefe el asunto del aumento de sueldo con el humor que tiene ahora.

BROAD-MINDED

tolerante, comprensivo, liberal.

He is not broad minded enough to understand that we wrote the article as a joke.

No es lo bastante comprensivo para darse cuenta de que escribimos el artículo en broma.

BRUSH UP, TO

pulir, remozar, repasar, refrescar.

You'd better brush up your French because we're going to Paris next fall.

Convendría que empezaras a repasar el francés, porque iremos a París el próximo otoño.

BUILD UP, TO

1) reparar, reponer, vigorizar, reforzar, reconstituir.

Sleep is necessary to build up energy.

Dormir es necesario para reponer energías.

2) ir en aumento, acumular, amasar, reunir, concentrar.

He built up a fortune over the years.

En el transcurso de los años amasó una fortuna.

BURN DOWN, TO

quedar totalmente destruido por el fuego.

The building burnt down in less than an hour.

El edificio quedó totalmente destruido por el fuego en menos de una hora.

BURN ONE'S BRIDGES BEHIND ONE, TO

quemar las naves, cortarse a sí mismo la retirada.

After landing the army Caesar deliberately burned his bridges behind him by sending the fleet away.

Después de desembarcar su ejército, César se cortó la retirada ordenando a la flota que volviera a zarpar.

BURN THE CANDLE AT BOTH ENDS, TO

agotarse, extremar las cosas, trabajar a marchas forzadas, poner en peligro la propia salud.

It's all right for you to do overtime, but you shouldn't burn the candle at both ends.

Bien que hagas horas extraordinarias, pero no hasta el extremo de poner en peligro tu salud.

BURN THE MIDNIGHT OIL, TO

quemarse las cejas, trabajar hasta altas horas de la noche.

Students have the habit of burning the midnight oil before examinations.

Los estudiantes tienen la costumbre de estudiar hasta horas muy avanzadas antes de los exámenes.

BURST INTO FLAMES, TO

incendiarse, inflamarse.

Just after take-off the aircraft burst into flames and fell to the ground.

Inmediatamente después de despegar, el avión se incendió y se estrelló contra el suelo.

BURST INTO LAUGHTER, TO

estallar en carcajadas, acoger con grandes risas.

The audience burst into laughter at his cracks.

El auditorio acogió sus chistes con grandes risas.

BURST INTO TEARS, TO

echarse a llorar, deshacerse en lágrimas, prorrumpir en llanto.

She burst into tears at the sad news.

Se echó a llorar cuando recibió la triste noticia.

BURST OUT LAUGHING. Véase BURST INTO LAUGTHER.

BURY ONE'S HEAD IN THE SAND, TO

cerrar los ojos a la realidad, esconder la cabeza bajo el ala, hacer como el avestruz.

In a case like this you can't simply bury your head in the sand: you must face facts.

En un caso como éste no puedes cerrar los ojos a la realidad: has de afrontar los hechos.

BURY THE HATCHET, TO

hacer las paces, enterrar el hacha de guerra (costumbre india).

After many years of fighting the tribes decided to bury the hatchet.

Tras muchos años de lucha, las tribus decidieron hacer las paces.

BUSINESS AS USUAL

no haber novedad, discurrir las cosas normalmente, como si no hubiese pasado nada.

Two hours after the fire it was business as usual at the office.

Dos horas después del incendio, las cosas habían vuelto a la normalidad en la oficina.

BUSMAN'S HOLIDAY

(Alusión a la persona que durante las vacaciones desarrolla una actividad muy parecida a su trabajo habitual y, concretamente, a la creencia de que los empleados de los servicios públicos de autobuses pasan los días de fiesta viajando en ellos como pasajeros.)

My husband, who is a photographer spends his vacations on a busman's holiday: taking pictures.

Las vacaciones de mi marido, que es fotógrafo, se parecen mucho a sus días de trabajo: sigue tomando fotografías.

BUSY-BODY

curioso, entrometido, metomentodo.

No wonder that Arthur had found out about us. He is the worst busy-body I've ever seen.

No me extraña que Arturo se haya enterado de lo nuestro. Es el hombre más entrometido que he conocido en mi vida.

BUT THAT IS ANOTHER STORY

pero eso es cosa aparte, pero eso es ya otra cuestión.

Napoleon won nearly all his battles. He was less successful with women but that's another story.

Napoleón ganó casi todas sus batallas. Con las mujeres tuvo menos éxito, pero esto ya es otro capítulo.

BUY A CAT IN A BAG, TO

ir a la ventura, poder recibir una sorpresa, ir a ciegas, comprar una cosa sin verla.

If we buy this business we may be buying a cat in a bag.

Si compramos este negocio podemos encontrarnos con una sorpresa.

BUY A PIG IN A POKE, TO
Véase BUY A CAT IN A BAG, TO.

BY ACCIDENT
por casualidad.

I had lost John's address but happily I met him by accident at the restaurant.

Había perdido la dirección de Juan, pero afortunadamente me lo encontré en el restaurante por casualidad.

BY AIR
1) por avión.

Please send this letter by air mail.

Haz el favor de mandar esta carta por correo aéreo.

2) en avión.

We went to London by plane.

Fuimos a Londres en avión.

BY ALL MEANS
1) como sea, a toda costa, sin falta, por lo que más quieras.

By all means come to the party if you possibly can.

No dejes de venir a la fiesta, por poco que puedas.

2) no faltaba más, por supuesto.

«*May I use the telephone?*»
«*By all means.*»

—¿Puedo utilizar el teléfono?
—No faltaba más.

BY AND LARGE
por regla general, en conjunto.

By and large he is a hard-working man, but he has his off days.

Por regla general es un hombre muy trabajador, pero tiene sus días de pereza.

BY ANY STANDARDS
en ningún concepto, en modo alguno, se mire como se mire.

These apples can't compare by any standards with those we bought in the other shop.

Estas manzanas no pueden compararse en modo alguno con las que compramos en la otra tienda.

BY EAR
de oído.

He is unable to read a note but plays very well by ear.

Es incapaz de leer una sola nota, pero toca muy bien de oído.

BY FAIR MEANS OR FOUL
a las buenas o a las malas, de grado o por fuerza.

He said that he would get his money back by fair means or foul.

Dijo que recuperaría su dinero a las buenas o a las malas.

BY FAR
con mucho.

This is by far the best steak I have ever eaten.

Éste es, con mucho, el mejor bistec que he comido en mi vida.

BY FITS AND STARTS

a tontas y a locas, sin regulari-
dad, a trompicones, a rachas.

*Arthur has always studied by fits
and starts.*

Arturo ha estudiado siempre a
rachas.

BY HOOK OR BY CROOK

contra viento y marea, por encima de todo.

*We decided to carry out our pro-
ject by hook or by crook.*

Decidimos llevar a cabo nuestro
proyecto por encima de todo.

BY LEAPS AND BOUNDS

a pasos agigantados, rápidamente.

*His fortune is growing by leaps
and bounds.*

Su fortuna aumenta a pasos agigantados.

BY NO MEANS

en modo alguno, bajo ningún pretexto, en absoluto, por lo que más
quieras.

*By no means don't let anybody
in while I'm away.*

En mi ausencia no abras la puerta
a nadie bajo ningún pretexto.

BY ONESELF

1) a solas, por sí mismo.

He learned Spanish by himself.

Aprendió el español a solas.

2) solo.

*She lives by herself in her small
flat.*

Vive sola en su pisito.

BY PROXY

por poderes, por delegación (es-
crita).

*In case you are going to be ab-
sent on the day of the General
Assembly you may vote by proxy.*

En caso de que te encuentres
ausente el día de la Junta general, puedes votar por poderes.

BY RETURN (OF) MAIL

a vuelta de correo.

*I would much appreciate if you
answer me by return of mail.*

Mucho le agradecería que me con-
testase a vuelta de correo.

BY RULE OF THUMB

a ojo de buen cubero, aproximadamente.

*By rule of thumb I would say
that it will take five years to
build it.*

A ojo de buen cubero, calculo
que se tardarán cinco años en
construirlo.

BY THAT TIME

para entonces.

*He said he would come to-morrow
at five, but by that time everything will be over.*

Según dijo, vendrá mañana a las
cinco. Pero para entonces todo
habrá terminado ya.

BY THE SAME TOKEN

con el mismo motivo, del mismo
modo, por la misma razón, en
justa correspondencia.

If you give a car to John, by the same token you should give one to Paul.

Si le regalas un coche a Juan, el mismo motivo tienes para regalárselo a Pablo.

BY THE SKIN OF ONE'S TEETH

por los pelos, de milagro, en un tris.

We escaped the accident by the skin of our teeth.

Nos libramos del accidente de milagro.

BY THE WAY

a propósito, por cierto.

By the way, where did you go last night?

A propósito, ¿dónde estuviste anoche?

BY TRIAL AND ERROR

por aproximaciones sucesivas, por tanteo, a fuerza de errores.

The only way one learns to cook is by trial and error.

La única manera de aprender a cocinar es a fuerza de fracasos.

BY WAY OF

1) a guisa de, a modo de, como, en señal de.

By way of introduction I can tell you that this is my first speech.

A modo de introducción les diré que éste es mi primer discurso.

2) pasando por, vía.

We went to London via Paris.

Fuimos a Londres pasando por París.

BY WORD OF MOUTH

verbalmente, de palabra.

The news spread by word of mouth.

La noticia corrió de boca en boca.

Do you know it by word of mouth or have you read it somewhere?

¿Lo sabes porque alguien te lo ha dicho o porque lo has leído en alguna parte?

C

CALCULATED RISK, A

riesgo previsto (de consecuencias previstas), peligro conocido de antemano.

The prime minister took a calculated risk in offering a peace plan to our enemies before having consulted our allies.

El primer ministro sabía cuáles eran los peligros de ofrecer un plan de paz al enemigo sin haber consultado previamente a nuestros aliados.

CALL A MEETING TO ORDER, TO

abrir la sesión.

When the murmurs finally subsided the President called the meeting to order.

Cuando finalmente se acallaron los murmullos, el Presidente abrió la sesión.

CALL A SPADE A SPADE, TO

Al pan, pan, y al vino, vino. Llamar a las cosas por su nombre.

CALL IT A DAY, TO

acabar la jornada, dar el trabajo del día por terminado.

Well, let's call it a day. We've worked hard enough.

¡Bueno, ya está bien por hoy! Ya hemos trabajado bastante.

CALL IT QUITS, TO

abandonar la partida, desentenderse de un asunto, dejarlo, desistir.

After three unsuccessful attempts to escalate the peak the mountaineers decided to call it quits.

Después de tres intentos infructuosos para escalar el pico, los alpinistas decidieron abandonar la empresa.

CALL SOMEONE NAMES, TO

insultar a uno, ponerlo verde.

I left the moment he started calling me names.

Me marché en cuanto empezó a insultarme.

CALL THE ROLL, TO

pasar lista.

The master called the roll and found that a pupil was missing.

El profesor pasó lista y vio que faltaba un alumno.

CALL THE SHOTS, TO

mandar, dirigir, llevar la batuta.

If you want a job in the water-front you'll have to see Mr. Brown. He is the one who calls the shots there.

Si quieres trabajar en el puerto tendrás que ver al señor Brown. Él es quien manda allí.

CALL THE TERMS, TO

poner condiciones.

He said he wouldn't go into the business unless he could call his own terms.

Dijo que no tomaría parte en el negocio como no pudiera imponer sus propias condiciones.

CALL THE TUNE, TO

llevar la voz cantante, llevar la batuta.

He is the type who has to call the tune all the time.

Es una de esas personas que quieren llevar siempre la voz cantante.

CANNOT HELP BUT

no poder menos de, no poder dejar de.

I cannot help but laugh when I see what a ridiculous hairdo she has.

Cuando veo su ridículo peinado no puedo menos de echarme a reír.

CAPITALIZE ON, TO

aprovechar, sacar partido.

If you capitalized on all your possibilities you would go very far.

Si aprovecharas todas tus posibilidades, podrías ir muy lejos.

CARROT AND THE STICK POLICY, THE

dar una de cal y otra de arena, combinar la amabilidad (lisonja) con la amenaza.

Any politician in power has tried the carrot and the stick policy sometime.

Todo gobernante ha seguido alguna vez la táctica de dar una de cal y otra de arena.

CARRY A CHIP ON ONE'S SHOULDER, TO

1) ser pendenciero, provocador, belicoso.

It is difficult to get along with Arthur; he always carries a chip on his shoulder.

Es difícil tratar con Arturo; tiene un carácter muy belicoso.

2) albergar un resentimiento contra la sociedad, estar amargado, tener complejos, ser muy susceptible.

If only Albert could loose that chip on his shoulder and realize that it is not his humble origin that prevents him from making friends.

Me gustaría que Alberto no fuera tan susceptible y se convenciera de que no es su origen humilde lo que le impide hacer amistades.

CARRY A TORCH FOR SOME- ONE, TO (sl.)

seguir enamorado, continuar bajo los efectos de un desengaño amoroso.

I would like to propose to Laura but I feel that she is still carrying a torch for her last boy friend.

Quisiera declararme a Laura, pero tengo la impresión de que todavía no ha olvidado a su antiguo novio.

CARRY COALS TO NEW- CASTLE, TO

llevar leña al monte, llevar agua al mar, venderle miel al colmenero, perder el tiempo.

He is the vulgar sort of person who would say that taking one's wife to Paris is like carrying coals no Newcastle.

Es un hombre vulgar, del tipo capaz de decir que ir a París con la mujer es como llevar leña al monte.

CARRY ONE'S HEART ON ONE'S SLEEVE, TO

ir con el corazón en la mano.

A man so used to carry his heart on his sleeve should not have mixed with such a ruthless group.

Un hombre como él, que iba siempre con el corazón en la

mano, no debió mezclarse con gente tan falta de escrúpulos.

CARRY ONE'S WEIGHT, TO

poner uno de su parte lo que debe, dar el debido rendimiento.

David was dropped from the team because he did not carry his weight last season.

David fue expulsado del equipo porque durante la pasada temporada no dio el rendimiento debido.

CARRY ONESELF WITH AN AIR, TO

tener todavía buen aspecto, conservarse bien.

In the corner, the Christmas tree still carried itself with an air.

El árbol de Navidad, situado en un rincón, tenía aún buen aspecto.

CARRY OUT, TO

llevar a cabo, efectuar, realizar, ejecutar, hacer.

We will not be able to carry out this study for lack of data.

No podremos llevar a cabo este estudio por falta de datos.

CARRY THE BALL, TO (sl.)

encargarse de algo.

We want you to carry the ball while we're away.

Queremos que te encargues de todo mientras estemos fuera.

CARRY THE DAY, TO

ganar, triunfar, salir victorioso.

*In the afternoon debate the con-
servatives carried the day.*

En el debate de la tarde salieron
victoriosos los conservadores.

CARRY THROUGH, TO. Véase CARRY OUT, TO.

CASH ON DELIVERY. Véase
C.O.D.

CASH PAYMENT, A

pago al contado.

*I would have preferred to have
payed on terms but they insisted
on a cash payment.*

Hubiera preferido pagarlo a plazos, pero insistieron en que lo pagara al contado.

**CAST A SPRAT TO CATCH A
MACKEREL, TO**

meter aguja y sacar reja; hacer
un sacrificio poco importante con
el propósito de conseguir algo va-
lioso en compensación; conceder
algo; dar lo menos para sacar
lo más.

*O.K., give him the samples gra-
tis. Let's see if casting a sprat we
catch a mackerel.*

Muy bien, dale las muestras gratis. Vamos a ver si con este pequeño regalo conseguimos hacer
un buen negocio.

**CAST NOT A CLOUT TILL
MAY BE OUT**

Hasta el cuarenta de mayo no te
quites el sayo.

**CAST YOUR BREAD UPON
THE WATERS**

Haz bien y no mires a quién.

CASTLES IN SPAIN

castillos en el aire, la cuenta de
la lechera, fantasías, ilusiones in-
fundadas.

*He says he'll start a business with
the money he'll make in the summer, but this is just another of his
castles in Spain.*

Dice que montará un negocio
con el dinero que haga trabajando en verano, pero eso no es
más que otra de sus fantasías.

CAT CALLS

silba, pita, pitada, abucheo.

*The performance was bad and a
few cat calls were heard in the
house.*

La representación fue mala y en
la sala hubo conatos de pita.

CATCH A TARTAR, TO

salirle a uno la criada respondo-
na, encontrarse con un adversario más fuerte de lo que se supo-
nía, encontrarse con la horma de
su zapato.

*We certainly caught a tartar: not
only did he ask for the arrears
but the interest as well.*

Nos ha salido la criada respondo-
na: ese hombre no solamente nos
pide los atrasos, sino también los
intereses.

**CATCH FLAT-FOOTED (or
BENDING), TO**

coger desprevenido, sorprender.

The news of her marriage caught me flat footed.

La noticia de su boda me cogió de sorpresa.

CATCH HOLD OF, TO

atrapar, agarrar, poner la mano encima, caer en las manos de uno.

I am going to give him a good wallop as soon as I catch hold of him.

En cuanto caiga en mis manos, le daré una buena paliza.

CATCH OFF ONE'S GUARD, TO

hallarse ante un hecho inesperado, sorprender, coger desprevenido.

The attack on Pearl Harbour caught the United States off guard.

El ataque contra Pearl Harbour cogió a los Estados Unidos desprevenidos.

CATCH ON

1) comprender.

Charles is slow at catching on to new ideas.

A Carlos le cuesta comprender las nuevas ideas.

2) alcanzar popularidad, cuajar.

His latest song has not caught on.

Su última melodía no ha alcanzado la popularidad.

CATCH ONE'S BREATH, TO

1) tomar aliento, recuperar el aliento, tener tiempo de respirar, descansar, recuperarse, cobrar fuerzas.

There was no elevator in the building and she had to stop every two or three flights of stairs to cath her breath.

El edificio carecía de ascensor y tuvo que detenerse cada dos o tres rellanos para cobrar fuerzas.

2) dar un respingo, tener un sobresalto.

The newspaperman caught his breath as the car almost hit a boy who was crossing the street.

El vendedor de periódicos dio un respingo al ver como un coche por poco atropellaba a un muchacho que estaba cruzando la calle.

CATCH ONE'S EYE, TO

captarse la atención, atraer las miradas.

The girl with him caught my eye from the first moment.

La joven que estaba con él captó mi atención desde el primer momento.

CATCH ONE'S FANCY, TO. Véase STRIKE ONE'S FANCY, TO.

CATCH RED-HANDED, TO

sorprender con las manos en la masa, *in fraganti.*

The police caught the robber red-handed.

La policía sorprendió al ladrón con las manos en la masa.

CATCH UP WITH, TO

alcanzar a otros, ponerse al corriente, recobrar lo perdido.

After your illnes it will be difficult for you to catch up with the rest of the class.

Después de tu enfermedad, te será difícil alcanzar al resto de la clase.

CAUSE RAISED EYEBROWS, TO

provocar el enarcamiento de cejas (gesto de extrañeza o sorpresa), motivar gestos de desaprobación, extrañeza o sorpresa.

Martha's low-cut neckline caused raised eyebrows at her cousin's party.

El atrevido escote de Marta provocó gestos de desaprobación en la fiesta de sus primos.

CAVE IN, TO

1) desplomarse, hundirse.

The ceiling caved in with a crash.

El techo se hundió con gran estruendo.

2) ceder, acceder.

The Government has caved in to all union demands.

El Gobierno ha accedido a todas las peticiones planteadas por los sindicatos.

CHAIN SMOKER, A

fumador empedernido, que enciende un cigarrillo con la colilla de otro.

John needs three packs of cigarettes a day because he is a chain smoker.

Juan se fuma tres paquetes al día: con la colilla de un cigarrillo enciende otro.

CHANCES ARE THAT...

posiblemente, lo más probable es que.

Chances are that he won't come even if you bribe him.

Lo más probable es que no venga aunque lo sobornes.

CHANGE HANDS, TO

cambiar de dueño, traspasarse.

This business has changed hands a thousand times.

Este negocio ha cambiado de dueño mil veces.

CHANGE ONE'S MIND, TO

cambiar de idea.

I had planned to go to the concert last night but I changed my mind and went to bed.

Pensé ir anoche al concierto, pero cambié de idea y me fui a la cama.

CHANGE ONE'S TUNE, TO

cambiar de actitud.

The taxi driver tried to overcharge me but when I threatened to call a policeman he quickly changed his tune.

El taxista pretendía cobrarme dinero de más, pero cuando le amenacé con llamar a un guardia, cambió inmediatamente de actitud.

CHAPTER AND VERSE

con pelos y señales, hasta el último detalle, con todo lujo de detalles, de pe a pa.

I had no doubt that he had been listening to our conversation. He gave me chapter and verse about our plans.

No tuve la menor duda de que había estado escuchando nuestra conversación. Sabía nuestros planes con todo lujo de detalles.

CHARACTER ASSASSINATION

difamación, destruir la buena fama (reputación) de una persona.

Politicians have to live exemplary private lives if they do not want to be the target of character assassination campaigns.

Los políticos deben llevar una vida privada ejemplar si no quieren ser víctimas de campañas difamatorias.

CHARITY BEGINS AT HOME

La caridad bien entendida empieza por uno mismo.

CHARTER FLIGHT, A

(vuelo realizado en un avión especialmente fletado para el viaje de que se trate, o bien, con sujeción a determinadas condiciones, en un avión que presta un servicio regular).

vuelo fletado, vuelo de fletamento, vuelo especial, vuelo concertado, vuelo solicitado, servicio de alquiler, vuelo charter, charter.

Many associations organize charter flights for their members during the summer.

Hay muchas asociaciones que organizan vuelos especiales para sus socios en los meses de verano.

(A pesar de los intentos por parte de varios sectores para imponer las expresiones indicadas en primer lugar, la práctica ha ido imponiendo gradualmente la transcripción directa al castellano de la palabra inglesa *charter,* que incluso suele escribirse sin el acento que fonéticamente le correspondería.)

CHECK AGAINST, TO

cotejar, confrontar, comparar.

Check this copy against the original to see if there is any mistake.

Coteja esta copia con el original para ver si hay algún error.

CHECK IN, TO

Este verbo indica, genéricamente, el cumplimiento de las formalidades previas que se exigen en determinadas ocasiones para poder utilizar un servicio o iniciar una actividad (formalidades que en su expresión más simple pueden reducirse a estampar una firma o a comunicar nuestra presencia al encargado de llevar un registro). Entre los significados más importantes cabe mencionar los siguientes: inscribirse en el registro de un hotel, formalizar el ingreso en un hospital, presentarse en las oficinas de las líneas aéreas para los trámites anteriores al vuelo, etc. La mayoría de las veces, sin embargo, aquellas formalidades deben darse por sobrentendidas, ya que pierden importancia al lado del objeto de la acción principal:

Notice to passengers: check in time is 9 A.M.

Aviso a los señores pasajeros: la hora de presentación en el aeropuerto es las nueve de la mañana.

«Where are you staying?»
«I've checked in at the Ritz.»

—¿Dónde te alojas?
—He tomado una habitación en el Ritz.

Hay ocasiones en las que se pretende destacar el auténtico sentido del verbo y entonces habrá que darle un sentido más explícito al traducirlo:

When I was about to check in, I saw the man who had been following me, entering the hotel lobby.

Cuando me disponía a llenar la hoja del registro de viajeros, vi que el hombre que me había seguido entraba en el vestíbulo del hotel.

The hospital porter told me that I had to check in first and he would wait for me by the lift with my suitcase.

El portero del hospital me dijo que primero tenía que pasar por la administración y que me esperaría junto al ascensor con la maleta.

CHECK OUT, TO

(Se entiende por «check out» el cumplimiento de las formalidades que se exigen a la terminación de las actividades o servicios cuyo disfrute se inició con la operación de «check in». Las mismas observaciones dadas para «check in» son de aplicación a «check out».)

I wonder if the party in room 23 is checking out this morning because if so I have to change the linen.

Me gustaría saber si el cliente del 23 deja la habitación esta mañana, porque, de ser así, tengo que cambiar las sábanas.

I checked out of the hotel and drove straight to the station.

Liquidé la cuenta del hotel, y el coche me llevó directamente a la estación.

CHECK UP, TO

ver, comprobar, verificar, repasar.

Please check up whether my baggage has arrived or not.

Haga el favor de ver si ha llegado mi equipaje.

CHECK UP ON, TO

investigar, averiguar, indagar.

The police want to check up on the arrested people before they are released.

La policía quiere hacer indagaciones sobre los detenidos antes de ponerlos en libertad.

CHECK WITH, TO

consultar.

Check with the sales manager before you send the letter out.

Consulta al jefe de ventas antes de enviar la carta.

CHECK-UP

reconocimiento (médico) general.

Everybody should go to the doctor once a year for a check-up.

Todo el mundo debería ir al médico una vez al año para someterse a un reconocimiento general.

CHEW THE FAT (RAG), TO

charlar, charlar interminablemente, pegar la hebra, charla que te charla, estar de charla.

My husband and a friend were in the drawing room chewing the fat about old times.

Mi marido estaba en el salón con un amigo charla que te charla sobre cosas de tiempos pasados.

CHICKEN FEED (sl.)

fruslería, minucia, bagatela, insignificancia.

Ten dollars is a fortune to me but just chicken feed for my millionaire friend.

Diez dólares son una fortuna para mí, pero para mi amigo el millonario son una fruslería.

CHIP OFF THE OLD BLOCK, A

de tal palo, tal astilla; seguir los pasos del padre, ser hijo de su padre.

The boy plays the violin wonderfully. He is a chip off the old block.

El chico toca el violín maravillosamente. Sigue los pasos de su padre.

CLEAR THE TABLE, TO

levantar la mesa.

We should clear the table now if we want to be in time for the movies.

Debemos levantar la mesa si queremos llegar a tiempo al cine.

CLEAR UP, TO

1) levantar el tiempo, despejarse.

If we are lucky the weather will clear up to-morrow.

Con un poco de suerte, mañana habrá levantado el tiempo.

2) explicar.

I would like to clear up the details of your contract.

Quisiera explicarle los detalles de su contrato.

CLEAR-CUT

bien delimitado, claramente definido, claro, preciso, concreto.

This is a clear-cut case of greed.

He aquí un claro ejemplo de avaricia.

CLIMB ON THE BANDWAGON, TO. Véase GET ON THE BANDWAGON, TO.

CLOCK ROUND, THE. Véase AROUND THE CLOCK.

CLOSE CALL, A. Véase HAVE A CLOSE CALL, TO.

CLOSE IN, TO
estrechar el cerco, encerrar, rodear.

According to last radio reports the police are closing in on the hijackers.

Según las últimas noticias de la radio, la policía está estrechando el cerco a los secuestradores.

CLOSED MOUTH CATCHES NO FLIES
En boca cerrada no entran moscas.

COAST IS CLEAR, THE
ya no hay moros en la costa, el campo está libre, ya no hay peligro.

When the coast is clear I am going to get the letter from father's desk.

Cuando vea que no hay moros en la costa, cogeré la carta del escritorio de mi padre.

COCK-AND-BULL STORY, A
cuentos chinos, historias, cuentos.

He told me a cock-and-bull story trying to account for his absence.

Para justificar su ausencia me contó un cuento chino.

C.O.D. (CASH ON DELIVERY)
contra reembolso.

I forgot my wallet so I told them to send it C.O.D.

Como me había olvidado la cartera, les dije que me lo enviaran contra reembolso.

COLD COMFORT, A
pobre consuelo.

It's a cold comfort to think of the misfortune of others.

Es un pobre consuelo pensar en la desgracia de los demás.

COLD TURKEY
(Alusión al toxicómano que deja de tomar drogas; al tercer día de abstinencia aparecen en su piel unas protuberancias comparables a las de la piel de un ave desplumada.)

en seco, del todo, totalmente, completamente, inmediatamente.

The lecturer advised women who are heavy smokers to cut down slowly on their use of cigarets while men should give up cold turkey.

El conferenciante recomendó a las mujeres que fuman mucho que lo dejaran gradualmente, mientras que los hombres debían parar en seco.

COLOSSAL FLOP, A
fracaso estrepitoso, rotundo.

The Prime Minister's policy has been a colossal flop.

La política del primer ministro ha sido un rotundo fracaso.

COLLECT ON DELIVERY. Véase C.O.D.

COME ABOUT, TO
ocurrir, suceder.

How did it come about that your transfer was cancelled?

¿Cómo fue que suspendieron tu traslado?

COME ACROSS, TO

dar con algo, encontrar, toparse con.

Cleaning the house I came across an old pair of gloves I had forgotten about.

Limpiando la casa, encontré un par de guantes viejos de los que ya ni me acordaba.

COME ALONG, TO

1) irse con, acompañar.

Come along with us!

¡Vente con nosotros!

2) ir, seguir.

How are your patients coming along?

¿Cómo van tus pacientes?

COME AND GET IT! (sl.)

¡A comer!

I was beginning to feel hungry when I heard the cook shout «come and get it».

Ya empezaba a sentir apetito cuando oí gritar a la cocinera: «¡A comer!»

COME DOWN IN THE WORLD, TO

venir a menos, arruinarse.

It must be very sad to come down in the world when you have been rich.

Debe ser muy triste para el rico venir a menos.

COME DOWN TO EARTH, TO

volver a la realidad, despertar, bajar de las nubes.

Come down to earth, John. With what you make we can't get married.

Baja de las nubes, Juan. Con lo que ganas, no podemos casarnos.

COME IN HANDY, TO

venir de perilla, venir como anillo al dedo, venir al pelo, venir bien, llegar oportunamente.

Your gift came in very handy; I had just finished my perfume.

Tu regalo me vino muy bien. Precisamente se me había terminado el perfume.

COME INTO THE PICTURE, TO. Véase WHERE DOES THAT COME, etc.

COME OF AGE, TO

llegar a la mayoría de edad.

The lecturer said the world was finally coming of age and that we find ourselves in a period of international maturity.

El conferenciante dijo que el mundo ha entrado finalmente en su mayoría de edad y que nos encontramos en un período de madurez internacional.

COME STRAIGHT BACK, TO

no entretenerse en el camino, estar en seguida de vuelta.

You may start setting the table because I'll come straight back.

Ya puedes empezar a poner la mesa, pues estaré de vuelta en seguida.

COME TO AN END

acabar, ir a parar.

He'll come to a bad end, that boy, mark my words.

Recuerda lo que te digo, este chico acabará mal.

COME TO BLOWS (or CLOSE QUARTERS), TO

llegar a las manos, pelearse.

I trust we can settle this dispute without coming to blows.

Confío en que podremos solucionar esta cuestión sin llegar a las manos.

COME TO GRIPS, TO

atacar, abordar, afrontar, tratar de solucionar, habérselas con uno.

I think it's time we come to grips with this problem.

Creo que ya es hora de que afrontemos este problema.

COME TO ONE'S SENSES, TO

recobrar el juicio, recapacitar, entrar en razón.

He will come to his senses when he gets my letter.

Mi carta le hará entra en razón.

COME TO PASS, TO

suceder, cumplirse, realizarse.

If the threatened rise in taxation comes to pass we shall all be ruined.

Si se cumple el anunciado aumento de impuestos iremos todos a la ruina.

COME TO TERMS, TO

llegar a un acuerdo, avenirse a razones.

After some conversation he came to terms.

Después de conversar un rato, llegamos a un acuerdo.

COME TO THINK OF IT

pensándolo bien, en realidad, ahora caigo en que.

We might stop off at Oxford in our way. Come to think of it I have a cousin who lives there.

A la ida podríamos detenernos en Oxford. Ahora caigo en que tengo un primo allí.

COME TRUE, TO

realizarse, convertirse en realidad.

I hope your dreams come true.

Confío en que tus sueños se realizarán.

COME UP TO THE STANDARDS, TO. Véase MEET THE STANDARDS, TO.

COME-BACK, A

regreso, reaparición.

I am sure that my opponent will never stage a political come-back.

Estoy seguro de que a mi adversario no le quedarán ganas de reaparecer en el campo de la política.

COMING-OUT PARTY

puesta de largo, presentación en sociedad.

I am going to buy the most beautiful dress for your coming-out party.

Para tu presentación en sociedad te compraré el vestido más bonito del mundo.

COMMIT ONESELF, TO

soltar prenda, obligarse, comprometerse, pronunciarse.

You cannot expect Pedro to make a firm offer yet, because he will never commit himself without knowing all the facts.

No esperes que Pedro haga una oferta en firme: no querrá comprometerse hasta que conozca el asunto con todos sus detalles.

COMPARE NOTES, TO

cambiar impresiones, comparar los resultados obtenidos.

We'll have to get together when you come back from your trip to India to compare notes.

Me gustará que nos reunamos cuando vuelvas de tu viaje a la India, para cambiar impresiones.

Let's start separately and later on we'll compare notes.

Empecemos por separado y más adelante veremos lo que ha hecho cada uno.

COMPETITIVE EXAMINATION, A

oposición o concurso.

In a competitive examination one never can be sure of acquiring a post.

En las oposiciones, uno nunca puede estar seguro de sacar plaza.

CON GAME

timo, estafa.

Even though con-games are regularly reported in newspapers people still fall for them.

A pesar de que los periódicos publican con frecuencia noticias sobre timos, la gente sigue siendo víctima de ellos.

CON MAN

timador, estafador.

«Con man» is an abbreviation of «confidence man» which means we can be defrauded from the moment our confidence has been won.

Con man (estafador) es la abreviatura de *confidence man,* lo que significa que alguien puede estafarnos a partir del momento en que se ha ganado nuestra confianza.

CONSPIRE TOGETHER, TO

confabularse.

Circumstances conspired together to prevent us meeting in Paris as we had planned.

Las circunstancias se confabularon para que no pudiéramos reunirnos en París, como teníamos proyectado.

CONTROL ONE'S TEMPER, TO. Véase KEEP ONE'S TEMPER, TO.

CONTROVERSIAL ISSUE, A

cuestión propicia a la controversia, tema muy discutido, asunto sobre el que las opiniones están divididas, punto controvertible, cuestión disputada, materia contenciosa, asunto polémico.

Controversial matters will be included at the end of the agenda.

Las cuestiones propicias a la controversia se inscribirán al final del orden del día.

COOK ONE'S GOOSE, TO

malograr uno su carrera, perderlo todo, firmar uno su sentencia de muerte, jugársela a uno.

I know positively that he hates me and that he is out to cook my goose.

Me consta que me odia y que espera la ocasión de hundirme.

COOL OFF, TO

1) calmarse, sosegarse, serenarse.

(sl.) *Let me cool off for a while before we start.*

Espera un momento: quiero serenarme antes de empezar.

2) enfriarse.

Let the milk cool off before you drink it.

Deja enfriar la leche antes de tomártela.

COPY CAT, A

copión, imitador.

Carmen is just a copy cat: any dress I buy she buys the same model.

Carmen es una vulgar imitadora: vestido que me compro, vestido que se compra ella.

COUNT DOWN

(Acción de contar hacia atrás, a partir de un número convencional, a medida que se hacen comprobaciones sucesivas en la preparación de un cohete o vehículo espacial, destinado a ser lanzado en el momento de contar cero.)

cuenta atrás, cuenta al revés, retrocuenta, preparativos finales para el lanzamiento de un cohete espacial.

The launch team began the six-day countdown for the Apollo 14 moonlanding flight.

Han empezado los preparativos de seis días para lanzar el «Apolo 14» hacia la Luna.

COUNT ON SOMEBODY, TO

contar con alguien.

It's comforting to know that you can always count on him if you need him.

Es un consuelo saber que se puede contar con él siempre que se le necesita.

COUNT ONE'S BLESSINGS, TO

(poder) darse con un canto en los dientes, darse por satisfecho, estar contento con su suerte, considerarse afortunado (dentro de la desgracia, a pesar de todo); apreciar uno más lo que tiene, tratando de olvidar lo que ha perdido.

It's ridiculous that you complain about not being able to buy a color TV set. You should count your blessings with so many jobless around.

Es ridículo que te quejes de no poder comprar un televisor en color. Deberías estar pero que muy satisfecho de tu situación con la cantidad de parados que hay.

COUNT ONE'S CHICKENS BEFORE THEY ARE HATCHED, TO

Hacer las cuentas de la lechera. Vender la piel del oso antes de haberlo cazado.

COUNT SOMEONE OUT, TO (sl.)

descartar, no contar con alguna persona, prescindir de alguien.

Count me out. I don't want to be in this business.

No contéis conmigo. No quiero participar en ese negocio.

COUNTRY IS GOING TO THE DOGS, THE

el país está perdido, están arruinando el país.

Every time the democrats are in power he says the country is going to the dogs.

Cada vez que los demócratas consiguen el poder, dice que el país está perdido.

COURSE OF ACTION, A

camino, forma de proceder, método.

I think this is our best course of action.

Creo que éste es el mejor camino que podemos seguir.

CRACK A JOKE, TO (sl.)

contar un chiste, hacer un chiste.

It's all right to crack a joke once in a while but not too often.

Bien que se haga un chiste de vez en cuando, pero no a cada paso.

CRACK OF DOOM, THE

el fin del mundo.

The volcano erupted with an explosion like the crack of doom.

El volcán entró en actividad con una explosión que parecía el fin del mundo.

CREATE A SCANDAL, TO

causar sensación, producir o provocar revuelo, armar un alboroto, provocar un escándalo.

His last novel has created a scandal.

Su última novela ha provocado un gran revuelo.

CREATURE COMFORTS

los bienes materiales, el bienestar material, las cosas que le hacen a uno la vida llevadera.

It is difficult to cultivate the mind when one lacks the most essential creature comforts.

Resulta difícil cultivar el espíritu cuando no se tienen cubiertas las necesidades materiales más elementales.

CREDIBILITY GAP, THE

(Expresión surgida en Norteamérica para denotar la falta de confianza de la opinión pública en la versión oficial sobre la guerra de Viet-Nam.)

escepticismo, escepticismo público, incredulidad acerca de la verdad oficial, desconfianza, crisis de confianza.

The conflicting statements of the Minister and the President have widened the credibility gap about the intentions of the Administration.

Las declaraciones contradictorias del ministro y del presidente han hecho aumentar el escepticismo acerca de las intenciones del Gobierno.

CRIME DOESN'T PAY (OFF)

El que la hace, la paga. No hay crimen sin castigo.

CROCODILE TEARS

lágrimas de cocodrilo.

Don't feel sorry for him; he is only shedding crocodile tears.

No lo compadezcas por su llanto: son lágrimas de cocodrilo.

CROSS MY HEART AND STRIKE ME BLIND!

¡Por éstas, que son cruces! ¡Lo juro!

Cross my heart and strike me blind if what I told you wasn't true!

Te he dicho la verdad, ¡lo juro!

CROSS OUT, TO

tachar.

I always cross out the days in the calendar preceding my holidays.

Tengo la costumbre de ir tachando en el calendario los días que faltan para que lleguen las vacaciones.

CROSS-EXAMINE, TO

interrogar a un testigo de la parte contraria (o hacer repreguntas), interrogar, preguntar.

She was cross-examined by her parents to find out what sort of company she kept in the city.

Sus padres le hicieron preguntas deseosos de saber con qué clase de gente se trataba en la ciudad.

CROSS-SECTION

1) corte, sección, sección transversal.

Figure A shows a cross-section of the machine.

La figura A muestra una sección transversal de la máquina.

2) muestra representativa, conjunto característico, selección característica, exponente.

In our program we have given

a cross-section of American opinion.

En nuestro programa hemos dado un exponente de la opinión pública norteamericana.

CRY ONE'S HEART (or EYES) OUT, TO

llorar a lágrima viva, llorar a mares, llorar amargamente.

Hellen cried her heart out when she heard the news of grandmother's death.

Elena lloró a lágrima viva cuando se enteró de la muerte de su abuela.

CRY WOLF, TO

ser alarmista, dar una falsa alarma, gritar «¡al lobo!»

Even at the risk of being accused of crying wolf I must warn you again about the danger of expanding our business too rapidly.

Aun a riesgo de ser tildado de alarmista, debo preveniros una vez más de los peligros que corremos si ampliamos el negocio precipitadamente.

He had cried wolf so many times that finally nobody paid attention to him.

Había dado tantas falsas alarmas que ya nadie le hacía caso.

CRYING SHAME, A

verdadera vergüenza, flagrante injusticia.

The condition of this road is a crying shame.

El estado de esta carretera es una verdadera vergüenza.

CUSTOM IS A SECOND NATURE

El hábito es una segunda naturaleza.

Now that Mary has so much money she need not work so hard but custom is a second nature.

María no tiene por qué seguir trabajando tanto ahora que tiene tanto dinero, pero el hábito es una segunda naturaleza.

CUT A CLASS, TO

faltar a clase, saltarse una clase, hacer novillos.

If you continue cutting classes like this you'll be expelled from the school.

Como sigas faltando a clase, te expulsarán del colegio.

CUT A FIGURE (or IMAGE), TO

1) tener cierto aspecto, tener apariencia de.

Arthur cut a ridiculous figure in his striped trousers and red waistcoat.

Arturo tenía un aspecto ridículo con sus pantalones a rayas y su chaleco rojo.

2) causar sensación, causar una (buena, mala, etc.) impresión, hacer buen (mal) papel.

With his winning smile and amusing talk Robert cut a fine figure with all the ladies in the party.

En la fiesta, la cautivadora sonrisa de Roberto y su divertida charla causaron sensación entre el elemento femenino.

CUT AND DRIED

1) predeterminado, decidido de antemano, fijo.

I have no cut-and-dried program for my holiday. I'll just follow the inspiration of the moment.

No tengo ningún programa fijo para mis vacaciones. Me limitaré a seguir la inspiración del momento.

2) poco original, trillado, manido, gastado.

The performance was very good but the plot was a bit cut and dried.

La interpretación estuvo muy bien, pero el argumento no era muy original.

CUT CORNERS, TO

1) hacer economías, ahorrar, reducirse.

After her husband died she had to cut a few corners.

Después de la muerte de su esposo tuvo que hacer economías.

2) prescindir de formalidades, saltarse algún trámite, proceder expeditivamente, cometer irregularidades.

The imported sets come cheaper than ours but if we cut a few corners I think we can meet the competition.

Los aparatos importados salen más baratos que los nuestros, pero si prescindimos de algunos detalles podremos hacer frente a la competencia.

To achieve his ends he doesn't mind cutting a few corners.

Con tal de conseguir sus fines no le importa saltarse a la torera algunas reglas.

CUT DOWN TO SIZE, TO

reducir a su justa medida (a su expresión natural), conferir a una cosa los límites que le corresponden, meter en cintura.

According to the feminist movement it is time that male ego wast cut down to size.

Según el movimiento feminista, ya es hora de que las ínfulas masculinas se reduzcan a su expresión natural.

CUT IT FINE, TO

1) hilar delgado.

You shouldn't cut it so fine when you come to think that after all he's been very generous to you.

No hiles tan delgado: piensa que, al fin y al cabo, él ha sido muy generoso contigo.

2) ir a una parte con el tiempo demasiado justo, faltar poco para llegar tarde.

I'm not amazed that you missed the train this morning because you cut it too fine.

No me extraña que hayas perdido el tren esta mañana: has salido de casa con el tiempo demasiado justo.

CUT NO ICE, TO

no pintar nada, ni cortar ni pinchar, no contar para nada, no tener influencia, no causar ninguna impresión.

Don't apply to Andrew, he cuts no ice with the firm.

No te dirijas a Andrés, porque no pinta nada en la compañía.

CUT OFF ONE'S NOSE TO SPITE ONE'S FACE, TO

perjudicarse a sí mismo, tirar piedras contra el propio tejado, ir contra uno mismo.

To throw up such a wonderful job simply because one of your colleagues was rude to you is cutting off your nose to spite your face. Who will lose more if you leave, he or you?

Si dejaras un puesto tan bueno simplemente porque uno de tus compañeros se ha portado mal contigo, obrarías como el que tira piedras a su propio tejado. Al fin y al cabo, si te marchas, ¿quién pierde más, él o tú?

CUT ONE'S COAT ACCORDING TO ONE'S CLOTH, TO

No estirar el pie más de lo que

da la manta. No estirar más el brazo que la manga.

CUT SHORT, TO

1) interrumpir, suspender.

We had to cut short our holiday because our eldest son took ill.

Tuvimos que interrumpir las vacaciones porque nuestro hijo mayor se puso enfermo.

2) frustrar, atajar.

The robber's plans were cut short by the sudden presence of two policemen.

Los propósitos del ladrón se vieron frustrados por la súbita presencia de dos guardias.

3) abreviar, acortar.

I had to cut my statement short in order to finish within the allowed time.

Tuve que acortar mi intervención a fin de terminar dentro del tiempo concedido.

CUT TO THE QUICK, TO

herir en lo más vivo, llegar al alma.

Her nasty words cut me to the quick.

Sus desconsideradas palabras me hirieron en lo más vivo.

D

DARK HORSE, A

contendiente o ganador desconocido, vencedor inesperado, persona que puede dar una sorpresa en
una competición, competidor cu-
yas posibilidades de triunfo se
desconocen.

*The Liberal Party may well turn
out to be the dark horse of next
elections.*

El partido liberal puede ser el
vencedor inesperado de las próxi-
mas elecciones.

DATE BACK TO, TO

remontarse a, datar de.

*The origins of this institution date
back to the XVIth century.*

Los orígenes de esta institución se
remontan al siglo XVI.

DAY IN AND DAY OUT

día tras día, a diario, todos los
días.

*My grandfather comes to visit
me day in and day out.*

Mi abuelo viene a verme a diario.

DAY-DREAM, TO

soñar despierto, pensar en las musarañas, estar en Babia.

*If you want to pass your exami-
nations concentrate on what the
teacher is saying and stop
daydreaming.*

Si quieres aprobar, presta atención
a lo que dice el profesor en vez
de pensar en las musarañas.

DAY-TO-DAY

diario, cotidiano, habitual.

*The true heroes are those who do
their day-to-day work well.*

Los verdaderos héroes son los que
cumplen con su trabajo diario.

DEAD MEN TELL NO TALES

los muertos no hablan.

*In the olden days many pirates
followed the «Dead men tell no
tales» principle.*

Antiguamente, muchos piratas
eran partidarios del principio de
que los muertos no hablan.

DEAD SET AGAINST

resueltamente opuesto, totalmente contrario.

My mother wouldn't mind me taking the trip but my father is dead set against it.

A mi madre no le importaría que hiciera este viaje, pero mi padre se opone resueltamente.

DEAD TO THE WORLD

profundamente dormido.

Don't worry about the noise, he's dead to the world.

No temas que el ruido lo despierte: está profundamente dormido.

DEAR JOHN (LETTER), A

(Carta por la que una muchacha comunica a su novio la decisión de romper sus relaciones amorosas, o por la que una mujer comunica a su marido que se propone divorciarse de él o abandonarlo.)

carta de despedida.

Letters had become scarcer and colder, so when he recognized Anne's handwriting on the envelope he was sure that it was a Dear John letter.

Las cartas se habían hecho cada vez más escasas y frías, por lo que al reconocer el sobre escrito por Ana se convenció de que se trataba de una carta de despedida.

DEEP INTO THE NIGHT

en las tinieblas, en la oscuridad de la noche.

Having delivered the package, the stranger vanished deep into the night.

Después de haber entregado el paquete, el desconocido desapareció en la oscuridad.

DELIVER (PROVIDE) THE GOODS, TO

cumplir lo prometido, cumplir (lo que se espera de uno), responder (a lo solicitado).

The team assured the coach that they would deliver the goods coming through with an impressive win.

Los jugadores aseguraron al entrenador que cumplirían lo que se esperaba de ellos ganando el partido por un abultado tanteo.

DESERVE CREDIT FOR SOMETHING, TO

corresponderle a uno el mérito de haber hecho algo, tener que reconocerle a una persona algo favorable.

Even if he failed to win the race, he deserves credit for making a manful effort.

Aunque no consiguió ganar la carrera, hay que decir en su favor que hizo un valeroso esfuerzo.

DESERVE ONE ANOTHER, TO

ser tal para cual, estar dos personas a la misma altura.

Neither of them is very reliable and they deserve each other.

Ninguno de los dos es muy formal, por lo que son tal para cual.

DIE DOWN, TO

extinguirse, cesar, apagarse.

He refused to speak until the interruptions had died down.

Se negó a hablar hasta que cesaron las interrupciones.

DIE IN THE LAST DITCH, TO.
Véase TO THE LAST DITCH, TO.

DIE-HARD, A

recalcitrante, empedernido, a ultranza.

Only die-hard conservatives still support capital punishment.

Sólo los conservadores empedernidos siguen abogando por la pena de muerte.

DIFFERENCE IS IN HOW...., THE.

todo depende de cómo, todo es según, todo depende del modo.

The difference is in how you look at it.

Todo depende de cómo lo mires.

DIG IN, TO

1) atrincherarse.

As it could advance no further until the spring the army dug in for a long winter.

Como no podía avanzar más hasta la primavera, el ejército se atrincheró, previendo un largo invierno.

2) afanarse, trabajar con ahínco.

If we all dig in with a will our work will soon be finished.

Si todos trabajamos con ahínco, pronto terminaremos la tarea.

DIG UP, TO

desenterrar, sacar a la luz, sacar a relucir.

Why is it necessary to dig up an old quarrel?

¿Qué necesidad hay de sacar a relucir una antigua disputa?

DIG UP THE HATCHET, TO

declarar, hacer la guerra; reanudar las hostilidades, desenterrar el hacha de guerra.

In these circumstances, the failure of the negotiations would mean digging up the hatchet.

En estas circunstancias, el fracaso de las negociaciones significaría la guerra.

DIRTY LOOK, A

mirada fulminante, asesina.

He gave me a dirty look when I suggested that it was his responsibility to pay the deficit.

Me dirigió una mirada fulminante cuando sugerí que le correspondía a él pagar el déficit.

DIRTY MIND, A

mal pensado, malicioso, de imaginación malsana, torpe (utilizado muchas veces en sentido irónico).

These things only exist in your dirty mind.

Estas cosas sólo existen en tu malsana imaginación.

DISAPPEAR INTO THIN AIR, TO

desvanecerse, desaparecer como por arte de magia (sin saber cómo, como si se lo hubiera tragado la tierra, sin dejar rastro).

The case is still baffling the police as the chief witness seems to have disappeared into thin air.

La policía no ha podido resolver el asunto todavía porque el testigo principal ha desaparecido sin dejar rastro.

DISASTER AREA

zona catastrófica, región siniestrada (devastada).

The north provinces stricken by the hurricane have been declared disaster areas.

Las provincias del Norte afectadas por el huracán han sido declaradas zonas catastróficas.

DISPENSE WITH, TO

prescindir de, omitir, hacer caso omiso.

You may dispense with formalities.

Puede usted prescindir de las formalidades.

DISTURB THE PEACE, TO.
Véase BREAK THE PEACE, TO.

DO AWAY WITH, TO

1) deshacerse de, eliminar.

After the crime he was left with the problem of doing away with the weapon.

Después del crimen, le quedaba el problema de deshacerse del arma.

2) matar.

She threatened her lover with doing away with herself if he left her.

Amenazó a su amante con suicidarse si la abandonaba.

3) suprimir, abolir.

We are trying to do away with unnecessary regulations.

Estamos tratando de suprimir las disposiciones innecesarias.

DO I NOT KNOW!

¡si lo sabré yo!

You don't need to tell me how exhausting he is to listen to. Do I not know!

No es necesario que me expliques lo pesado que resulta escucharlo. ¡Si lo sabré yo!

DO IT AGAIN, TO

1) repetir, volver a hacer.

I'm afraid that this copy did not come out very clean. You'll have to do it again.

Me parece que esta página no ha salido muy limpia. Tendrás que repetirla.

2) realizar una nueva hazaña, dar una nueva sorpresa, conseguir un nuevo triunfo.

Our correspondent has done it again; this time he's been able to interview the rebel chief in his mountain hideaway.

Nuestro corresponsal ha conseguido un nuevo éxito personal: esta vez ha entrevistado al jefe rebelde en su escondrijo de las montañas.

DO ONE'S BEST, TO
hacer todo lo posible.

I can't promise you anything, but I'll do my best.

No puedo prometerte nada, pero haré todo lo posible.

DO ONE'S BIT, TO
aportar uno su granito de arena.

During the war everyone had to do his bit for the nation.

Durante la guerra, todos tuvimos que aportar nuestro granito de arena a la causa nacional.

DO ONE'S HEART GOOD
alegrársele a uno el corazón.

It makes my heart good to see your rosy cheeks after your illness.

Se me alegra el corazón cuando veo esas mejillas sonrosadas, después de tu enfermedad.

DO ONE'S HOMEWORK, TO
1) hacer los deberes.

Stop playing now children and go do your homework.

Niños, dejad de jugar ya y poneros a hacer los deberes.

2) prepararse para una tarea, realizar el estudio previo que exige una tarea, preparar un asunto.

I hesitate in going to the Board meeting this morning because I haven't done my homework.

No sé si ir a la reunión de la Junta de esta mañana, porque no he preparado los asuntos.

DO ONE'S (OWN) THING
1) vivir uno su vida, hacer uno lo que le venga en gana (lo que se le antoje, lo que realmente le guste), dar rienda suelta a sus aficiones (inclinaciones naturales), ir uno a lo suyo.

I've met countless teenagers who had dropped out from school to do their own thing.

He conocido a cantidad de adolescentes que habían colgado los libros para vivir su vida.

Don't expect to bring him to your way of thinking. He's a man who has to do his own thing.

No esperes convencerlo. Es un hombre que va a lo suyo.

2) practicar uno su especialidad (lo que hace mejor, lo que le va), demostrar su habilidad, hacer uno su número.

The atmosphere at the club was rather calm, except for a few couples doing their own thing on the dance floor.

El club estaba poco animado, excepto por unas pocas parejas que lucían sus habilidades en la pista de baile.

DO THE DISHES, TO

fregar, lavar los platos.

It's your turn to-day to do the dishes.

Hoy te toca a ti fregar.

DO THE TRICK, TO. Véase THAT WILL DO THE TRICK.

DO WELL, TO

hacer buen papel, salir bien (de un examen, etc.), quedar bien.

The Canadian racers did very well.

Los corredores canadienses hicieron muy buen papel.

DO WHAT COMES NATURALLY, TO

hacer uno lo que se le ocurra en el momento, obrar espontáneamente.

Don't worry about what you're going to do. Just do what comes naturally.

No pienses qué vas a hacer. Haz lo que se te ocurra en el momento.

DO WITHOUT, TO

prescindir de, pasar sin.

I forgot to buy sugar so we'll have to do without dessert.

Me olvidé de comprar azúcar; tendremos, pues, que pasarnos sin postre.

DO YOU MIND...?

1) ¿le importa que...?, ¿tiene usted inconveniente en que...?, ¿le molestaría...?, ¿me permite que...?

«*Do you mind if I open the window?*»

«*Please, go ahead*».

—¿Le molestaría que abriera la ventana?

—Ábrala, por favor.

2) tenga la bondad, ¿me hace el favor? (en el tono represivo con que se trata de atajar a un impertinente o un aprovechado), no se precipite usted, no se adelante, ¿tendría la bondad de no molestar?

My neighbour at the concert kept tapping his foot to the rythm of the music so I had to tell him «Do you mind?»

Durante el concierto, mi vecino insistía en seguir el ritmo de la música con el pie, por lo que tuve que decirle: «¿Tendría la bondad de no molestar?»

DOG DAYS

canícula, período del año en que son más fuertes los calores, la parte más calurosa del verano.

In some parts of the world shops are closed during dog-day afternoons.

En algunos lugares del mundo, las tiendas están cerradas durante las tardes más calurosas de verano.

DOG-IN-THE-MANGER ATTI-TUDE, A

la conducta del perro del horte-lano (que, según el refrán, «ni come las berzas ni las deja comer al amo»).

The trouble with him is his dog-in-the-manger attitude: neither does he anything nor does he let us do anything.

Lo malo de él es que procede como el perro del hortelano: ni hace, ni deja hacer.

DOLLARS AND CENTS

dinero, cantidad concreta, dinero contante y sonante.

At his side I received the kind of training that cannot be measured in dollars and cents.

Con él recibí un aprendizaje que no puede valorarse en dinero.

How much is it going to cost me in dollars and cents?

En definitiva, ¿cuánto va a cos-tarme exactamente?

DON'T GET ANY IDEAS ABOUT... (sl.)

no te hagas ilusiones sobre...; no se te ocurra pensar que...; no vayas a...

Don't get any ideas about going to Florida. The boss has canceled your leave.

No te hagas ilusiones de ir a Florida. El jefe ha anulado tu permiso.

DON'T GIVE ME THAT JAZZ (or LINE, STUFF)

no me vengas con ésas (con mon-sergas, historias, cuentos), no me salgas con tonterías.

I know you didn't go because you didn't want to, so don't give that jazz now.

Sé que no fuiste porque no qui-siste; conque no me vengas con cuentos.

DON'T QUOTE ME

no estoy muy seguro, puedo equi-vocarme; no diga que lo sabe por mí, si lo repite no cite la pro-cedencia.

I believe Mary is going to an-nounce her engagement to-night but don't quote me.

Tengo entendido que María va a anunciar su compromiso matrimo-nial esta noche, pero, si se le ocurre comentarlo, no vaya usted a descubrirme.

DON'T START CROWING

no cantes victoria todavía.

Don't start crowing. The board has not yet confirmed your pro-motion.

No cantes victoria todavía. La junta no ha confirmado aún tu ascenso.

DOT EVERY I AND CROSS EVERY T, TO

no olvidar detalle, no dejar nada al azar, ser minucioso, poner los puntos sobre las íes, concretar; no dejar ningún cabo suelto.

The director's instructions are very easy to follow because he is used to dot every i and cross every t.

Las instrucciones del director son muy fáciles de seguir porque acostumbra no dejar ningún cabo suelto.

DOUBLE DATING

salir a cuatro, salir (una pareja) con otra pareja.

If you don't have much experience in dating it would be better to start by double dating.

Si no estás acostumbrada a salir con chicos es mejor que al principio salgáis dos parejas juntas.

DOUBLE-BREASTED

cruzado (americana, abrigo, etc.).

I prefer double-breasted suits to single-breasted ones.

Me gustan más las americanas cruzadas que las rectas.

DOUBLE-DUTCH

griego, chino (lenguaje que uno no entiende).

All this talk about prices and inflation is double-dutch to me.

Esta conversación sobre los precios y la inflación es chino para mí.

DOUBLE STANDARD

doble rasero, dos medidas (normas, reglas) distintas, dos sistemas de pesos y medidas.

All too often we use a double standard to judge our actions and those of our enemies.

Con mucha frecuencia utilizamos una medida distinta para juzgar nuestras propias acciones y las de nuestros enemigos.

DOUBTING THOMAS, A

incrédulo, ser como Santo Tomás, creer sólo lo que se ve.

You'd better show it to him because he is a doubting Thomas.

Lo mejor será que se lo enseñes, porque sólo cree lo que ve.

DOWN PAYMENT

entrada, pago inicial.

I like the house but the down payment is very high.

Me gusta la casa, pero piden mucho de entrada.

DOWN-TO-EARTH

sensato, práctico, realista.

Although he writes poems he is a very down-to-earth boy.

Aunque escriba poesías, es un muchacho que tiene un gran sentido práctico.

DRAW, A

1) empate, tablas.

The game ended in a draw.

El partido terminó en tablas.

2) sorteo.

We sold the last raffle tickets on monday. The draw will probably be next Saturday.

El lunes vendimos los últimos números de la rifa. El sorteo se celebrará probablemente el próximo sábado

DRAW A BLANK, TO
no tener suerte, no conseguir una cosa; ser inútil, en vano.

I looked her name up in the London telephone directory, but drew a blank.

Traté de hallar su nombre en la guía telefónica de Londres, pero no lo conseguí.

DRAW INTEREST, TO
devengar interés.

My savings account draws a five per cent interest.

Mi cuenta de ahorros devenga un interés del cinco por ciento.

DRAW IT MILD, TO
no exagerar.

We all know that you've been through fantastic adventures, but draw it mild.

Todos sabemos que has corrido aventuras extraordinarias, pero no exageres.

DRAW SOMEONE OUT, TO
sonsacar, tirarle de la lengua a uno.

I tried to draw him out but with no avail.

Traté de sonsacarle, pero fue inútil.

DRAW THE LINE, TO
fijarse un límite, detenerse, no pasar de cierto punto, formalizarse.

After all his insinuations I had to tell him not to come to the house any more. You have to draw the line somewhere.

Después de todas sus insinuaciones tuve que decirle que no viniera más a casa. Todo tiene un límite en este mundo.

I allow him some liberties because he knows where to draw the line.

Le permito ciertas libertades porque sabe hasta dónde puede llegar.

DRAW TO A CLOSE (or END), TO
tocar a su fin, estar acabándose.

The theatre season is drawing to a close.

La temporada de teatro está tocando a su fin.

DRESS SOMEONE DOWN, TO
echar un rapapolvo, reprender, poner de vuelta y media.

The boss dressed Pérez down for his mistake.

El jefe le echó un rapapolvo a Pérez por el error que cometió.

DRIBS AND DRABS
en pequeñas cantidades, un poco de aquí y otro poco de allá.

By the end of the day a lot of money has gone in dribs and drabs.

Al final del día se le ha ido a uno mucho dinero en pequeñeces.

DRIFT OFF TO SLUMBERLAND, TO
conciliar el sueño, dormirse.

As soon as I put him in the crib he drifted off to slumberland.

Apenas lo puse en la cuna, entró en el país de los sueños.

DRIVE A NAIL INTO ONE'S COFFIN, TO

arruinarse la salud, acortar la propia vida.

You are driving a nail into your coffin with every cigarette you smoke.

Cada cigarrillo que fumas te acorta un poco la vida.

DRIVE AT, TO

proponerse, insinuar, querer decir.

I don't know what you are driving at but I'll tell you beforehand that my answer is no.

No sé lo que me quieres decir, pero te anticipo que mi respuesta será «no».

DRIVE-IN (CINEMA)

autocine.

I can think of better ways to watch a film than in a drive-in.

Te aseguro que para ver una película hay sistemas mejores que el autocine.

DRIVE OUT, TO

expulsar, echar, ahuyentar, rechazar.

Knowledge drives out fear.

El saber ahuyenta el temor.

DRIVE SOMEONE MAD (or CRAZY), TO

sacar de quicio, volver loco, exasperar.

"You are going to drive me mad" said the mother to the children.

—Acabaréis por volverme loca— dijo la madre a los niños.

DRIVE TO THE WALL, TO

poner entre la espada y la pared, acorralar, ponerle a uno en una situación desesperada.

If you drive him to the wall, he may do something desperate.

Si lo acorralas, es capaz de hacer un disparate.

DROP A BRICK, TO

meter la pata.

You dropped a brick when you started to talk about fat people. Hellen was right behind you.

Metiste la pata cuando empezaste a hablar de la gente gorda. Elena estaba exactamente detrás de ti.

DROP IN (or BY), TO (sl.)

pasar, presentarse, dejarse caer.

I was about to go to bed when a friend dropped in to tell me his troubles.

Estaba a punto de irme a la cama cuando se presentó un amigo para explicarme sus problemas.

DROP OUT, TO

colgar, abandonar (una actividad determinada); retirarse, desaparecer.

He was doing well at school but one fine day he decided to drop out. He said he wanted to see the world.

Iba muy bien en sus estudios, pero un buen día decidió colgar los libros. Dijo que quería ver mundo.

DROP SOMEONE A LINE, TO

poner cuatro letras, escribir unas líneas.

As soon as you arrive in Geneva drop me a line and tell me how was the trip.

En cuanto llegues a Ginebra, ponme cuatro letras para decirme cómo te fue el viaje.

DROWN ONE'S SORROW IN DRINK, TO

ahogar las penas en vino.

Since he lost his fortune he has been trying to drown his sorrow in drink.

Desde que perdió su fortuna, ahoga sus penas en vino.

DRUG IN THE MARKET, A

artículo invendible.

Since the invention of long playing records pianos are just a drug in the market.

Desde que se inventaron los discos de larga duración no hay quien venda un piano.

DUST TO SETTLE, THE

calmarse los ánimos, amainar el revuelo causado por alguna cosa, aclararse la atmósfera.

It's too soon to assess the impact of the startling speech of the Prime Minister and we'll have to allow a few days for the dust to settle.

Es demasiado pronto para poder apreciar las consecuencias del sorprendente discurso del primer ministro y tendremos que dejar pasar algunos días hasta que se calmen los ánimos.

E

EARLY BIRD, AN

madrugador, que llega temprano.

Being an early bird at the office is one way to ingratiate yourself with the boss.

Llegar temprano a la oficina es una de las maneras de quedar bien ante el jefe.

In spite of having arrived at the hall half an hour before the lecture the first rows were already taken by a group of early birds.

A pesar de que llegamos a la sala media hora antes de la conferencia, las primeras filas estaban ya ocupadas por un grupo de personas que se nos habían adelantado.

EARLY BIRD GETS THE WORM, THE

Al que madruga, Dios le ayuda.

EASY COME, EASY GO

los dineros del sacristán, cantando vienen, cantando se van; dinero que sale con la misma facilidad que entra.

George's wife inherited quite a fortune but he has spent most of it, easy come easy go.

La mujer de Jorge heredó una fortuna bastante considerable, pero él ha gastado la mayor parte alegremente.

EASY DOES IT

despacito y buena letra, cuidadito, con cuidado, con calma, sin apresurarse, no hay que apresurarse.

Easy does it. First read the instructions and then you'll see how easy it is to set up your tent.

Calma, muchacho. Primeramente léete las instrucciones y verás lo fácil que resulta montar la tienda.

EAT CROW, TO (sl.)

retractarse, cantar la palinodia; tragar saliva, sufrir la humillación.

My friends advised me to eat crow if I didn't want to go to jail.

Mis amigos me aconsejaron que cantara la palinodia si no quería ir a la cárcel.

EAT ONE'S HEART OUT, TO

sentirse muy desgraciado, consumirse de pena, sufrir en silencio, sufrir amargamente.

Ellen has been eating her heart out since she lost her last child.

Elena sufre amargamente desde que perdió a su último hijo.

EAT ONE'S WORDS, TO

retractarse, tragarse lo dicho.

I'll make him eat his words!

¡Le haré tragarse lo que ha dicho!

EAVESDROPPERS HEAR NO GOOD OF THEMSELVES

Quien escucha, su mal oye.

ELEVENTH HOUR, THE

último momento, última hora, poco antes de vencer el plazo.

My article suffered by the eleventh hour changes I had to make before giving it to the press.

Mi artículo se resiente de los cambios que tuve que hacer a última hora, antes de darlo a la imprenta.

EMBARRASSMENT OF RICHES, AN

no saber cuál escoger, a qué carta quedarse (por la abundancia de posibilidades), no saber por dónde empezar.

The Jury of the beauty contest was suffering a real embarrassment of riches.

El jurado del concurso de belleza se veía en un auténtico aprieto para escoger.

END IN SMOKE, TO

desvanecerse, quedar todo en agua de borrajas, esfumarse.

When his friends withdrew their financial support all his projects ended up in smoke.

Cuando sus amigos le retiraron el apoyo financiero, todos sus proyectos quedaron en nada.

ENOUGH IS ENOUGH

1) ¡basta ya!, ¡ya está bien!

Enough is enough! I don't wish to hear any more of this affair.

¡Basta ya! ¡No hablemos más del asunto!

2) todo tiene su límite, todo llega a cansar, el mucho dulce empalaga.

The book is full of witticisms but enough is enough and by the end one asks oneself whether the author has not treated the subject too lightly.

El libro está lleno de pasajes ingeniosos, pero al final uno ya tiene bastante y se pregunta si el autor no ha tratado el tema un poco a la ligera.

ENTER ONE'S MIND, TO

ocurrírsele a uno, imaginarse.

It never entered my mind how difficult mathematics can be.

Nunca me imaginé que las matemáticas fueran tan difíciles.

ERASE FROM THE ROLLS, TO

expulsar de una agrupación.

He was erased from the rolls of licensed physicians for malpractice.

Lo expulsaron del Colegio de Médicos por prácticas ilegales.

EVER SINCE

desde entonces, desde que, después de.

He bought a car last month and has been driving it daily ever since.

Se compró un coche el mes pasado, y desde entonces lo ha sacado todos los días.

EVERY BIT

totalmente, íntegramente, desde el principio hasta el fin, intensamente.

"Did you like the film?"

"I enjoyed every bit of it."

—¿Te gustó la película?

—Desde el principio hasta el fin.

EVERY CLOUD HAS A SILVER LINING

No hay mal que por bien no venga.

EVERY MAN FOR HIMSELF

1) ¡sálvese quien pueda!, huir a la desbandada.

Then the police came and it was every man for himself.

Entonces vino la policía y todos huyeron a la desbandada.

2) que cada cual se las arregle como pueda; proceda cada uno por su cuenta y riesgo; que cada uno se valga por sí mismo.

Remember in this mission that it is every man for himself until we meet again in the designated place.

Recuerden que en esta misión cada uno de ustedes tendrá que valerse por sí mismo hasta que volvamos a reunirnos en el lugar convenido.

EVERY MINUTE COUNTS NOW

no hay tiempo que perder.

Pick up your things, quickly. Every minute counts now.

Recoge tus cosas en seguida. No hay tiempo que perder.

EVERY NOOK AND CORNER

por todos los rincones, de cabo a rabo.

We looked in every nook and corner but we couldn't find him.

Le buscamos por todos los rincones, pero no pudimos encontrarlo.

EVERY OTHER DAY

un día sí y otro no, en días alternos.

I have Spanish lessons every other day.

Voy a clase de español un día sí y otro no.

EVERY ROSE HAS A THORN

No hay rosa sin espinas.
A cada gusto, su susto.

EVERY SO OFTEN. Véase NOW
AND THEN.

EVERY TOM, DICK AND HARRY

cualquier hijo de vecino, Perico de los palotes, todo quisque.

The fact that I left the door open doesn't mean that every Tom, Dick and Harry is allowed to walk in.

El hecho de que deje la puerta abierta no quiere decir que cualquier hijo de vecino pueda entrar.

EVERYONE MUST PAY HIS RECKONING

Cada palo que aguante su vela.

EVERYTHING IS UNDER CONTROL

todo va bien, sin novedad, todo en orden.

"How are things at the office?"
"Everything is under control."

—¿Cómo van las cosas en la oficina?
—Todo va perfectamente.

EXCHANGE OF VIEWS, AN

cambio de impresiones.

I suggest we have an exchange of views before the meeting starts its proceedings.

Sugiero que tengamos un cambio de impresiones antes de que la conferencia inicie sus sesiones.

EXERCISE IN FUTILITY, AN

tarea inútil.

Trying to convince her is an exercise in futility.

Es tarea inútil tratar de convencerla.

EXTEND ONE'S SYMPATHY, TO

dar el pésame, acompañar en el sentimiento.

Allow me to extend you my sympathy on your brother's death.

Le acompaño en el sentimiento por la muerte de su hermano.

F

FACE THE MUSIC, TO (sl.)
hacer frente a las circunstancias,
arrostrar las consecuencias de algo
que uno ha hecho, dar la cara.
*The scandal was so great that he
preferred to flee the country
rather than face the music.*
El escándalo fue tan grande, que
prefirió huir del país a arrostrar
las consecuencias.

FACT-FINDING GROUP, A
comisión investigadora, comisión
de estudio.
*The Minister decided to send a
fact-finding commission to the
disaster area before adopting new
relief measures.*
El ministro decidió enviar una
comisión investigadora a la zona
siniestrada antes de adoptar nuevas medidas de socorro.

FACTS OF LIFE, THE
1) El misterio de la vida, la cuestión sexual.
*It's always difficult for parents to
acquaint their children with the
facts of life.*

A los padres siempre les resulta
difícil iniciar a sus hijos en la
cuestión sexual.
*At his age he should know the
facts of life.*
A su edad ya debería saber que
a los niños no los trae la cigüeña.
2) la realidad, los sinsabores de
la vida, algo inevitable.
*The problem is that he does not
want to accept the facts of life.*
El problema es que no quiere
aceptar la realidad.

FAIL TO RECOGNIZE, TO
no saber ver.
*Sometimes we fail to recognize
what is good for us.*
A veces, no sabemos ver lo que
nos conviene.

FAIL-SAFE
(Particularidad de una instalación
o un aparato concebidos de tal
forma, que pueden seguir funcionando a pesar de la avería o ro-
tura de alguno de sus elementos, ya que en dicho caso entra

automáticamente en funcionamiento un elemento de reserva.)

a prueba de averías, a prueba de roturas, totalmente seguro, indefectible, inmune a toda contingencia, de funcionamiento asegurado.

The rocket's circuitry is fail-safe, making the astronaut's risk very small indeed.

Los circuitos del cohete están protegidos contra posibles defectos de funcionamiento, por lo que el peligro que corre el astronauta es realmente muy pequeño.

FAIR AND SQUARE

con toda justicia, con absoluta rectitud, con perfecta legalidad, escrupulosamente, con honradez intachable.

I want you to run things fair and square so it will be no criticism.

Quiero que lleves las cosas con toda escrupulosidad: no hay que dejar ningún resquicio a la crítica.

FAIR PLAY

caballerosidad, honradez, «juego limpio».

You hardly can expect any fair play in a political campaign.

No es fácil que en una campaña electoral se observen las reglas de la caballerosidad.

FAIR SEX, THE

el bello sexo.

The fair sex is well known for its vanity and caprice.

El bello sexo tiene fama de vanidoso y caprichoso.

FAIR WEATHER FRIEND, A

amigo de circunstancias.

Dont't trust him too much. He is a fair weather friend.

No confíes demasiado en él. Es un amigo de circunstancias.

FALL APART, TO

caerse, descomponerse, deshacerse, romperse.

The group fell apart after John left.

El grupo se deshizo al marcharse Juan.

FALL BEHIND, TO

retrasarse, rezagarse, quedarse atrás.

We are falling behind our schedule.

Nos estamos retrasando respecto a lo que habíamos previsto.

FALL FLAT, TO

1) fracasar, fallar, no tener éxito, no producir efecto.

He tried to enliven the party telling some jokes but all of them fell flat.

Trató de animar la reunión contando algunos chistes, pero ninguno tuvo el menor éxito.

2) caer tendido, caer cuan largo se es.

When he seemed to be winning the bet, after having had his tenth drink, he fell flat on the floor.

Cuando ya parecía que iba a ganar la apuesta, después de tomarse la décima copa cayó tendido al suelo.

FALL SHORT OF, TO

no conseguir, no llegar a.

His political novels fall short of being first-rate because in fact they are romances.

Sus novelas políticas no llegan a ser de primera clase porque en el fondo son novelas amatorias.

FALL TO PIECES, TO

descomponerse, derrumbarse, romperse, caer a pedazos, venirse abajo.

As a result of the Civil Wars the structure of the Roman Republic fell to pieces.

Como resultado de las guerras civiles, la organización política de la República Romana se vino abajo.

FAMILIARITY BREEDS CONTEMPT

La confianza hace perder el respeto. No hay hombre grande para su ayuda de cámara. La mucha confianza engendra el menosprecio.

FAMILY NAME

apellido.

Pérez and Gómez are common family names in Spain.

Pérez y Gómez son apellidos corrientes en España.

FAR AND AWAY. Véase BY FAR.

FAR AND NEAR

en todas partes, hasta el último rincón.

Today you find television far and near.

Hoy día, la televisión se encuentra por todas partes.

FAR-FETCHED

rebuscado, traído por los pelos, complicado, forzado, afectado.

Your argument is too far-fetched.

Tu argumento peca de rebuscado.

FAR-OUT

extravagante; extremado, extremista; exagerado, atrevido, audaz, de vanguardia.

Nowadays to be in you have to be far-out.

Hoy día, para estar a la moda, hay que ser extravagante.

FAT IS IN THE FIRE, THE

la suerte está echada, la cosa ya no tiene remedio; ¡ya está armada!, ¡la que se va a armar!

It's no point worrying now because the fat is in the fire.

Es inútil que te preocupes: el mal ya está hecho.

When I told my mother I wanted to marry my secretary the fat was really in the fire!

¡La que se armó cuando le dije a mi madre que quería casarme con mi secretaria!

FATHER (BRIDE, MOTHER, etc.) -TO-BE

futuro padre (novia, madre, etc.).

The father-to-be was pacing up and down the hospital's waiting room.

El futuro padre paseaba, nervioso, por la sala de espera del hospital.

FEED-BACK

1) retroacción, retroalimentación, retroactivo.

Feedback circuits are the basis for automatic control systems.

Los circuitos de retroacción son la base de los dispositivos de regulación automática.

2) reacción, respuesta, información sobre el resultado de un proceso.

You can talk to a person in the dark but you miss his facial feedback.

Podemos hablar con una persona en la oscuridad, pero entonces nos perdemos sus reacciones faciales.

FEEL BADLY, TO

sufrir, preocuparse, sentirlo, apenarse.

Don't feel badly if at the beginning you don't understand Spanish. It's a matter of time.

No te preocupes si al principio no entiendes el español. Es cuestión de tiempo.

FEEL FIT, TO

sentirse bien, estar pletórico de energías, sentirse en forma.

I feel wonderfully fit after the holidays.

Después de las vacaciones, me siento en plena forma.

FEEL FOR SOMEONE, TO

compadecer, sentir pena por alguien.

When I saw her so sad I certainly felt for her.

Cuando la vi tan triste, me compadecí de ella.

FEEL FREE, TO

no tener reparos en, no vacilar en, tomarse la libertad de.

If you need me feel free to call me.

Si me necesita, no vacile en llamarme.

FEEL LIKE, TO

apetecerle a uno, tener ganas de.

I don't feel like going out tonight.

Esta noche no tengo ganas de salir.

FEEL LIKE A MILLION DOLLARS, TO

sentirse a las mil maravillas.

You can be proud of yourself Dr. Miller. Your treatment has made me feel like a million dollars.

Puede usted sentirse orgulloso, doctor Miller. Su tratamiento me hace sentirme a las mil maravillas.

FEEL LIKE A NEW MAN, TO

sentirse como nuevo, sentirse otro hombre.

After the shower I felt like a new man.

Después de la ducha, me sentí como nuevo.

FEEL LIKE A SQUARE PEG IN A ROUND HOLE, TO

Sentirse como gallina en corral ajeno, sentirse desplazado.

I like my neighbours very much but when they invite me to their parties I feel like a square peg in a round hole.

Me gustan mis vecinos, pero cuando me invitan a sus fiestas me siento totalmente desplazado.

FEEL ONE'S WAY, TO

andarse con pies de plomo, tantear el terreno.

You should try to feel your way before committing yourself.

Tantea el terreno antes de comprometerte.

FEEL (VERY) STRONGLY ABOUT SOMETHING, TO

1) tomar (muy) a pecho, tomar una cosa con empeño o mucha seriedad, tener mucho empeño en un asunto.

My husband felt so strongly about the defeat of his team that he did not have any dinner.

Mi marido se tomó la derrota de su equipo tan a pecho, que no cenó.

2) estar firmemente convencido de algo, ser partidario acérrimo de algo, tener ideas muy concretas sobre un asunto.

I feel very strongly about Nature's conservation.

Soy un partidario acérrimo de la protección de la Naturaleza.

FEEL THE PINCH, TO

sentir la crisis, acusar el golpe (las dificultades, la presión), sufrir las consecuencias (notar los efectos) de algo.

With the long hair style all barbershops are feeling the pinch.

Con la moda del pelo largo, todas las barberías sienten la crisis.

Workers began to feel the economic pinch of the strike.

Los obreros empezaron a notar los efectos económicos de la huelga.

FEELINGS TO RUN HIGH

estar los ánimos muy exaltados.

By this time feelings were running high and the Speaker thought it best to adjourn the debate.

Por entonces los ánimos estaban muy exaltados, y el presidente estimó que convenía suspender el debate.

FELLOW TRAVELER, A

simpatizante.

He told me that being a fellow traveler was not enough and that I had to join the party.

Me dijo que no bastaba con ser simpatizante, y que tenía que ingresar en el partido.

FEW AND FAR BETWEEN

muy escasos, raros, contados, muy pocos.

Doctors in this country are few and far between.

En este país hay muy pocos médicos.

FIDDLE WITH, TO

1) tocar, retorcer, manosear, estrujar, jugar nerviosamente con algún objeto.

He is so nervous he always is fiddling with his tie or biting his nails.

Es tan nervioso, que siempre anda retorciéndose la corbata o mordiéndose las uñas.

2) hacer el ganso, distraerse, juguetear, perder el tiempo, hacer el remolón, entretenerse.

Stop fiddling with your dinner, Johnny, and eat it up.

No te entretengas más con la cena, Juanito, y termina de una vez.

FIGHT TO THE LAST DITCH, TO

resistir hasta el final, luchar hasta quemar el último cartucho, hasta agotar todos los recursos.

This property has been in the family for generations and if the town *tries to expropriate I will fight to the last ditch.*

Esta propiedad ha pertenecido a mi familia durante muchas generaciones, y como el ayuntamiento trate de expropiármela lucharé hasta agotar todos los recursos a mi alcance.

FIGURE ON, TO

contar con, esperar.

I did not figure on being asked to speak at the meeting.

No esperaba que me pidieran que hablase en la reunión.

FIGURE OUT, TO (sl.)

1) calcular, contar.

I haven't figured out yet how much you owe me.

No he calculado todavía lo que me debes.

2) comprender, imaginarse.

I cannot figure out how he discovered my secret.

No llego a comprender cómo descubrió mi secreto.

FILL A GAP, TO

colmar una laguna, llenar un vacío, subsanar una omisión, borrar una diferencia, remediar un desequilibrio.

Mr. Puig's book fills a long felt gap.

El libro del señor Puig viene a llenar un vacío que se dejaba sentir hacía mucho tiempo.

FILL IN, TO

1) llenar, rellenar; tapar; empastar una muela.

Please fill in this form.

Sírvase llenar este impreso.

2) sustituir.

He filled in for me while I was away. (sl.)

Me sustituyó mientras yo estuve ausente.

FIND A MARE'S NEST, TO

descubrir la pólvora, quedar todo en agua de borrajas, encontrarse con que todo era pura ilusión, reducirse todo a humo de pajas, llegar a un presunto descubrimiento que a nada conduce.

After so many years of research it appears that they only found a mare's nest.

Después de tantos años de investigaciones resulta que el «descubrimiento» ha quedado en agua de borrajas.

FIND ITS OWN WAY TO, TO

ir a parar a.

Much of the money found its own way to the pockets of the inspectors.

Gran parte del dinero fue a parar a los bolsillos de los inspectores.

FIND OUT, TO

encontrar, hallar, averiguar, encontrarse con que, enterarse, ver.

Find out if there's a plane leaving at 3 o'clock.

Averigua si hay algún avión que salga a las tres.

FINE AND DANDY

requetebién, miel sobre hojuelas.

If you can come to the party, fine and dandy, otherwise we will invite you another time.

Si podéis venir a la fiesta, magnífico, y si no, ya os invitaremos otra vez.

FINE WORDS BUTTER NO PARSNIPS

Obras son amores, que no buenas razones.

FINGER LICKING GOOD

de rechupete, para chuparse los dedos.

The chicken you cooked last night was finger licking good.

El pollo que guisaste anoche estaba de rechupete.

FINGERS WERE MADE BEFORE FORKS

¿Para qué nos ha dado Dios los dedos?

Gentlemen, feel free to take the chicken with your fingers. After all, fingers were made before forks.

Señores, no tengan reparo en coger el pollo con los dedos. Para algo nos los ha dado Dios.

FIRST AND FOREMOST

en primer lugar, ante todo, principalmente.

Lack of preparation was the first and foremost factor of our defeat.

El principal factor de nuestra derrota fue la falta de preparación.

FIRST COME, FIRST SERVED

a medida que vayan llegando, por orden de presentación, al que llegue primero.

The number of tickets available is limited so they will be sold on a first come, first served basis.

Se dispone de un número limitado de billetes, por lo que se despacharán a los que lleguen primero.

FIRST NAME

nombre, nombre de pila.

As a godfather I feel entitled to choose my godchild's name.

Como padrino, me considero con derecho a elegir el nombre de mi ahijado.

FIRST THING I KNOW (sl.)

de repente, encontrarse con que, sin comerlo ni beberlo, de buenas a primeras, sin saber cómo.

I was walking down street and first thing I know someone grabbed my arm.

Iba andando por la calle cuando, de repente, noté que me agarraban por el brazo.

It isn't safe for you living by yourself in that big house. First thing you know, some burglar will break in.

No es prudente que vivas sola en esta casa tan grande. Cualquier día te encontrarás con que han entrado ladrones.

FIRST THING IN THE MORNING.

mañana a primera hora, mañana en primer lugar.

You must take the medicine first thing in the morning.

Lo primero que tienes que hacer mañana es tomarte la medicina.

FIRST THINGS FIRST

lo primero es lo primero, vayamos por partes, cada cosa a su debido tiempo.

A house would be very nice but we must put first things first. We need the money for the children's education.

Nos gustaría comprar una casa, pero necesitamos el dinero para los estudios de los niños, y lo primero es lo primero.

FISH FOR COMPLIMENTS, TO

buscar el halago, desear que le regalen a uno el oído, gustarle a uno que lo adulen.

His modesty is only a cover to fish for compliments.

Su modestia no es más que un truco para que le regalen el oído.

FIT FOR A KING

digno de un rey.

Your sister cooked us a dinner fit for a king.

Tu hermana nos preparó una cena digna de un rey.

FIT IN WITH, TO

estar de acuerdo con, ajustarse, encajar.

That doesn't fit in with my plans.

Eso no encaja en mis planes.

FIT LIKE A GLOVE, TO

sentar muy bien, venir que ni pintado.

That dress fits you like a glove.

Ese vestido te viene que ni pintado.

FLASH IN THE PAN, A

humo de pajas, agua de borrajas, falsa alarma, llamarada, total nada, éxito momentáneo.

When John won the first game so brilliantly we thought he would win the championship, but it was only a flash in the pan.

Cuando Juan ganó el primer juego tan brillantemente, creímos que se llevaría el campeonato, pero todo quedó en agua de borrajas.

FLOCK TOGETHER, TO

reunirse, ir juntos.

You'll always see the immigrants flocking together around the station.

Siempre verás a los emigrantes andando juntos por la estación.

FLOOR-SHOW

espectáculo (presentado en la pista de baile de una sala de fiestas).

The dinner has a cover charge because there is a floor-show at 10 P.M.

La cena se cobra con recargo porque hay un espectáculo a las diez.

FLY-BY-NIGHT OPERATOR, A

negociante desaprensivo, que desaparece de la noche a la mañana (para burlar a los acreedores), insolvente.

Before dealing with this foreign company you should try to ascertain that it is an established company and not a fly-by-night concern.

Antes de tener tratos con esa compañía extranjera deberías asegurarte de que es una casa seria y no una empresa de dudosa solvencia.

FLY IN, TO

llegar, traer en avión.

Our salmon is flown in daily from Scotland.

El salmón que vendemos nos llega todos los días de Escocia en avión.

I just flew in from New York.

Acabo de llegar de Nueva York en avión.

FOLLOW SUIT, TO

seguir el ejemplo; servir cartas del mismo palo.

When Ellen joined the club all the others followed suit.

Cuando Elena ingresó en el club, todos siguieron su ejemplo.

FOOL AROUND, TO

perder el tiempo, entretenerse, juguetear, hacer el tonto, hacer el ganso.

Don't fool around any more and come to do your homework.

No pierdas ya más el tiempo en tonterías y ponte a hacer los deberes.

FOOL-PROOF

infalible, seguro, sin error posible, a toda prueba.

If you have a hundred dollars I can show you a fool-proof system for doubling it within a week.

Si tienes cien dólares, puedo enseñarte un sistema infalible para doblarlos en una semana.

FOOLS RUSH (or WALK) IN WHERE ANGELS FEAR TO TREAD

La imprudencia es hija de la ignorancia. No hay mayor atrevimiento que el del necio.

FOOT THE BILL, TO

pagar los gastos, la cuenta, o la factura.

We are certainly having a good time, but I wonder who is going to foot the bill.

Desde luego, nos estamos divirtiendo, pero me pregunto quién va a pagar la cuenta.

FOR A LARK

para divertirse, como diversión, por gastar una broma.

Don't get angry with us. We did it for a lark.

No te enfades, sólo queríamos gastarte una broma.

FOR A PRICE

pagando, si uno quiere pagarlo, por dinero.

They are hard to get but you can have them for a price.

Son difíciles de conseguir, pero puedes encontrarlos si quieres pagarlos.

Some people are so venal that they'll do anything for a price.

Hay gente tan maleada, que por dinero haría cualquier cosa.

FOR A RAINY DAY

para un caso de necesidad, por lo que pueda suceder, por si vienen tiempos difíciles.

It is wise to save for a rainy day.

Es prudente ahorrar por si vienen tiempos difíciles.

FOR A SONG (sl.)

casi regalado, por nada, a precio de ganga.

It looks like an expensive set but I bought it for a song.

Parece un aparato caro, pero lo compré por nada.

FOR ALL HIS TALK (COM-PLAINTS, etc.)

a pesar de todas sus promesas (quejas, etc.).

For all his talk he is not going to give us a cent.

A pesar de todas sus promesas, no nos dará un céntimo.

FOR ALL ONE IS WORTH

con toda el alma, con todas las fuerzas.

When he realized that he had been discovered he ran for all he was worth.

Cuando vio que lo habían descubierto, echó a correr con todas sus fuerzas.

FOR ALL ONE KNOWS

1) que yo sepa, según mis informaciones, a juicio de uno.

For all I know he is not coming until to-morrow.

Que yo sepa, él no viene hasta mañana.

2) quién sabe si, vaya a saber si, vete a saber, a lo mejor, tal vez.

It's a long time since we have seen John and Mary. For all I know they might have moved away.

Hace mucho tiempo que no vemos a Juan y a María. A lo mejor resulta que se han mudado.

"Didn't you realize that the officer who asked for your papers was a captain?"

"For all I knew he might have been a general."

—¿No vio usted que el oficial que le pidió la documentación era un capitán?

—Por mí, como si hubiese sido general.

FOR ALL THAT

a pesar de todo, no obstante, aun así.

I am sure she is a careful child but for all that I will not let her play with my glass figurines.

Estoy seguro de que es una niña muy cuidadosa, pero, aun así, no la dejaré jugar con mis figuras de vidrio.

FOR ANYTHING ONE KNOWS.
Véase FOR ALL ONE KNOWS.

FOR BETTER OR FOR WORSE

por suerte o por desgracia, para bien o para mal, forzosamente, de un modo u otro, como sea, indisolublemente, nos guste o no.

Well, I've paid for it, so for better or for worse I must keep it.

Bueno, habiéndolo pagado no tengo más remedio que quedarme con ello.

Changes in the quality of the product, whether for better or for worse, have not been taken into account in this study.

Las variaciones de calidad del producto, supongan mejora o retroceso, no se han tenido en cuenta en el presente estudio.

FOR EVER AND EVER

por siempre, para siempre, por siempre jamás, eternamente, hasta los tiempos.

And they lived happily for ever and ever.

Y fueron eternamente felices.

FOR FUN

en broma, para divertirse.

You shouldn't get angry, I said it for fun.

No tienes que enfadarte, lo dije en broma.

FOR GOOD

para siempre, definitivamente.

They left the country for good.

Se marcharon del país definitivamente.

FOR GOOD MEASURE

de propina, de regalo, para colmar la medida.

When I sold the piano I also gave her the stool and some musical scores for good measure.

Cuando vendí el piano, le di el banquillo y algunas partituras de regalo.

FOR GOOD OR EVIL. Véase FOR BETTER OR FOR WORSE.

FOR KEEPS

1) véase FOR GOOD.

2) como regalo, sin devolución.

Now, I said that I would loan you the book, not that it was for keeps.

Oye: te dije que te prestaba el libro, no que te lo regalaba.

FOR KICKS (sl.)

como distracción, por puro entretenimiento.

I don't play the piano because I want to become a professional pianist but just for kicks.

No toco el piano para llegar a ser un profesional, sino por puro entretenimiento.

FOR NO REASON

sin motivo alguno.

Some days one feels sad for no reason.

Hay días que uno se siente triste sin motivo alguno.

FOR NOTHING

casi regalado, baratísimo.

It is a rather expensive model but I got it for nothing at a sale.

Es un modelo bastante caro, pero lo conseguí baratísimo en una liquidación.

FOR ONE THING

para empezar, en primer lugar, por de pronto, entre otras cosas.

For one thing, you should get up earlier in the morning.

Para empezar, deberías levantarte más temprano.

FOR ONE THING OR ANOTHER

por ce o por be, por una u otra causa, por fas o por nefas.

For one thing or another, we never seem able to coincide for lunch.

Por lo que sea, nunca coincidimos a la hora del almuerzo.

FOR OPENERS

de entrada, para empezar.

Let's read the entire text for openers, then we can study each element in detail.

Empecemos por leer todo el texto y después estudiaremos cada elemento en detalle.

FOR REAL

de verdad, que existe, auténtico, realmente.

Is it a toy or is it for real?

¿Es un juguete o es de verdad?

FOR THAT MATTER

el caso es que, para el caso, además, a este respecto.

It would be very difficult for me to lend money to John and for that matter I don't see why I should.

Sería un trastorno para mí prestarle dinero a Juan, y el caso es que no veo por qué tengo que prestárselo.

FOR THE RECORD

para que conste, para que conste en acta, oficialmente.

Whatever you decide I wish to state for the record that I am absolutely opposed to this appointment.

Decidan lo que decidan, quiero manifestar, para que conste en acta, que me opongo terminantemente al nombramiento.

FOR THE SAKE OF

por, por ganas de, por consideración a, en aras de, en méritos de, por mor de, en atención a, en interés de.

Don't think I'm insisting for the sake of insisting.

No creas que insisto por ganas de insistir.

FOR THE TIME BEING

en este momento, por el momento, por ahora.

I believe we are fully staffed for the time being.

Creo que por el momento nuestra plantilla está completa.

FOR THE WORLD

por nada del mundo.

I wouldn't miss the festivities of my village for the world.

No quisiera perderme las fiestas de mi pueblo por nada del mundo.

FOR WANT OF

a falta de, por falta de, por no tener.

For want of a little tact he has lost a wonderful opportunity.

Por no tener un poco de tacto, ha perdido una oportunidad magnífica.

FOR WHAT IT IS WORTH

1) por si le interesa saberlo, por si no lo sabe, para su gobierno, para su información.

For what it's worth there's a big sale in the store next to your mother's.

Por si te interesa saberlo, hacen grandes rebajas en los almacenes que hay al lado de la casa de tu madre.

2) valga lo que valiere, por el interés que pueda tener, por lo

que sea, por lo menos; en su justo valor, por su valor intrínseco.

I think he was sincere in his apologies. For what is worth, this is my opinion.

Creo que sus excusas eran sinceras. Por lo menos, a mí me lo parece.

3) a beneficio de inventario, pero no les responde de nada.

These are the rumours making the rounds these days in the city which I transmit to you for what is worth.

Éstos son los rumores que corren estos días por la ciudad, que les transmito a beneficio de inventario.

FORCE ONE'S WAY THROUGH, TO

abrirse paso.

There had been an accident and we had to force our way through the crowd.

Se había producido un accidente y tuvimos que abrirnos paso entre la muchedumbre.

FOUL PLAY

1) mala fe, alevosía, traición, acto criminal, premeditación, hecho delictivo.

The police is investigating the possibility of foul play in connection with the explosion aboard the airliner.

La policía investiga la posibilidad de que la explosión ocurrida a bordo del avión obedezca a un hecho delictivo.

2) juego sucio, trampas.

The referee warned us at the beginning of the match that he would not stand for foul play.

Al principio del partido el árbitro nos advirtió que no toleraría el juego sucio.

FOUR LETTER WORD, A

(Por una curiosa coincidencia, una gran parte de las palabras soeces inglesas constan de cuatro letras.)

palabra soez, taco, palabrota, mala palabra, palabra fea.

There was a time when censors would not allow four letter words in movies and plays.

Hubo un tiempo en que la censura no permitía las palabras soeces ni en el cine ni en el teatro.

FOURTH ESTATE, THE

el cuarto poder (la prensa).

It is not difficult to guess why the press has been traditionally called the fourth estate.

No es difícil adivinar por qué a la prensa ha venido llamándosele el cuarto poder.

FREE-FOR-ALL

batalla campal, pelotera; a puño limpio, a ver quién puede más.

It started as an argument between two patrons at the bar but ended up as a free-for-all.

Empezó con una discusión entre dos clientes en la barra del bar y terminó en una batalla campal.

FREE, GRATIS AND FOR NOTHING

gratis, de balde.

Take my ticket and you'll be able to see the show free, gratis and for nothing. It's a present.

Toma mi billete y podrás ver la función de balde. Te lo regalo.

FREE-LOADER, A

gorrón, aprovechado, que se invita a sí mismo, que no corresponde a las invitaciones recibidas.

In this type of reception you'll always find a few freeloaders who try to save themselves buying a dinner.

En este tipo de recepciones siempre encontrarás algunos gorrones que tratan de ahorrarse una cena.

FRESH AS A DAISY

fresco como una rosa, como las propias rosas.

After yesterday's exercise I feel fresh as a daisy.

Después del ejercicio de ayer me siento como las propias rosas.

FRESH WATER

1) agua dulce.

Everybody knows that it is easier to swim in the sea than in fresh water.

Todo el mundo sabe que es más fácil nadar en el mar que en agua dulce.

2) novato, novel, inexperto, nuevo en el empleo.

I wouldn't trust this repair to a fresh-water plumber.

Esta reparación no se la confiaría a un fontanero novel.

FRIEND AT COURT, A

padrino, protector, amigo influyente.

You need more than a friend at court to avoid paying taxes in this country.

Para eludir los impuestos en este país se requiere algo más que un amigo influyente.

FROM FAR AND WIDE

de todas partes, de los lugares más lejanos.

Scientists came from far and wide to discuss the new project.

Para tratar del nuevo proyecto vinieron hombres de ciencia de todas partes.

FROM THE WORD GO (sl.)

desde el principio hasta el fin, de pe a pa, de pies a cabeza, enteramente.

Although she has been brought up in unrefined surroundings she is a lady from the word go.

Aunque se crió en un ambiente poco refinado, es una señora de pies a cabeza.

FROM TIME TO TIME

1) de vez en cuando, alguna vez que otra, ocasionalmente, periódicamente, a intervalos.

We used to see each other almost every day when we were neigh-

*bours but since she moved away
I only see her from time to time.*

Cuando éramos vecinos nos solíamos ver casi todos los días, pero desde que se mudó sólo la veo de vez en cuando.

2) en diversas ocasiones, repetidamente.

I have been asked from time to time whether there is going to be a final examination. The answer is no.

Se me ha preguntado en diversas ocasiones si va a haber exámenes finales. La respuesta es no.

3) en un momento determinado, en cualquier momento; oportunamente, en su día, en lo sucesivo.

All securities held in your account shall be collateral security for your indebtedness from time to time.

Todos los valores que tengamos en custodia por su cuenta quedarán afectos al pago de las cantidades que pueda debernos en un momento dado.

These Articles of Association will be ammended by the decisions adopted by the General Meeting from time to time.

Estos estatutos serán modificados de acuerdo con las resoluciones que vaya adoptando la Junta general en lo sucesivo.

FUDDY-DUDDY

viejo cascarrabias (gruñón).

I don't mind getting old unless I become a fuddy-duddy.

No me importa envejecer, a no ser que me convierta en un viejo cascarrabias.

FULL-FLEDGED

completo, acabado, auténtico, consumado, hecho y derecho, de verdad, con todas las de la ley, con todos los requisitos; con plenos poderes, con todos los derechos.

Last year it was a minor affair but for this year we are planning a full-fledged festival.

El año pasado lo celebramos en pequeño, pero para este año proyectamos un festival con todas las de la ley.

Joselito de Calahorra was invested as a full-fledged matador in a Madrid arena.

Joselito de Calahorra tomó la alternativa en una plaza de toros de Madrid.

FULL TIME

jornada ordinaria, horario normal de trabajo; con carácter fijo, de plantilla; continuo, con plena dedicación, que se dedica exclusivamente a determinada actividad, que trabaja todo el día en ella.

Arthur used to have several activities at the same time but now he works full-time as a journalist.

Anteriormente Arturo se ocupaba de diversos asuntos al mismo tiempo, pero ahora dedica todo el día al periodismo.

Becoming a good pianist is a full-time job.

Para ser un buen pianista hay que dedicar al piano las mismas horas que uno dedicaría a un trabajo cualquiera.

The salary raise applies only to full-time employees and therefore temporary personnel will not benefit.

El aumento de sueldo afecta únicamente a los empleados fijos; por lo tanto, no beneficiará al personal temporero.

G

GAIN (GATHER) MOMENTUM, TO

cobrar impulso, tomar incremento, adquirir ímpetu.

The national campaign for disarmament is gaining momentum.

La campaña nacional del desarme va tomando incremento.

GAME IS NOT WORTH THE CANDLE, THE

perdonar el bollo por el coscorrón, el bollo no vale el coscorrón, la cosa no vale la pena.

I would gladly send you those records but custom being so high I am afraid that the game is not worth the candle.

Con mucho gusto te mandaría esos discos, pero con unos derechos de aduanas tan elevados creo que la cosa no vale la pena.

GATE-CRASHER, A

persona que se «cuela» (en una reunión privada o en un espectáculo público), persona que entra «de gorra», intruso.

Special security measures had to be taken at the wedding reception to prevent gate-crashing.

Hubo que adoptar medidas de seguridad especiales en la recepción ofrecida por los novios para evitar que se colaran personas no invitadas.

GENERAL DELIVERY

lista de correos, «poste restante».

I couldn't tell you where he lives. I only know that all his mail is to be addressed to General Delivery, Malaga, Spain.

No podría decirle dónde vive. Todo lo que sé es que sus cartas deben remitirse a la lista de correos de Málaga.

GENERALLY SPEAKING

por regla general, en general.

French girls are attractive, generally speaking.

Por regla general, las chicas francesas son atractivas.

GENERATION GAP, THE

la falta de comprensión entre padres e hijos, la distancia que separa a dos generaciones, el conflicto generacional.

The development is not new: there always has been a generation gap.

El fenómeno no es nuevo: siempre ha habido un cierto distanciamiento entre padres e hijos.

GET A KICK OUT OF, TO (sl.)

encantarle, gustarle, divertirle a uno mucho una cosa, experimentar un placer especial.

I get a kick out of watching small children unwrap Christmas parcels.

Me encanta sobremanera observar a los niños cuando abren sus regalos de Navidad.

GET A WORD IN EDGEWAYS, TO

poder meter baza.

My landlady talks so much that I can't get a word in edgeways.

Mi patrona habla tanto que no me deja meter baza.

GET ACROSS AN IDEA, TO.
Véase PUT ACROSS AN IDEA, TO.

GET ALONG, TO

1) irse, marcharse.

Let's get along. We've seen enough.

Vámonos. Ya hemos visto bastante.

2) llevarse bien con uno, estar en buena armonía con uno.

I get along fine with my mate.

Mi compañero y yo nos llevamos muy bien.

GET ALONG IN YEARS, TO

hacerse viejo.

One changes one's views as one gets along in years.

A medida que nos hacemos viejos, vamos cambiando de ideas.

GET AT, TO. Véase DRIVE AT, TO.

GET AWAY FROM IT ALL, TO

alejarse del mundanal ruido, olvidarse de todas las preocupaciones, huir de la civilización.

They decided on a trip to the Pacific Isles as the best means of getting away from it all.

Decidieron que un viaje a las islas del Pacífico era la mejor manera de olvidarse del resto del mundo.

GET AWAY WITH IT (or MURDER), TO (sl.)

salirse uno con la suya, salirle a uno bien una cosa, salir bien librado, componérselas, librarse de un castigo o represión, conseguir algo pasando por encima de todo, burlarse impunemente.

Her parents should not let her get away with staying out so late.

Sus padres no deberían consentirle que volviera tan tarde a casa.

I know he's been charged with

swindle, but he's got the best lawyer in the country and I'm sure he'll get away with murder.

Ya sé que está procesado por estafa, pero ha conseguido que lo defienda el mejor abogado del país y estoy seguro de que no le va a ocurrir nada.

He's been getting away with murder for a long time but the police will catch him soon.

Ha estado burlándose de la ley impunemente mucho tiempo, pero la policía le echará el guante muy pronto.

Martha is the type of girl who can wear the craziest hats and get away with it.

Marta es el tipo de chica que puede ponerse cualquier sombrero, por extravagante que sea, y siempre le queda bien.

GET BACK TO SOMEOME, TO

volver a llamar a una persona, comunicarse (de nuevo) con ella.

I can't tell you anything now about your business, Mr. Corcoran, but I'll get back to you next week.

No puedo decirle nada por ahora sobre su asunto, señor Corcoran, pero le diré algo la próxima semana.

GET BY, TO (sl.)

1) burlar, eludir.

I never expected to get by the police cordon.

Nunca creí que pudiera eludir el cordón de policía.

2) arreglárselas, componérselas.

Don't worry about me. I'll get by.

No os preocupéis por mí. Sé componérmelas.

GET DOWN TO BRASS TACKS, TO

ir al grano, pasar a lo fundamental, a lo que importa.

After discussing these details let's get down to brass tacks.

Después de hablar de estos detalles, vayamos a lo que importa.

GET EVEN WITH, TO

vengarse, desquitarse.

He's left the country but I'll get even with him some day.

Se ha marchado del país, pero algún día me las pagará.

GET GOING, TO (sl.)

ponerse en marcha, irse.

Let's get going and he'll join us later.

Empecemos a pasar, que él vendrá luego.

GET HOLD OF. Véase CATCH HOLD OF.

GET HOLD OF THE WRONG END OF THE STICK, TO

entender, o hacer, las cosas mal, equivocarse, no dar pie con bola.

I asked you to buy one dozen, not five. You always get hold of the wrong end of the stick.

Te dije que compraras una docena y no cinco. Todo lo entiendes mal.

GET HOT, TO (sl.)

entusiasmarse.

My friend got hot about the idea of spending a vacation in Spain.

Mi amigo se entusiasmó con la idea de pasar unas vacaciones en España.

GET INTO A MESS, TO

meterse en un lío, en un berenjenal.

I wonder who asked me to get into that mess.

Me gustaría saber a santo de qué me metí en este lío.

GET INTO HOT WATER, TO.
Véase BE IN HOT WATER, TO.

GET INVOLVED, TO

entregarse, apasionarse, enfrascarse; verse envuelto, o complicado, en un asunto.

David is getting so involved in politics he has no time for his family.

David está tan enfrascado en la política que no puede dedicar ningún rato a su familia.

When questioned why they didn't report the crime all answered the same thing: we didn't want to get involved.

Cuando se les preguntó por qué no habían denunciado el crimen, todos contestaron lo mismo: que

no querían complicaciones (o «que no querían verse metidos en el asunto»).

GET IT (IN THE NECK), TO

ganársela, cargársela, recibir (de lo lindo).

If you don't behave you'll get it in the neck.

Si no te portas bien, vas a recibir de lo lindo.

GET IT STRAIGHT, TO (sl.)

1) entenderlo bien.

Excuse me for asking your telephone number again but I'm afraid I didn't get it straight last time.

Perdone que vuelva a pedirle su número de teléfono, pero me parece que la última vez no lo entendí bien.

2) poner las cosas en su sitio, poner las cosas en claro, dejar las cosas bien sentadas.

Let's get it straight: either you pay me the arrears or I'll quit tomorrow.

Que quede bien sentado: o me pagáis los atrasos o me marcho mañana.

GET LOST

¡lárgate!, ¡vete a paseo!, ¡vete a freír espárragos!

When John asked me for another loan I told him to get lost.

Cuando Juan volvió a pedirme dinero lo mandé a freír espárragos.

GET NOWHERE, TO

no servir de nada, no conseguir nada, no conducir a nada (a ninguna parte).

You are wasting your time. Flattery will get you nowhere.

Estás perdiendo el tiempo. La adulación no te servirá de nada.

It's a way that gets you nowhere.

Es un camino que no conduce a ninguna parte.

GET OFF SCOT FREE, TO.
Véase GO SCOT FREE, TO.

GET ON IN THE WORLD, TO
prosperar.

Getting on in the world takes a lot of effort.

Prosperar exige grandes esfuerzos.

GET ON (OFF) ONE'S BACK

molestar (dejar de molestar) a una persona.

Get off my back and go bother someone else.

Deja de darme la lata y vete a fastidiar a otro.

GET ON ONE'S NERVES, TO
atacarle los nervios a uno.

This noise is getting on my nerves.

Este ruido me ataca los nervios.

GET ON THE BALL, TO. Véase BE ON THE BALL, TO.

GET ON THE BANDWAGON, TO

1) adherirse oportunamente al partido político que se destaca como probable vencedor de las elecciones, unirse a la mayoría, ponerse al lado de los que ganan, arrimarse al sol que más calienta.

Either you get on the liberal bandwagon now or you won't have a post in the future government.

Como no te unas ahora a la causa liberal no tendrás un puesto en el próximo gobierno.

2) aprovecharse de una situación, de una corriente popular, etc.

The only merit of many modern quartets is to have jumped on the Beatles bandwagon.

El único mérito de muchos cuartetos modernos es el haber sabido aprovechar el éxito de que goza el estilo de los Beatles.

GET ON THE HIGH HORSE, TO

adoptar una actitud altanera, tener un aire de superioridad.

He's been on his high horse since my reprimand.

Desde que lo reñí, ha adoptado una actitud altanera.

GET ON WITH IT, TO

poner manos a la obra, acometer una empresa, empezar un trabajo.

Let's stop discussing and let's get on with it.

Dejémonos de palabras y pongamos manos a la obra.

GET ONE'S FINGERS BURNT, TO

pillarse los dedos.

If you go into this business you'll probably get your fingers burnt.

Si te metes en ese asunto, es muy probable que te pilles los dedos.

GET ONE'S HAND IN, TO.
Véase KEEP ONE'S HAND IN, TO.

GET ONE'S MONEY'S WORTH, TO

emplear bien el dinero, estar una cosa en consonancia con lo que se ha pagado por ella, valer la pena, sacarle jugo al dinero.

The museum entrance fee is only fifty cents and you really get your money's worth because there are thousands of exhibits on display.

La entrada al museo cuesta sólo cincuenta centavos, que están muy bien empleados porque hay muchas cosas que ver.

GET ONE'S (OWN) WAY, TO.
Véase HAVE ONE'S WAY, TO.

GET OUT OF BED ON THE WRONG SIDE, TO

levantarse de mal humor.

Why this bad temper? Did you get out of bed on the wrong side this morning?

¿Por qué estás enfurruñado? Por lo visto, hoy te has levantado de mal humor.

GET OUT OF HAND, TO

desmandarse, salirse de los límites permitidos, perder el respeto a la autoridad.

As the captain was young and lacking in authority the mercenary army soon completely got out of hand.

Como el capitán era joven y carecía de dotes de mando, el ejército de mercenarios se desmandó muy pronto.

Gentlemen —said the judge to both counsels— this discussion is getting out of hand.

—Señores —dijo el juez a los dos abogados—: esta discusión está pasando de la raya (o bien, «considero improcedente esta discusión»).

GET OUT OF ONE'S DEPTH, TO

meterse uno en honduras, salirse de su terreno, ir más allá del límite de sus conocimientos.

I joined in their discussion of economics but as they were experts I was soon out of my depth.

Me mezclé en la conversación sobre economía, y como todos eran especialistas, me encontré con que el tema se salía de mi terreno.

GET OUT OF ONE'S SIGHT, TO

1) perderse de vista, desaparecer.

I waited till he got out of sight before going back into the house.

Esperé a que se perdiera de vista y luego regresé a la casa.

2) quitarse de la vista a uno.

Get out of my sight or I will call the police!

¡Quítese de mi vista o llamaré a la policía!

GET OUT OF THE WAY, TO

dejar pasar, dejar paso, quitarse de en medio.

Please get out of the way while I'm moving this table.

Haced el favor de no estorbar el paso mientras traslado esta mesa.

GET OVER SOMETHING, TO

acabar de creerlo, hacerse a la idea; superar, recuperarse.

I can't get over how much she's grown.

No consigo hacerme a la idea de que haya crecido tanto.

GET READY, TO

prepararse, arreglarse.

It's time to get ready for the movies.

Ya es hora de que nos arreglemos para ir al cine.

GET RID OF, TO

deshacerse, zafarse, librarse de.

Try to get rid of him. He is a bore.

Procura librarte de él. Es un pesado.

GET THE BALL ROLLING, TO (sl.)

poner las cosas en marcha, empezar el trabajo.

The building of the factory almost completed, we hope to get the ball rolling by December.

La construcción de la fábrica está casi terminada y esperamos que en diciembre pondremos las cosas en marcha.

GET THE BETTER OF ONE, TO

1) derrotar, ganar, vencer a.

However I try I never get the better of him.

Por mucho que me esfuerce, nunca consigo ganarle.

2) poder más que uno, dominarle a uno.

He knew it was foolish to quarrel with the Principal, but his emotions got the better of him.

Sabía que era una imprudencia enfrentarse con el director de la escuela, pero sus sentimientos pudieron más que él.

GET THE GREEN LIGHT, TO

conseguir autorización, tener vía libre, obtener el visto bueno.

I've got the green light from the manager to go ahead with the project.

El director me ha dado el visto bueno para llevar el proyecto adelante.

GET THE PICTURE, TO (sl.)

entender, comprender, hacerse cargo de la situación.

I hope that after my long explanation he's got the picture.

Confío en que, después de mi larga explicación, habrá comprendido cuál es la situación.

GET THERE, TO (sl.)
triunfar, llegar.

Once an artist gets there his attitude is quite different from the beginner.

La actitud del artista que triunfa es muy distinta de la del principiante.

GET TO, TO
llegar a, conseguir, poder.

He was such a reserved man that I never got to know him well.

Era un hombre tan reservado que nunca llegué a conocerlo bien.

GET TO THE CORE (or HEART), TO
llegar al fondo de un asunto.

We'll not solve anything unless we get to the core of the matter.

No resolveremos nada a menos que vayamos al fondo del asunto.

GET TO THE POINT, TO
ir al grano, entrar en materia.

Let's skip the preliminaries and get to the point.

Pasemos por alto los preliminares y vayamos al grano.

GET TO THE ROOT, TO. Véase GET TO THE CORE, TO.

GET TOGETHER, TO
1) reunirse.

We must get together for a drink sometime.

A ver si nos reunimos un día para tomar una copa.

2) ponerse de acuerdo.

Why can't the political parties get together on this issue?

¿Por qué no se pondrán de acuerdo sobre este asunto los partidos políticos?

GET TOO BIG FOR ONE'S BOOTS, TO. Véase HIGH AND MIGHTY.

GET UNDER CONTROL, TO
dominar, poner orden.

The government has got the situation under control.

El gobierno ha conseguido dominar la situación.

GET UNDER ONE'S SKIN, TO
molestar o irritar una cosa a uno.

It comes a moment when constant criticism gets under one's skin.

Llega un momento en que la crítica incesante nos irrita.

GET UNDER WAY, TO. Véase BE UNDER WAY, TO.

GET USED TO, TO
acostumbrarse a.

Anne will never get used to eating every meal in restaurants.

Ana nunca se acostumbrará a hacer todas las comidas en el restaurante.

GET WIND OF, TO
averiguar, enterarse.
Beware if I get wind of your drinking again.
Si me entero de que has vuelto a beber, prepárate.

GHOST WRITER
«negro», escritor al que se encargan trabajos literarios que firma otro.
He employs several ghost writers to produce his speeches. That is why they all have a different style.
Tiene varios escritores que le redactan los discursos. Por eso su estilo es siempre distinto.

GIFT OF (THE) GAB, THE
labia, facilidad de palabra, palique.
After listening to him for one hour I had to admit that he had the gift of the gab.
Después de escucharle una hora, tuve que admitir que era hombre de mucho palique.

GILD THE PILL, TO. Véase SUGAR THE PILL, TO.

GILT-EDGED SECURITIES
valores sólidos, papel seguro.
You don't make a fortune by investing in gilt-edged securities.
No es posible hacer una fortuna invirtiendo el dinero en papel seguro.

GIRL FRIDAY. Véase MAN FRIDAY.

GIVE A GOOD ACCOUNT OF ONESELF, TO
hacerlo bien, quedar bien, causar buena impresión.
Despite the fact that he was out of practice John gave a good account of himself during the match.
A pesar de su falta de entrenamiento, Juan tuvo una buena actuación durante el partido.

GIVE A NEW LEASE ON LIFE, TO
reanimar, prolongar la vida, dar nueva vida, devolver la vida, sacar a flote.
It is sad to see a nice restaurant like that go to pot when all it would take to give it a new lease on life would be a thorough housecleaning and a fresh coat of paint.
Da pena que un restaurante tan simpático se vaya al traste cuando todo lo que haría falta para sacarlo a flote sería una buena limpieza y una capa de pintura.

GIVE CREDIT TO SOMEONE, TO
1) reconocer, tener en cuenta.
You must give me credit for it.
Lo has de reconocer. Me lo has de tener en cuenta.
2) atribuir, conceder.
I give him credit for greater intelligence than that.

Le tengo por más inteligente que todo eso.

GIVE FOOD FOR THOUGHT, TO

hacer pensar, dar que pensar, ser motivo de reflexión.

The last words of his speech really give food for thought.

Verdaderamente, las últimas palabras de su discurso dan que pensar.

GIVE FULL PLAY (or FREE RAIN) TO, TO

dar rienda suelta.

You are going to be very unhappy in life if you always give full play to your feelings.

Vas a ser muy desgraciado en la vida si siempre das rienda suelta a tus sentimientos.

GIVE HIM AN INCH AND HE WILL TAKE A MILE (or A YARD)

les das la mano y se toman el brazo.

It is no use making concessions to such people. If you give them an inch they take a mile.

No se pueden hacer concesiones a este tipo de gente. Les das la mano y se toman el brazo.

GIVE ONE THE CREEPS, TO

dar escalofríos, crispar los nervios, poner malo, dar grima.

It gives me the creeps to think that he might come and live with us.

La idea de que pueda venir a vivir con nosotros me pone malo.

GIVE ONE THE SACK, TO

despedir.

The cook was so rude to my wife this morning that I gave him the sack on the spot.

El cocinero ha estado tan grosero con mi mujer esta mañana, que lo he despedido inmediatamente.

GIVE RISE TO, TO

originar, causar, dar lugar a, plantear.

Your proposal gives rise to more difficulties than it solves.

Su propuesta plantea más dificultades de las que resuelve.

GIVE SOMEONE A BREAK, TO

ayudar, echar una mano, dar una oportunidad.

We must give this boy a break or he'll loose his faith in us.

Debemos echar una mano a ese muchacho o perderá la fe en nosotros.

GIVE SOMEONE A CALL, TO.
Véase GIVE SOMEONE A RING, TO.

GIVE SOMEONE A PIECE OF ONE'S MIND, TO

decirle a uno la verdad, cantarle las cuarenta, soltarle cuatro frescas.

As soon as he comes back from his trip I am going to give him a piece of my mind.

En cuanto vuelva de su viaje, le cantaré las cuarenta.

GIVE SOMEONE A RING, TO

telefonear, llamar por teléfono.

I'll give you a ring to-morrow.

Te llamaré mañana.

GIVE SOMEONE A RUN FOR HIS MONEY, TO

competir con gran energía, hacer sudar al adversario.

John has been training all winter and I'm sure he is going to give the defender a run for his money.

Juan se ha estado entrenando todo el invierno y estoy seguro de que pondrá en aprietos al poseedor del título.

GIVE SOMEONE A WIDE BERTH, TO

evitar un encuentro, esquivar.

I saw John coming up but I managed to give him a wide berth.

Vi que Juan se acercaba, y conseguí esquivarlo.

GIVE SOMEONE THE AIR, TO (sl.)

dar calabazas, mandar a paseo, despedir.

The day John gave me the air I cried all night long.

El día que Juan me mandó a paseo, estuve toda la noche llorando.

GIVE SOMEONE THE BENEFIT OF THE DOUBT, TO

in dubium pro reo, no querer acusar o condenar a uno por insuficiencia de pruebas, concederle a uno un margen de confianza, creerle a uno ante la duda, ser indulgente con uno.

I am not sure if you did it or not, so this time I shall give you the benefit of the doubt.

Como no estoy seguro de que lo hayas hecho, por esta vez voy a creerte.

His preferences are clear: he gives John every benefit of the doubt but he is most strict with Albert.

Sus preferencias son claras: a Juan le justifica todo lo que puede y en cambio es muy severo con Alberto.

GIVE SOMEONE THE COLD SHOULDER, TO

acoger con frialdad, ponerle mala cara a uno, despreciar, hacerle el vacío a uno.

I thought our rift was over, but she has given me the cold shoulder, again.

Creí que nuestras rencillas habían terminado, pero ella me acogió de nuevo con frialdad.

GIVE SOMEONE THE SLIP, TO

dar esquinazo, deshacerse de alguien, burlar.

The President gave his bodyguard

the slip and disappeared into a cinema.

El presidente burló a su guardia personal y se metió en un cine.

GIVE SOMEONE WHAT FOR, TO (sl.)

darle a uno su merecido, castigar.

Stop pestering your little sister or I'll give you what for.

Deja de molestar a tu hermanita o te daré tu merecido.

GIVE THE DEVIL HIS DUE, TO

hacer honor a la verdad, reconocer los méritos o cualidades de una persona a pesar de sus defectos o de nuestra antipatía.

Give the devil his due, John is efficient even though he is disagreeable.

Hay que reconocer, en honor de la verdad, que Juan, aunque antipático, es persona eficiente.

GIVE THE TIP TO, TO. Véase TIP OFF, TO.

GIVE UP THE GHOST, TO

entregar el alma a Dios, pasar a mejor vida, morir.

He gave up the ghost last night in his sleep.

Murió anoche cuando dormía.

Hollinger: Another gold mine in Canada is forced to give up the ghost.

Hollinger: otra mina de oro canadiense que se ve obligada a cerrar.

GIVE WAY, TO

ceder, retroceder, romperse, hundirse.

The archs of the Palace gave way and the whole building tumbled to the ground.

Los arcos del palacio cedieron y todo el edificio se vino abajo.

GIVE-AND-TAKE

toma y daca, tira y afloja, concesiones mutuas, transigir mutuamente, negociar.

Give and take is the basis of living together.

La transigencia recíproca es la base de la convivencia.

GIVEN NAME. Véase FIRST NAME.

GLOOMY PICTURE (OF A SITUATION), A

descripción sombría, impresión pesimista.

Our correspondent has given a very gloomy picture of the situation.

Nuestro corresponsal ha descrito la situación en términos muy sombríos.

GLOVES ARE OFF, THE

se acabaron las contemplaciones.

You'd better watch it from now on because the gloves are off.

Mucho cuidado de ahora en adelante, porque se acabaron las contemplaciones.

GO, TO

1) quedar, faltar.

We still have five minutes to go.

Nos quedan todavía cinco minutos.

2) para llevárselo (hablando de comidas o bebidas preparadas en un bar o restaurante).

I want a sandwich to go.

Prepáreme usted un bocadillo para llevármelo.

GO A LONG WAY, TO

1) contribuir en gran medida.

Your efforts will go a long way towards securing peace.

Vuestros esfuerzos contribuirán en gran medida a la causa de la paz.

2) durar mucho, alcanzar para mucho, cundir mucho.

You can go a long way with your savings if you know how to administer them.

Si sabes administrarte, tus ahorros pueden cundirte mucho.

3) adelantar, progresar mucho.

Psychiatry has gone a long way since Freud.

La psiquiatría ha progresado mucho desde los tiempos de Freud.

GO AHEAD, TO

seguir adelante, llevar adelante, proseguir, continuar.

Now that the Government has approved our plans we can go ahead with the work.

Ahora que el gobierno ha aprobado nuestros planes podemos llevar el trabajo adelante.

Go ahead!

¡Adelante, pase usted!

GO ALONG WITH, TO

estar de acuerdo con, avenirse a, aceptar, apoyar.

I can go along with your proposal up to a certain point.

Estoy de acuerdo con su propuesta hasta cierto punto.

GO AROUND (or ROUND), TO

1) circular, pasearse, ir por.

He goes around town dressed in his cow-boy outfit.

Va por la ciudad vestido de vaquero.

2) haber para todos (sl.).

I don't think we have enough beer to go round.

No creo que haya cerveza para todos.

GO AS FAR AS TO SAY, TO

atreverse a decir, poder afirmar.

I wouldn't go as far as to say he did it on purpose, but...

No me atrevería a decir que lo hizo a propósito, pero...

GO ASTRAY, TO

extraviarse, perderse, descarriarse.

The parcel I sent her for Christmas must have gone astray.

El paquete que le mandé antes de Navidad debe de haberse perdido.

GO BACK ON ONE'S WORD, TO

volverse atrás, romper una promesa, faltar a la palabra dada, retractarse, desdecirse.

Now that we have everything organised I hope he won't go back on his word.

Ahora que lo tenemos todo organizado, espero que no se vuelva atrás.

GO (TO THE) BAD, TO

echarse a perder (material y moralmente).

Eat the fruit to-day, otherwise it will go bad.

Cómete la fruta hoy; de lo contrario, se echará a perder.

Since he joined with Peter the boy has gone completely to the bad.

Desde que va con Pedro, el chico se ha echado a perder del todo.

GO BARK UP ANOTHER TREE (sl.)

con la música a otra parte.

We don't want to hear any more of your complaints here. Go bark up another tree.

No queremos seguir oyendo vuestras quejas. Ya os podéis ir con la música a otra parte.

GO BY, TO (sl.)

1) regirse, guiarse por, atenerse a.

I don't usually go by looks.

Generalmente, no me guío por el aspecto.

2) ser conocido por.

He goes by the name of Brown.

Se le conoce con el nombre de Brown.

GO BY THE BOARD, TO. Véase GO OVERBOARD, TO.

GO DOWN HILL, TO

1) ir cuesta abajo, ser fácil.

With all your studies teaching this course will be going down hill for you.

Con tus estudios, dar este curso te resultará cosa de coser y cantar.

2) ir de capa caída.

He's been going down hill since he lost his job.

Desde que perdió el empleo, va de capa caída.

GO DOWN THE DRAIN, TO

perderse, no haber servido de nada, echarse a perder, malograrse.

It is a shame to think that all this money and talent has gone down the drain.

Es una pena pensar que el dinero y el talento invertidos no han servido de nada.

GO DOWN WITH, TO

1) enfermar de, tener que guardar cama por.

He'll not be able to go to the office because he's gone down with flu.

No podrá ir a la oficina: tiene que guardar cama a causa de la gripe.

2) hundirse.

The captain went down with his ship.

El capitán se hundió con su barco.

GO DUTCH, TO

pagarse cada uno lo suyo, ir a escote.

I met her in the restaurant and we decided to go dutch.

La encontré en el restaurante y decidimos que cada uno se pagara lo suyo.

GO FIFTY-FIFTY, TO

ir a medias.

Why not go fifty-fifty on the deal?

¿Por qué no vamos a medias en este asunto?

GO FLY A KITE

¡vete a freír espárragos!, ¡vete a paseo!

After being so rude you ask me to do you a favor? Well, go fly a kite!

¿Después de haber estado tan grosero conmigo me pides un favor? ¡Vete a paseo!

GO FOR, TO (sl.)

interesarle a uno, gustarle a uno, ser aficionado a, atraerle a uno.

I don't go for blondes or red-heads.

No me gustan las rubias ni las pelirrojas.

GO FOR BROKE, TO

jugarse el todo por el todo, echar el resto, emplearse a fondo.

It is such a good deal that you should go for broke: if you loose you'll have to find yourself a job but if you succeed you'll become a millionaire.

Es un asunto tan bueno, que tienes que jugarte el todo por el todo: si pierdes tendrás que buscarte un empleo, pero si te sale bien te harás millonario.

GO FROM RAGS TO RICHES, TO

pasar de mendigo a millonario, de la miseria a la opulencia.

I'm glad for them. Thanks to this inheritance they've passed from rags to riches overnight.

Me alegro por ellos. Gracias a esta herencia, de la noche a la mañana han pasado de la miseria a la opulencia.

GO FROM STRENGTH TO STRENGTH, TO

seguir una marcha ascendente, ir de éxito en éxito.

The President said he hoped the company would go from strength to strength.

El presidente dijo que esperaba que la compañía siguiera su marcha ascendente.

GO-GETTER

persona emprendedora, persona de empuje, hombre de acción.

For this kind of job you don't need an intellectual person but a go-getter.

Para este tipo de tarea no se necesita un intelectual, sino un hombre de empuje.

GO HALVES, TO. Véase GO FIFTY-FIFTY, TO.

GO HAYWIRE, TO

1) estropearse,   descomponerse,

averiarse, no funcionar bien una cosa.

The computer went haywire the moment we needed it most.

El ordenador se estropeó en el momento que más lo necesitábamos.

2) enloquecer, sufrir una perturbación mental, comportarse de manera irracional.

In a few years hence we'll be wondering why we all went haywire about such noisy places as diskos.

Dentro de unos pocos años nos preguntaremos por qué motivo nos entusiasmamos tanto por lugares tan ruidosos como son las discotecas.

GO IT ALONE, TO

ir uno por su cuenta, hacer la guerra por su cuenta, arreglárselas uno solo, actuar sin la ayuda de nadie.

As I could not reach an agreement with my partners I decided to go it alone.

Como no pude llegar a un acuerdo con mis socios, decidí hacerlo por mi cuenta.

GO NINETEEN TO THE DOZEN, TO. Véase TONGUE TO GO NINETEEN, etc.

GO ON!

¡ni mucho menos!, ¡qué tontería!, ¡vamos, hombre!, ¡ni hablar!

You mean I was serious about it? Go on!

¿Crees que lo dije en serio? ¡Qué tontería!

(THINGS TO) GO ONE'S WAY

salirle bien las cosas a uno.

I am not a superstitious man but since I crossed that white cat in the street everything is going my way.

No soy supersticioso, pero desde que me crucé con aquel gato blanco por la calle, todo me sale bien.

GO OUT OF ONE'S WAY, TO

tomarse la molestia, esmerarse especialmente, desvivirse, hacer lo indecible.

My relatives went out of their way to make us feel at home.

Mis parientes hicieron lo indecible para que nos sintiéramos como en casa.

GO OUT ON A SPREE, TO

irse de juerga.

The boys arrived in town early in the evening and went out on a spree.

Los chicos llegaron a la ciudad a primera hora de la noche y se fueron de juerga.

GO OVERBOARD, TO

1) caerse por la borda, caer al mar.

While climbing up he lost his grip and went overboard.

Cuando subía, se le resbaló la mano y se cayó al mar.

2) irse al agua, irse al traste, malograrse, frustrarse, venirse abajo.

All his plans went overboard.

Todos sus planes se vinieron abajo.

3) entusiasmarse por, chalarse por; excederse, exagerar (sl.).

Ann has gone overboard for the leader of the team.

Ana anda como loca detrás del capitán del equipo.

GO PLACES, TO (sl.)

1) hacer carrera, triunfar.

This kid is going places.

Este chico llegará lejos.

2) viajar, salir, frecuentar lugares de diversión.

You have certainly gone places since we last met.

¡Pues sí que has viajado desde la última vez que nos vimos!

GO ROUND, TO. Véase GO AROUND, TO.

GO SCOT FREE, TO

salirle a uno gratis una cosa, salir indemne, quedar sano y salvo, ser absuelto.

The three older robbers went to jail but the youth went scot free.

Los tres ladrones mayores fueron a la cárcel, pero el más joven salió absuelto.

GO SHOPPING, TO

ir de tiendas, ir de compras.

Shopping is women's favourite sport.

Ir de tiendas es el deporte favorito de las mujeres.

GO SMOOTHLY, TO

ir sobre ruedas, ir como una seda, desarrollarse sin ningún contratiempo, a pedir de boca.

The first two years of their marriage were very difficult but now things seem to be going smoothly.

Sus dos primeros años de matrimonio fueron muy difíciles, pero ahora, al parecer, todo va como una seda.

I want to congratulate you for the organization of the meeting because everything went smoothly.

Quiero felicitarte por la organización de la asamblea. Todo ha ido perfectamente.

GO SO FAR AS TO SAY, TO. Véase GO AS FAR, etc.

GO STRAIGHT, TO (sl.)

enmendarse, portarse bien.

He has promised me to go straight from now on.

Me ha prometido portarse bien de ahora en adelante.

GO THROUGH PLENTY, TO

verse en grandes dificultades, sudar la gota gorda, pasar grandes apuros.

Doris must have been through plenty raising her children without her husband.

Doris habrá pasado grandes apuros para criar a sus hijos sin la ayuda del marido.

GO TO ANY LENGTH, TO

No pararse en barras, no tener miramientos, no detenerse ante ningún obstáculo, ser capaz de todo para conseguir algo.

He would go to any length to achieve his purpose.

Es capaz de todo para conseguir lo que se propone.

GO TO BAT FOR SOMEONE, TO (sl.)

defender, ayudar, apoyar, salir en defensa de.

Robert is the kind of officer that always goes to bat for his men when something goes wrong.

Roberto es uno de esos oficiales que siempre defienden a sus hombres cuando algo sale mal.

GO TO ONE'S HEAD, TO

subírsele a uno algo a la cabeza, envanecerse.

Popularity has gone to his head.

La popularidad se le ha subido a la cabeza.

GO TO THE BAD, TO. Véase GO BAD, TO.

GO TO THE COUNTRY, TO

celebrar elecciones generales.

The Government threatened the opposition with going to the country if it persisted in blocking its draft bill.

El gobierno amenazó a la oposición con celebrar elecciones generales en caso de que siguiera obstruyendo su proyecto de ley.

GO TO TOWN, TO

hacer las cosas en grande, echar el resto, hacer bien las cosas, soltarse el pelo.

«It was a fabulous party that you gave last night».

«When I go to town, I go to town».

—La fiesta que nos diste anoche estuvo fabulosa.

—A mí me gusta hacer las cosas bien.

GO UP IN THE AIR, TO

saltar, encolerizarse, perder los estribos.

When my husband is writing a book he is so irritable that he goes up in the air over the slightest provocation.

Mi marido se pone tan nervioso cuando está escribiendo un libro, que pierde los estribos por el motivo más insignificante.

GO WITH THE TIMES, TO

adaptarse a la vida moderna, estar de acuerdo con las corrientes actuales, estar a la altura de las circunstancias.

You must give your son a technical education if you want to go with the times.

Si quieres estar de acuerdo con la época tienes que darle a tu hijo una educación técnica.

GO WRONG, TO

1) salir mal, malograrse, fallar, estropearse, averiarse.

There are days when everything seems to go wrong.

Hay días en que todo le sale mal a uno.

2) descarriarse, ir por mal camino, echarse a perder, darse a la mala vida.

It's obvious to see that this girl wouldn't have gone wrong had she had proper guidance.

Es evidente que esa chica no se habría descarriado de haber tenido una persona que la hubiese aconsejado bien.

GOD SHAPES THE BACK FOR THE BURDEN

Dios, que da la llaga, da la medicina. Dios aprieta, pero no ahoga. Dios no nos exige más de lo que podemos hacer.

GOD'S ACRE

cementerio, camposanto.

All I need is a quiet piece of God's acre.

No pido más que un rinconcito tranquilo en el camposanto.

GOING CONCERN, A

empresa floreciente, en pleno rendimiento, asunto que marcha, lleno de vitalidad.

With more than 15 million people in the world knowing the language, Esperanto is a going concern.

El esperanto, hablado por más de quince millones de personas en el mundo, es un idioma en plena pujanza.

GOING TO BE (GET) BAD (TOUGH), THE

estar (ponerse) mal (difíciles) las cosas, surgir dificultades.

When the going gets tough the tough get going.

Cuando las cosas se ponen difíciles, la reacción del valiente es hacerles frente.

Though in spots the going might be a little rough for a nontechnical reader most of the book reads like a good detective story.

Aunque algunos pasajes pueden resultar difíciles para el lector que no tenga una formación técnica, la mayor parte del libro se lee como una novela de detectives.

GOLDEN MEAN, THE

el justo término medio, el justo medio; la *aurea mediocritas,* la feliz medianía, la dorada medianía.

The Greek way of life was based on the golden mean.

El concepto griego de la vida se basaba en la dorada medianía.

GOOD BOOK, THE

la Biblia.

Thou shalt love thy neighbour, as the good Book says.

Amarás al prójimo, como dice la Biblia.

GOOD CATCH, A (sl.)

un buen partido.

He goes out with her simply because he thinks she is a good catch.

Sale con ella sólo porque cree que es un buen partido.

GOOD FOR YOU

muy bien hecho, ¡bravo!

«*After all the things that had happened I had to tell her not to speak to me anymore*».

«*Good for you*».

—Despúes de todo lo ocurrido, tuve que decirle que no me hablara más.

—Muy bien hecho.

GOOD FRIDAY

Viernes Santo.

I will never forget that Good Friday in Seville.

Nunca olvidaré aquel Viernes Santo en Sevilla.

GOOD THINKING

bien pensado.

«*I think I'm going to leave the light on in case the children come back late*».

«*That's good thinking*».

—Creo que voy a dejar la luz encendida por si los chicos vuelven tarde.

—Muy bien pensado.

GRAND PIANO, A

piano de cola.

I would love to buy a grand piano but it wouldn't fit into my appartment.

Me gustaría comprar un piano de cola, pero no cabe en mi piso.

GRASP ALL, LOSE ALL

La avaricia rompe el saco. El que mucho abarca, poco aprieta.

GRASS ALWAYS LOOKS GREENER ON THE OTHER SIDE OF THE FENCE, THE

La gallina de la vecina pone más huevos que la mía.

GRASS ROOTS, THE

1) las zonas rurales, el campo, las provincias; la población rural, la gente del campo (de provincias).

Every politician knows the importance of the grass roots.

Todo político conoce la importancia de las zonas rurales.

2) las masas, la base, el afiliado corriente, el elemento popular (de un partido, organización, movimiento).

The movement began to falter when its leaders lost touch with the grass roots to embark in academical discussions among themselves.

El movimiento empezó a fallar cuando los dirigentes perdieron contacto con la base y se dedicaron a debatir asuntos teóricos entre ellos.

GRASS WIDOW, A

mujer cuyo marido está ausente
temporalmente.

*The idea of being a grass widow
for some time did not entirely dis-
please her.*

La idea de estar de «viuda» una
temporada no le disgustaba del
todo.

GREAT MINDS THINK ALIKE

los grandes hombres coinciden en
sus ideas, las personas inteligentes
siempre se entienden, el genio no
reconoce fronteras.

*I see you voted for the same man
as I did. Great minds think alike.*

Veo que votaste por el mismo
candidato que yo. Las personas
inteligentes siempre coinciden.

GREEN WITH ENVY

muerto, pálido, comido de envidia, amarillo de envidia.

*He was green with envy when
I told him that I had bought a
new car.*

Se lo comía la envidia cuando le
dije que me había comprado un
coche nuevo.

GREENER PASTURES

asuntos más lucrativos, actividades más remuneradoras, trabajos
mejor pagados.

*I've heard that our director is
quitting and is heading for
greener pastures.*

He oído que el director deja la
casa para irse a un puesto mejor.

GRIN AND BEAR IT

a mal tiempo, buena cara.

*There is nothing we can do about
our situation except grin and
bear it.*

Nada podemos hacer más que poner a mal tiempo buena cara.

GROW ON ONE, TO

1) querer o gustarle a uno algo
cada vez más, terminar uno por
gustarle una cosa.

*At first I disliked the painting but
little by little it is growing on me.*

Al principio no me gustó el cuadro, pero ahora me gusta cada
vez más.

2) apoderarse de uno, ir dominán-
dole a uno, hacerse cada vez más
fuerte (un hábito, pasión, etc.).

*Insensibly, the habit of seeing her
every day grew on me.*

Sin darme cuenta, la costumbre
de verla todos los días se hizo
cada vez más fuerte.

GROWING PAINS

la crisis del crecimiento, las dificultades propias del desarrollo
inherentes a todo comienzo.

*Our business is now going through
its growing pains.*

Nuestra empresa está atravesando
las dificultades propias del desarrollo.

GROWN-UP, TO

adulto, persona mayor.

This book is only for grown-ups.

Este libro es sólo para mayores.

H

HAD BETTER

convendría que, harías bien en, mejor será que, vale más que, no estar de más.

You had better consult your lawyer before signing this contract.

No estaría de más que consultaras a tu abogado antes de firmar ese contrato.

«Peter says that he is going out even though daddy doesn't let him.»

«Tell him that he'd better not!»

—Pedro dice que va a salir aunque papá no le deje.

—¡Dile que pobre de él si lo hace!

If you want to have a cup of coffee, you'd better hurry. The train leaves in five minutes.

Si quieres tomarte un café procura darte prisa. El tren sale dentro de cinco minutos.

HAD RATHER

preferiría, más quisiera.

I had rather be happy than rich if I can't be both.

Más quisiera ser feliz que rico, de no poder ser las dos cosas.

HAIL FELLOW, WELL MET

(Frase estereotipada para referirse a las expresiones de cordialidad exageradas proferidas al conocer a una persona por primera vez, que después no se traducen en una amistad sincera.)

cordialidad fingida, falsas protestas de amistad.

The hail-fellow-well-met attitude seldom leads to a durable friendship.

Las personas que nos reciben con grandes protestas de amistad al conocernos, raramente se convierten en amigos verdaderos.

HAIR OF THE DOG THAT BIT YOU, A

(Si bien esta expresión alude en general a los remedios homeopáticos, se utiliza casi exclusivamente para recomendar jocosamente al que sufre las consecuencias de los excesos alcohólicos de la noche anterior, que se tome una copa para disipar su malestar.)

un clavo saca otro clavo.

And if to-morrow you have a hangover, remember: a hair of the dog...!

Y si mañana te levantas con resaca, ya sabes: una copa te pondrá como nuevo.

HAIR-RAISING

espeluznante, escalofriante, que pone los pelos de punta.

Anyone who has lived through a revolution can tell hair-raising tales.

Toda persona que haya vivido alguna revolución tiene relatos espeluznantes que contar.

HAIR-STYLE

peinado.

I couldn't recognize you with this new hair-style.

No podía reconocerte con el nuevo peinado que te has hecho.

HALF-HEARTED

con desgana, sin convicción, débil, tibio, flojo; a medias; poco decidido, sin interés.

You get nowhere with half hearted attempts.

Con tentativas a medias no irás a ninguna parte.

HAMMER AND TONGS

con todas las fuerzas.

Roosevelt fought hammer and tongs to keep the republicans out of office.

Roosevelt luchó con todas sus fuerzas para que los republicanos no ocuparan el poder.

HAND IN HAND

1) cogidos de la mano.

Think whatever you want but last night I saw them walking hand in hand.

Piensa lo que quieras, pero anoche los vi paseando cogidos de la mano.

2) juntos, de común acuerdo, en buena armonía, en íntima colaboración.

The President said that both countries would walk hand in hand in all their future activities.

El presidente dijo que los dos países actuarían de común acuerdo en todas sus actividades futuras.

HANDLE WITH KID GLOVES, TO

tratar con el mayor miramiento, con sumo tacto, con extrema diplomacia.

Handle your boss with kid gloves because he's come back from his vacation in a very bad mood.

Trata con sumo tacto a tu jefe, pues ha vuelto de vacaciones de muy mal humor.

HAND-ME-DOWN, A

(Ropas que aprovechan los hermanos menores cuando les vienen ya pequeñas a los mayores.) ropa heredada, ropa de otros, herencia.

I don't remember my mother ever buying me a new dress. I always wore hand-me-downs from my sisters.

No recuerdo que mi madre me hubiera comprado nunca un vestido nuevo. Yo siempre llevaba los vestidos viejos de mis hermanas.

HANDS DOWN

con poca o ninguna dificultad, fácilmente.

"How was the match?"

"It was a hands down victory."

—¿Qué tal fue el partido?

—Ganamos fácilmente. Fue coser y cantar.

HANG FIRE, TO

estar en el aire, en suspenso.

The decision to build the new bridge is still hanging fire.

La construcción del nuevo puente es un asunto que está todavía en el aire.

HANG ON SOMEONE'S WORDS, TO

estar pendiente de las palabras de uno.

When the critical moment arrived everybody was hanging on his words.

Al llegar el momento crítico, todo el mundo estaba pendiente de sus palabras.

HANKY-PANKY

actividades ilícitas, negocios sucios, engaño, timo, estafa, tongo.

The sudden affluence of our neighbours gave rise to rumours of hanky-panky.

La prosperidad repentina de nuestros vecinos dio pábulo a rumores de que estaban metidos en negocios sucios.

HAPPY AS A BUG IN A RUG

como el pez en el agua, encantado.

My wife feels as happy as a bug in a rug at my parents'.

En casa de mis padres, mi mujer se siente como el pez en el agua.

HARD AND FAST

a cal y canto, riguroso, severo, inflexible, rígido.

We have hard and fast rules about visiting hours.

Las normas sobre las horas de visita son muy rigurosas.

HARD CORE, THE

1) los entusiastas, los devotos, los incondicionales (de un partido, causa, etc.).

The hard core of jazz lovers will be delighted with the program announced for next week.

Los incondicionales de la música de *jazz* estarán encantados con el programa anunciado para la próxima semana.

2) los elementos recalcitrantes, intransigentes, ultras, archiconservadores (de una asociación, partido, etc.).

As it was to be expected, the proposal to limit the powers of the Secretary General was voted down by the hard core of the party.

Como era de esperar, la propuesta para limitar las facultades del secretario general fue derrotada por el ala conservadora del partido.

3) el núcleo, el meollo, el plato fuerte, el atractivo principal, la parte más valiosa o importante.

The medieval medallions are the hard core of his collection.

Los medallones medievales son el plato fuerte de su colección.

HARD-CORE

1) radical, intransigente, ultra; recalcitrante, inveterado, consumado, perdido, empedernido.

The prison has a special wing for hard-core criminals.

La cárcel tiene un ala especial destinada a los criminales empedernidos.

2) difícil de resolver, difícil.

Hard-core issues will be discussed at the end.

Los asuntos difíciles serán examinados al final.

3) descarado, escandaloso, manifiesto, puro y simple, vulgar.

The Judge ruled that the film was hard-core pornography.

El juez declaró que la película era manifiestamente pornográfica.

HARD FEELINGS
rencor, resentimiento.

I hope you have no hard feelings towards me after the accident.

Confío en que no me guardará rencor después del accidente.

HARD LIQUOR
bebidas fuertes, bebidas de alta graduación alcohólica, aguardiente.

When we use the term liquor we refer to an alcoholic beverage made by distillation rather than fermentation.

Se entiende por aguardiente toda bebida alcohólica obtenida por destilación, en oposición a las obtenidas por fermentación.

HARD ON THE HEELS OF

1) pisándole los talones a alguien, siguiéndole de cerca.

Having been discovered, the robbers fled with the police hard on their heels.

Al ser descubiertos, los ladrones huyeron con la policía pisándoles los talones.

2) al poco tiempo de, inmediatamente después, apenas transcurrido.

The epidemic came hard on the heels of the floods.

Terminadas apenas las inundaciones, sobrevino una epidemia.

HARD WAY, THE
a fuerza de sinsabores, penosamente, con esfuerzo; del modo

más difícil, complicado o incómodo; a pulso.

He always does things the hard way.

Siempre hace las cosas del modo más difícil.

HARD-BOILED

endurecido, rudo.

He is too hard-boiled to be influenced by sentiment.

Está demasiado endurecido para dejarse llevar por el sentimiento.

HAS-BEEN, A

persona cuyos éxitos pertenecen al pasado, vieja gloria, estrella del pasado.

It's hard for the has-been to decline the applause.

Es duro para las viejas glorias tener que renunciar al aplauso.

HAVE A BAD BREAK, TO.
Véase HAVE A GOOD BREAK.

HAVE A BALL, TO (sl.)

pasarlo en grande, divertirse mucho.

Don't miss to-night's party because we are going to have a ball.

No te pierdas la fiesta de esta noche porque lo vamos a pasar en grande.

HAVE A BEE IN ONE'S BONNET, TO

adolecer de una manía, tener una obsesión, estar desequilibrado, tener entre ceja y ceja.

Dolores has a bee in her bonnet about litter in the streets and constantly writes to the newspapers about the subject.

Dolores tiene la obsesión de que las calles están sucias y no cesa de escribir cartas a los periódicos sobre el asunto.

HAVE A BIG MOUTH, TO

hablar demasiado, ser indiscreto, ser un bocaza, írsele a uno la lengua.

Don't tell Harry on any account. His mouth is too big.

No se lo cuentes a Enrique por nada del mundo. Se le va demasiado la lengua.

HAVE A BONE TO PICK WITH SOMEONE, TO

tener una cuenta pendiente con alguien, tener que resolver con alguien un asunto.

I have a bone to pick with you. You took my umbrella yesterday without asking me.

Tengo que resolver un asunto contigo. Ayer te llevaste mi paraguas sin pedirme permiso.

HAVE A CASE, TO

tener un buen argumento, tener en qué apoyar la defensa o la acusación.

Unless you get those letters you haven't got a case.

A no ser que consigas esas cartas, no tendrás en qué apoyar tu defensa.

I do not know if the Board will grant you an allowance. But go and talk to them. You have a good case.

No sé si la junta te concederá el subsidio, pero habla con ellos. Tienes buenos argumentos a tu favor.

HAVE A CLOSE CALL (or THING, SHAVE), TO

librarse de algo por muy poco, salvarse por los pelos, de milagro, en un tris.

The train didn't kill her but it was a close call.

El tren no la arrolló, pero estuvo en un tris.

HAVE A CRUSH ON SOMEBODY, TO (sl.)

estar encaprichado, encandilado, pirrado.

George has a crush on Mary.

Jorge está encaprichado con María.

HAVE A CHIP ON ONE'S SHOULDER, TO. Véase CARRY A CHIP, etc.

HAVE A DAY OFF, TO

tener un día de asueto, un día libre, vacación.

The children have Thursday afternoon off.

Los niños tienen vacación el jueves por la tarde.

HAVE A FIELD DAY, TO

1) pasarlo en grande, disfrutar de lo lindo.

The children had a field day when their parents left for the movies.

Los niños se divirtieron de lo lindo cuando sus padres se marcharon al cine.

2) poder dar rienda suelta a los deseos de uno, tener ocasión de desahogarse, poder actuar uno finalmente a sus anchas, poder despacharse a gusto.

The Government bill had many loopholes and the opposition had a field day attacking it.

El proyecto de ley presentado por el gobierno tenía muchas lagunas y la oposición pudo despacharse a gusto en sus ataques.

HAVE A FIT, TO. Véase THROW A FIT, TO.

HAVE A FREE HAND, TO

tener las manos libres, poder hacer y deshacer, tener carta blanca.

I told them I wouldn't accept the post unless they gave me a free hand.

Les dije que no aceptaría el cargo a menos que me dieran carta blanca.

HAVE A GO AT, TO (sl.)

probar, intentar.

Let's have a go at it.

Vamos a probarlo.

HAVE A GOOD BREAK, TO

tener suerte.

I had a good break when they

gave me the job as soon as I applied for it.

Tuve la suerte de que me dieran el puesto en cuanto lo solicité.

HAVE A GOOD TIME, TO

divertirse, pasarlo bien, pasar un buen rato.

What a good time we always have in Spain!

¡Qué bien lo pasamos siempre en España!

HAVE A GREEN THUMB, TO

tener habilidad para la jardinería.

Just looking at your garden one can realize that you have a green thumb.

Basta ver su jardín para comprender que tiene usted gran habilidad para la jardinería.

HAVE A HUNCH, TO

tener una corazonada, tener un presentimiento.

I have a hunch that daddy will come back to-night from his trip.

Tengo el presentimiento de que papá regresará esta noche de su viaje.

HAVE A LOOK ABOUT ONE-SELF, TO

tener aspecto de, parecer.

He is a successful man, yet he has a defeated look about himself.

Es un hombre que ha triunfado y, sin embargo, tiene aire de derrotado.

HAVE A LOOK AT, TO

ver, mirar, dar una ojeada, echar un vistazo.

Bring me your watch, let me have a look at it and I will tell you what's wrong.

Tráeme el reloj, déjame que lo vea y te diré qué le pasa.

HAVE A LOT OF PROMISE, TO

prometer.

The parents are very proud because the boy shows a lot of promise.

Los padres están muy orgullosos porque es un chico que promete mucho.

HAVE A LOT ON THE BALL, TO

ser muy competente, tener talento, tener pesquis, tener caletre, tener cacumen, poseer una mente despejada, ser muy listo.

I don't hesitate to recommend Pedro to you for the job because he has a lot on the ball.

No vacilo en recomendarte a Pedro para ese trabajo: es hombre muy competente.

HAVE A PENCHANT, TO

sentir inclinación, atraerle a uno una cosa.

Even though I recognize its merits I have no special penchant for modern music.

Aunque reconozco su mérito, la música moderna no me atrae especialmente.

HAVE A RING, TO

recordarle algo a uno, sonar a.

I could not see the person who was speaking but his voice had a familiar ring about it.

No podía ver a la persona que hablaba, pero su voz me resultaba familiar.

HAVE A RUN FOR ONE'S MONEY, TO

sacarle jugo al dinero, emplear bien el dinero.

It wasn't a terribly interesting trip but we had a run for our money.

No fue un viaje demasiado interesante, pero le sacamos jugo al dinero.

HAVE A SCREW LOOSE, TO

faltarle a uno un tornillo.

He obviously has a screw loose but he is not the type to be put in an asylum.

Evidentemente le falta un tornillo, pero no es el tipo que haya que meter en un manicomio.

HAVE A SMOKE, TO

echar un pitillo, fumar.

As soon as the lecture is over we'll go out and have a smoke.

En cuanto termine la clase, saldremos a echar un pitillo.

HAVE A SOFT SPOT FOR, TO

estar encariñado con, tener debilidad por.

He has a soft spot for his youngest niece.

Tiene debilidad por la menor de sus sobrinas.

HAVE A SWEET TOOTH, TO

ser goloso.

I brought you these cakes because I know you have a sweet tooth.

Te traje estos pasteles porque sé que eres goloso.

HAVE A WAY WITH ONE, TO

1) tener atractivo, tener ángel, ser simpático, tener un algo.

Mary is not beautiful but she has a way with her.

María no es bonita, pero tiene ángel.

2) tener poder de persuasión, saber captarse a una persona.

You must be very satisfied with this nanny. She certainly has a way with the children.

Debes de estar encantada con la niñera: realmente, ha sabido captarse a los niños.

HAVE A WHALE OF A TIME, TO (sl.)

disfrutar como locos, pasarlo en grande.

Last night we had a whale of a time.

Anoche nos divertimos como locos.

HAVE A WORD FOR IT, TO.

Véase SPANIARDS (FRENCH, etc.) HAVE A WORD FOR IT.

HAVE A WORD WITH ONE, TO

hablar un momento, hablar dos palabras con una persona.

I should like to have a word with you about John's behaviour last night.

Quisiera hablar un momento con usted sobre lo que hizo Juan anoche.

HAVE AN AXE TO GRIND, TO

tener un interés personal en algo.

I'm just trying to help you. I don't have an axe to grind.

Sólo trato de ayudarte. No tengo ningún interés personal en el asunto.

HAVE AN EYE FOR, TO

1) tener buen ojo, tener ojo clínico, tener mucha vista, saber elegir, ser un experto en, tener una especial habilidad para determinadas cosas.

Having such a good eye for antiques you should start a business on your own.

Con tanta vista para las antigüedades, deberías establecerte por tu cuenta.

2) fijarse, saber darse cuenta.

In spite of his studious look he has an eye for a pretty girl.

A pesar de sus aires de estudioso, sabe fijarse en las chicas bonitas.

HAVE AN OPEN MIND ABOUT SOMETHING, TO

no tomar una decisión, no opinar definitivamente, no haberse formado opinión.

I am prepared to keep an open mind about accepting John into the business while we wait for his examination results.

No tomaré ninguna decisión sobre la entrada de Juan en el negocio hasta conocer el resultado de sus exámenes.

HAVE ANY PART (NONE) OF IT, TO

no querer saber nada del asunto, no querer tener arte ni parte en un asunto.

I stressed to him that the deal was a wonderful proposition but he would have none of it.

Le hice ver que se trataba de un negocio magnífico, pero no quiso saber nada del asunto.

HAVE AT ONE'S FINGER TIPS, TO

1) saber al dedillo.

He has the whole science of physics at his finger tips.

Se sabe al dedillo toda la física.

2) tener a mano, al alcance de la mano.

It is good to have a flashlight at your finger tips in case of a power failure.

Conviene tener una linterna a mano para el caso de que haya un apagón.

HAVE BEEN THROUGH THE MILL, TO. Véase HAVE GONE THROUGH, etc.

HAVE BEFORE ONE, TO

1) tener delante (ante sí, a la vista).

You have before you one of the greatest wonders of the world.

Tienen ustedes a la vista una de las mayores maravillas del mundo.

2) tener que examinar o despachar.

The Committe had before it three reports but found time to go through one only.

El Comité debía examinar tres informes, pero sólo tuvo tiempo para examinar uno.

HAVE COLD FEET, TO

ser miedoso, tener miedo, asustarse, acobardarse.

When June was to be presented to the Queen, she got cold feet and ran away.

Cuando June iba a ser presentada a la reina, tuvo miedo y echó a correr.

HAVE FORTY WINKS, TO

echar una siestecita, dar cabezadas, descabezar el sueño.

Grandfather usually takes forty winks after lunch.

El abuelo suele echar una siestecita después de comer.

HAVE FUN, TO

divertirse, pasarlo bien.

We had a lot of fun on our holidays.

Durante las vacaciones nos hemos divertido mucho.

HAVE GONE THROUGH THE MILL, TO

saber las cosas por experiencia, tener experiencia, haberlo vivido.

And I can tell you because I've gone through the mill.

Puedo decirlo porque lo sé por experiencia.

HAVE GREEN FINGERS, TO.
Véase HAVE A GREEN THUMB, TO.

HAVE HAD IT, TO (sl.)

1) fastidiarse, fastidiarla, «lucirse», estar uno perdido, haberla hecho buena, ser hombre acabado.

If the boat sinks I've had it because I can't swim.

Como se hunda el bote, estoy perdido, pues no sé nadar.

After his latest election failure John has had it as far as politics are concerned.

Después de su último fracaso electoral, Juan puede dar por terminada su carrera política.

2) no poder más, estar harto, no tener ánimos para seguir, no poder con su alma.

Having spent the whole afternoon at the zoo with all my nephews, I've had it.

Después de pasar la tarde en el parque de fieras con todos mis sobrinos, estoy que no puedo con mi alma.

HAVE IN MIND, TO

proponerse, pensar, referirse a, acordarse de.

*I had in mind to invite them over
for Christmas.*

Había pensado invitarles para las
Navidades.

HAVE IT IN FOR SOMEONE,
TO (sl.)

tenérsela jurada a alguien.

*Since he took my job away from
me I have it in for him.*

Desde que me quitó el puesto, se
la tengo jurada.

HAVE IT OUT, TO

1) solventar un asunto, zanjar
una diferencia, poner fin a una
disputa.

*You'd better have it out with the
neighbours before things go further.*

Convendría que aclarases el asunto con los vecinos antes de que
las cosas pasen a mayores.

2) extraer, sacar

*The tooth was aching very much
and the dentist advised me to
have it out.*

Me dolía mucho la muela y el
dentista me aconsejó que me la
sacara.

HAVE MONEY TO BURN, TO
(sl.)

estar cargado de dinero, sobrar-
le a uno el dinero.

*You can tell by the way they live
that they must have money to
burn.*

Por el tren de vida que llevan,
se ve que no saben lo que tienen.

HAVE NINE POINTS OF THE
LAW, TO

llevar las de ganar, tener algo
prácticamente ganado, tener el
noventa por ciento de probabilidades.

*If you could prove that he wasn't
there at the time he said you
would have nine points of the
law.*

Si consiguieras demostrar que él
no estaba allí a la hora que dijo,
tendrías el asunto prácticamente
ganado.

HAVE ON, TO

1) llevar puesto, llevar encima.

*What did she have on when you
saw her?*

¿Cómo iba vestida cuando la
viste?

2) engañar.

Are you trying to have me on?
(sl.).

¿Acaso tratas de engañarme?

HAVE ON THE CARPET, TO

1) tener en estudio, tener sobre el
tapete.

*The committee has a new social
insurance scheme on the carpet.*

El comité tiene en estudio un nuevo régimen de seguros sociales.

2) echar una reprimenda, dar un
rapapolvo.

*I had him on the carpet in my
office and he promised not to do
it again.*

Le di un rapapolvo en mi des-

pacho y me prometió no volverlo
a hacer.

HAVE ONE'S BACK TO THE WALL, TO

hallarse en una situación crítica,
estar acorralado, acosado por todas partes.

*John has his back to the wall
now; if he loses this case his career is finished.*

Juan está en una situación crítica: como pierda este asunto, su
carrera podrá darse por terminada.

HAVE ONE'S EAR, TO

tener ascendiente sobre una persona, tener influencia con alguien.

*I have the ear of the director and
might be able to say a few words
on your behalf.*

Tengo influencia con el director y
quizá pueda decirle unas palabras
en tu favor.

HAVE ONE'S FACE LIFTED, TO

1) someterse a una operación de
cirugía estética.

*After having her face lifted she
looked ten years younger.*

Después de la operación de cirugía estética que le hicieron para
quitarle las arrugas, aparentaba
diez años menos.

2) renovar, remozar, mejorar de
aspecto.

*A coat of paint gave our house a
face-lifting.*

Después de haberle dado una capa de pintura, nuestra casa ha
mejorado mucho de aspecto.

HAVE ONE'S HANDS FULL, TO

tener mucho trabajo, estar muy
ocupado.

*Believe me, with all these kids I
have my hands full.*

Créame, con tanto chiquillo no
me falta trabajo.

HAVE ONE'S HEART IN ONE'S MOUTH, TO

tener el alma pendiente de un hilo,
tener el corazón en un puño, estar muerto de miedo.

*When I asked for the raise I had
my heart in my mouth.*

Cuando pedí el aumento de sueldo, tenía el corazón en un puño.

HAVE ONE'S NUMBER, TO (sl.)

saber de qué pie cojea uno, conocer bien a una persona, calar
a uno.

*After a few deals with him I have
his number: he is not to be
trusted.*

Después de hacer unos cuantos
negocios con él, lo he calado: no
es de confianza.

HAVE ONE'S OWN WAY, TO.

Véase HAVE ONE'S WAY,
TO.

HAVE ONE'S SAY, TO

dar su opinión, echar su cuarto a
espadas, decir uno la suya.

I cannot decide till my wife has had her say.

No puedo decir nada hasta que mi mujer haya dado su opinión.

HAVE ONE'S SHARE, TO

1) recibir lo que a uno le corresponde.

He's had his share. What more does he want?

Ya tiene lo que le corresponde. ¿Qué más quiere?

2) pasar lo suyo.

Talking about troubles Henry has also had his share.

Ya que hablamos de dificultades, Enrique también ha pasado lo suyo.

HAVE ONE'S TONGUE IN ONE'S CHEEK, TO

Véase TALK WITH ONE'S TONGUE, etc.

HAVE ONE'S WAY, TO

dejarle a uno hacer algo, poder hacer algo, salirse uno con la suya.

If I had my way everybody would arrive on time.

Si me dejaran hacer a mí, todo el mundo llegaría a la hora.

HAVE SOMETHING IN ONE'S MIND, TO

estar preocupado por algo.

It looks to me as though John had something in his mind all these days.

Tengo la impresión de que Juan está preocupado estos días.

HAVE THE BEST OF TWO WORLDS, TO

tener ventajas por ambas partes, beneficiarse por partida doble, tenerlo todo.

Having got a raise and being sent to a country of lower cost of living I am having the best of two worlds.

Con más sueldo y destinado a un país de bajo coste de vida, me beneficio por partida doble.

You can't have the best of two worlds.

En este mundo no se puede tener todo.

HAVE THE BEST TIME OF ONE'S LIFE, TO

pasarlo como nunca, vivir momentos inolvidables, divertirse de lo lindo.

The children are having the time of their lives with the toys you bought them.

Los chicos se están divirtiendo de lo lindo con los juguetes que les compraste.

HAVE THE BLUES, TO (sl.)

sentir morriña, estar deprimido, estar triste.

Dont't talk to him. He's got the blues today.

No le hables. Tiene un día tristón.

HAVE THE EDGE ON, TO

superar ligeramente, llevar ventaja, ganar.

They are both good players but I think that John has the edge on Paul.

Los dos son buenos jugadores, pero creo que Juan supera ligeramente a Pablo.

HAVE THE UPPER HAND, TO

dominar la situación, tener la sartén por el mango.

Henry had the upper hand throughout the match.

Enrique dominó durante todo el partido.

HAVE TO DO WITH, TO

tener que ver con, tener relación con.

Ask him. I have nothing to do with it.

Pregúntaselo a él. Yo no tengo nada que ver con eso.

HAVE TO SPARE, TO

tener de sobra.

Don't worry about the hill. This car has power to spare.

No te preocupes por la cuesta. A este coche le sobra potencia.

HAVE UNDER ONE'S THUMB, TO

tener dominado.

He brags about his independence but really his wife has him under her thumb.

Presume de independiente, pero la verdad es que su mujer lo tiene dominado.

HAVE VISIONS OF, TO

verse, imaginarse, tener visiones.

When you said that you would come very early I had visions of getting up at 6 o'clock.

Cuando dijiste que vendrías muy temprano, ya me veía levantándome a las seis.

Ann claims that she has had several heavenly visions.

Ana sostiene que en diversas ocasiones ha tenido apariciones celestiales.

HAVE... WILL...

(Estructura habitual del anuncio por palabras insertado por un viajante de comercio que ofrece sus servicios: «Have car, will travel», es decir: «Tengo coche y estaría dispuesto a viajar». La fórmula se parodia a veces, en otras ocasiones, con sentido satírico.)

If your friend the gangster doesn't seem to be doing so well these days he always can place a «Have gun, will travel» ad in a newspaper.

Si a tu amigo el gángster no le van demasiado bien las cosas, siempre tiene el recurso de poner este anuncio en un periódico: «Dispongo de pistola propia y estaría dispuesto a viajar».

HAVES AND HAVE-NOTS

ricos y pobres, las clases acomodadas y las económicamente débiles, los países prósperos y los dotados de pocos recursos.

Politics center mainly on the eternal quarrel of the haves and the have-nots.

Fundamentalmente, la política suele girar en torno del eterno conflicto entre ricos y pobres.

HAWKS AND DOVES

belicistas y pacifistas, «halcones» y «palomas».

The foreign policy of the Government reflects the struggle between hawks and doves in the Cabinet.

La política exterior del gobierno es la expresión de la lucha entre ministros belicistas y pacifistas.

HE LAUGHS BEST WHO LAUGHS LAST

al freír será el reír, ya veremos quién se ríe el último.

You may tease me as much as you like for wishing to stay home and study but he laughs best who laughs last.

Puedes tomarme el pelo cuanto quieras por quedarme a estudiar, pero ya veremos a la larga quién se ríe más a gusto.

HE WHO IS FOUND WITH THE CROWS IS SURE TO BE SHOT. Véase IF YOU ARE FOUND, etc.

HE WHO PAYS THE PIPER CALLS THE TUNE

Quien paga, manda.

HEAD AND SHOULDERS ABOVE

francamente superior, que aventaja en mucho.

Arthur is a good player but his brother is head and shoulders above him.

Arturo es un buen jugador, pero su hermano le da quince y raya.

HEAD FIRST

de cabeza.

He plunged into the water head first.

Se echó al agua de cabeza.

HEAD ON

de frente.

The two cars collided head-on.

Los dos coches chocaron de frente.

HEAD OVER HEELS

1) hasta el cuello, por todas partes.

Henry was heed over heels in debt when I last saw him.

La última vez que vi a Enrique, estaba de deudas hasta el cuello.

2) totalmente, perdidamente.

John is head over heels in love with Laura.

Juan está perdidamente enamorado de Laura.

3) de bruces, boca abajo.

The baby fell head over heels down the stairs.

El niño se cayó de bruces en la escalera.

HEADS OR TAILS?

¿Cara o cruz?

Heads you win, tails I do.

Si sale cara, ganas tú; si cruz, gano yo.

HEART OF THE MATTER, THE

el fondo del asunto, la raíz del problema, el quid de la cuestión, la sustancia, el meollo, el hueso de la fruta.

What you say is very important, but the heart of the matter is the productivity of the individual worker.

Lo que dices es muy importante, pero el fondo de la cuestión reside en la productividad del trabajador.

HEAVY DUTY

muy fuerte (resistente, sólido), pesado, de batalla.

I'll have to get myself a pair of heavy-duty gloves for my gardening.

Tendré que comprarme un par de guantes recios para mis trabajos de jardinería.

HELP OUT, TO

1) ayudar a salir.

I always help my grandmother out of the car.

Siempre ayudo a mi abuela a salir del coche.

2) sacar de un apuro, ayudar.

He asked me if we could help him out with a loan.

Me preguntó si podíamos sacarle del apuro haciéndole un préstamo.

HERE WE GO (AGAIN)! Véase TO BE AT IT AGAIN.

HERE YOU ARE

1) ahí lo tiene usted, ahí está.

"Don't you have flannel pyjamas?"

"Yes, sir. Here you are."

—¿Tienen pijamas de franela?

—Sí, señor. Ahí están.

2) tome usted.

"Will you pass me the salt, please?"

"Here you are."

—¿Me hace el favor de pasarme la sal?

—Ahí la tiene usted.

HIDE ONE'S LIGHT UNDER A BUSHEL, TO

ser modesto, ocultar las cualidades personales.

That was a splendid performance! I can see you have been hiding your light under a bushel.

¡Estuviste magnífico! Veo que te gusta llevar tus habilidades muy escondidas.

HIGH AND DRY

sin recursos, sin un céntimo.

With his death his family has been left high and dry.

Con su muerte la familia se ha quedado sin un céntimo.

HIGH AND LOW

de arriba abajo, por todas partes.

I searched high and low for your wallet but couldn't find it.

Busqué por todas partes tu cartera, pero no la encontré.

HIGH AND MIGHTY

altanero, arrogante, engreído, envanecido, infatuado.

George is acting very high and mighty since he bought his last car.

Jorge se da mucha importancia desde que se compró el coche nuevo.

HIGH PLACES

las altas esferas.

According to rumors prevailing in high places the President will resign to-morrow.

Según los rumores que circulan en las altas esferas, el presidente presentará su dimisión mañana.

HIGH-BROW

intelectual, persona cultivada.

Usually one can tell high-brows by the newspapers they read.

En general, es posible distinguir a los intelectuales por los periódicos que leen.

HIGHER EDUCATION

estudios universitarios, enseñanza superior.

For someone who has not had the benefit of higher education, Arthur's knowledge of electronics is astonishing.

Teniendo en cuenta que Arturo no ha cursado estudios universitarios, sus conocimientos de electrónica resultan asombrosos.

HIS BARK IS WORSE THAN HIS BITE

Perro ladrador, poco mordedor.

HIT A SNAG, TO

surgir un obstáculo imprevisto, sufrir un contratiempo, tener un percance, topar con un escollo.

Even though you plan everything carefully you can still hit a snag.

Aunque se planeen las cosas detenidamente, siempre puede surgir un obstáculo imprevisto.

HIT AND MISS

al (o al buen) tuntún, a bulto, por las buenas.

It took her five minutes to tidy the house, her usual hit and miss way of doing things.

Tardó cinco minutos en arreglar la casa, de acuerdo con su manera de hacer las cosas al tuntún.

HIT OR MISS

cuestión de suerte, que tanto puede salir bien como mal, que no se sabe cómo saldrá.

Stock exchange investments are usually a hit or miss proposition.

Las inversiones de Bolsa son generalmente una cuestión de suerte.

HIT AND RUN DRIVER, A

conductor que se da a la fuga después de cometer un delito.

A group of persons surrounded an old man lying on the road, the victim of a hit-and-run driver.

Un grupo de personas rodeaba a un anciano tendido en la carretera, víctima de un automovilista que se había dado a la fuga.

HIT BELOW THE BELT, TO

dar un golpe bajo, hacer una jugada sucia.

Our enemies dealt us a blow below the belt by attacking us before war was declared.

Nuestros enemigos nos infligieron un golpe bajo al atacarnos sin habernos declarado la guerra.

HIT IT OFF, TO

congeniar, entenderse bien, hacer buenas migas.

"How do you like your new neighbours?"

"We hit it off beautifully."

—¿Qué tal son tus nuevos vecinos?

—Nos entendemos a las mil maravillas.

HIT THE CEILING, TO (sl.)

montar en cólera, enojarse, perder los estribos, ponerse como una fiera.

When I told him my terms he hit the ceiling.

Cuando le expuse mis condiciones, se puso como una fiera.

HIT THE HAY, TO (sl.)

irse a la cama.

I stayed up late last night, so I'm going to hit the hay right now.

Como anoche me acosté tarde, me voy a la cama ahora mismo.

HIT THE JACKPOT, TO (sl.)

sacar el premio gordo, tocarle a uno el gordo.

They really hit the jackpot when they bought the house. Now it's worth twice as much.

Realmente les tocó la lotería al comprar la casa: ahora vale el doble.

HIT THE NAIL ON THE HEAD, TO

dar en el clavo, acertar.

You have hit the nail on the head, that is exactly what I'm trying to say.

Diste en el clavo; eso es precisamente lo que trataba de decir.

HODGE-PODGE, A

revoltijo, ensalada, cajón de sastre, baturrillo, batiburrillo.

His philosophy is just a hodge-podge of occult theories, oriental religious notions and superstition.

Su filosofía no es más que un revoltijo de teorías ocultistas, conceptos religiosos orientales y supersticiones.

HOLD AT BAY, TO

tener a raya, contener.

They outnumbered us but we were able to hold them at bay.

Eran más que nosotros, pero pudimos tenerlos a raya.

HOLD CHEAP, TO

tener en poco.

Watch out better when crossing the street. You should not hold your life so cheap.

Lleva más cuidado al cruzar la calle. No debes tener tu vida en tan poca estima.

HOLD GOOD, TO

seguir en pie, estar vigente, regir, mantenerse.

I hope his promise will hold good.

Confío en que mantendrá su promesa.

HOLD IT!

¡alto!, ¡un momento!, ¡quietos!

Hold it! I have a better idea.

¡Un momento! Se me ocurre una idea mejor.

HOLD STILL, TO

no moverse, callar.

Hold still while I call for help.

No te muevas, voy a pedir ayuda.

HOLD THE BAG, TO

cargar con el mochuelo, pagar el pato.

After breaking the window Pedro ran away and left me holding the bag.

Después de romper la ventana, Pedro echó a correr dejando que yo cargara con el mochuelo.

HOLD-UP, A

atraco.

There was a hold-up at the bank yesterday.

Ayer hubo un atraco en el banco.

HOLD WATER, TO

ser lógico, resistir la crítica.

His argument doesn't hold water.

Su argumento es insostenible en buena lógica.

HOLD WITH THE HARE AND RUN WITH THE HOUNDS, TO. Véase RUN WITH THE HARE, etc.

HOLE IN THE WALL, A (sl.)

cuchitril, tabuco, zaquizamí.

You call this an office? It's just a hole in the wall.

¿A esto llamas una oficina? No es más que un cuchitril.

HOME STRETCH, THE

la recta final, la última etapa.

While trying not to trail too much behind the other runners, John thought it best to reserve his energies for the home stretch.

Si bien trataba de no retrasarse demasiado de los demás corredores, Juan pensó que lo mejor era reservar sus energías para la recta final.

As the campaing runners move into the home stretch the field of possible winners is narrowing down.

A medida que los candidatos van tomando posiciones en la última etapa de la campaña electoral se va reduciendo el número de los posibles vencedores.

HONOUR A CONTRACT, TO

cumplir un contrato, atenerse a lo pactado.

If he doesn't honour the contract I'll be obliged to take him to court.

Como no cumpla el contrato, me veré obligado a llevarle a los tribunales.

HONOUR A CHEQUE, TO

aceptar, pagar un cheque.

They told me at the bank that the cheque had not been honoured for lack of funds.

En el banco me dijeron que no habían pagado el cheque por falta de fondos.

HONOUR AND PRIVILEGE, THE

el honor.

I have the honour and privilege to introduce our speaker for this evening, Mr. Peabody.

Tengo el honor de presentarles a nuestro orador de esta noche, el señor Peabody.

HOOK, LINE AND SINKER

enteramente, completamente, a pies juntillas.

Being a gullible person he accepted my incredible story hook, line and sinker.

Como es un ingenuo, aceptó mis inverosímiles explicaciones sin la menor vacilación.

HOPE IS POOR MAN'S BREAD

El pobre vive de esperanzas. De ilusión también se vive.

HOPE SPRINGS ETERNAL

La esperanza es lo último que se pierde.

HOPELESS CASE, A

cosa que no tiene remedio, caso perdido.

Let it be. It's a hopeless case.

Déjalo. Es un caso perdido.

HORSE-SENSE (sl.)

sentido común, sentido práctico.

She doesn't have much education but has good horse-sense.

No es muy culta, pero tiene mucho sentido común.

HOT AIR

palabrería, palabras vacías.

I can't be bothered to go to political meetings. All speakers are full of hot air.

No me interesan las reuniones políticas. No se escuchan más que palabras vacías.

HOT LINE, A

línea directa o hilo directo, línea telefónica privada.

The hot line between Washington and Moscow means that man has not yet lost his faith in discussion.

El teléfono directo instalado entre Washington y Moscú significa que el hombre no ha perdido todavía la fe en el diálogo.

HOUSE OF CARDS, A
castillo de naipes.

His projects have collapsed like a house of cards.

Sus proyectos se han venido abajo como un castillo de naipes.

HOUSEWARMING PARTY, A
fiesta ofrecida para celebrar la inauguración de un nuevo domicilio.

My wife wants to give our housewarming party on New Year's eve.

Mi mujer quiere dar una fiesta la vigilia de año nuevo para celebrar la inauguración de nuestro nuevo domicilio.

HOW ABOUT THAT?
¿qué le parece?, ¿qué me dice?

We could have lunch now and then talk it over at my home. How about that?

Te propongo que almorcemos ahora y después terminaremos de discutir el asunto en mi casa. ¿Qué te parece?

HOW ARE YOU DOING?
¿cómo te va?, ¿cómo te las arreglas?

How are you doing? They tell me your wife has had twins.

¿Cómo te va? Me han dicho que tu mujer ha tenido gemelos.

HOW COME?
¿cómo se explica?, ¿cómo es eso?, ¿por qué motivo?

How come you didn't come yesterday?

¿Cómo no viniste ayer?

HOW DO YOU DO?
¿cómo está usted?; encantado de conocerle.

«*This is Mr. González.*»
«*How do you do, Mr. González?*»

—Le presento al señor González.
—Encantado de conocerle.

HOW DO YOU LIKE...?
¿qué le parece...?, ¿le gusta...?

«*How do you like Montreal?*»
«*I like it very much.*»

—¿Qué le parece Montreal?
—Me gusta mucho.

HOW DOES IT GRAB YOU? (sl.)
¿qué te parece?, ¿qué opinas?, ¿te gusta?, ¿te apetece?

John has invited us to the opera tomorrow. How does it grab you?

Juan nos invita a la ópera mañana. ¿Te apetece?

HOW ELSE...?
¿cómo, si no?, sólo así puede explicarse.

They must have inherited a lot of money, or how else could they afford this house?

La herencia debe de haber sido muy importante. ¿Cómo, si no, podrían tener esta casa?

HOW ON EARTH...
¿cómo diablos?, ¿cómo es posible que?

How on earth did you get the idea of coming in this downpour?

¿Cómo diablos se te ha ocurrido venir con este aguacero?

HOWEVER IT MAY BE

sea como fuere.

I think we had two or three drinks... Well, however it may be, we felt quite happy.

Creo que tomamos dos o tres copas... Bueno, sea como fuere, estábamos muy contentos.

HUNGER IS GOOD KITCHEN (or THE BEST SAUCE)

A buen hambre, no hay pan duro. El hambre es la mejor salsa del mundo.

HUNT WITH THE HOUNDS AND RUN WITH THE HARE, TO. Véase RUN WITH THE HARE, etc.

HURRY BACK, TO

apresurarse a volver, volver en seguida.

You may go buy cigarettes before dinner but hurry back.

Puedes ir a comprar cigarrillos antes de cenar, pero vuelve en seguida.

HURRY UP, TO

apresurarse, darse prisa.

Hurry up or we'll miss the train.

Date prisa o perderemos el tren.

HURT ONE'S FEELINGS, TO

ofender, molestar, zaherir.

I should be sorry if I hurt your feelings because I meant well.

Sentiría haberlo molestado. Lo he dicho con la mejor intención.

HUSH UP, TO

acallar, tapar, ahogar, silenciar.

His family tried to hush up the scandal, but it was too late.

Su familia trató de acallar el escándalo, pero era ya demasiado tarde.

I

I BEG YOUR PARDON

1) usted perdone, dispénseme.

«*I'm afraid you've got the wrong number.*»

«*I beg your pardon.*»

—Se ha equivocado usted de número.

—Usted perdone.

2) ¿qué dice usted?, ¿cómo dice usted?

I beg your pardon? Would you mind repeating the question?

¿Cómo dice usted? Le ruego me repita la pregunta.

I CANNOT MAKE HEAD OR TAIL OF IT

no consigo sacer nada en claro (en limpio).

In spite that he has explained it to me several times I cannot make head or tail of it.

Aunque me lo ha explicado varias veces, no consigo sacar en claro lo que quiere decir.

I CAN'T STAND THE SIGHT OF HIM

no puedo verlo ni en pintura, su presencia me molesta.

Please don't invite Albert to your dinner party because I can't stand the sight of him.

Hazme el favor de no invitar a Alberto a tu cena; no puedo verlo ni en pintura.

I CAN'T WAIT UNTIL

estoy impaciente por, me muero de ganas de, ardo en deseos de.

I'm so sick of winter that I can't wait until spring comes.

Estoy tan harto del invierno, que me muero de ganas de que llegue la primavera.

I COULDN'T CARE LESS

me tiene absolutamente sin cuidado, no me importa lo más mínimo.

I have another job in sight so I couldn't care less if I get fired from this firm.

Como tengo otro empleo en perspectiva, me trae absolutamente sin cuidado que me despidan de esta empresa.

I DARE YOU TO DO IT!

¡a que no!, ¡a ver si te atreves!

«*Somebody should tell José to be more punctual.*»

«*I dare you to do it!*»

—Alguien debería decirle a José que tiene que ser más puntual.

—¿A que no eres capaz de decírselo?

I DON'T MIND IF I DO

sí, gracias; ya que es usted tan amable; no le digo que no.

«*Would you like a cup of tea?*»

«*I don't mind if I do.*»

—¿Quiere usted una taza de té?

—Bueno, no le digo que no.

I, FOR ONE

personalmente, yo soy de los que, yo me cuento entre los que.

I do not yet know the opinion of my colleagues but I, for one prefer the first of the two alternatives.

No conozco todavía la opinión de mis colegas, pero personalmente prefiero la primera de las dos soluciones.

I HIGHLY SUSPECT. Véase I STRONGLY SUSPECT.

I KNOW (CAN TELL) A... WHEN I SEE ONE

conozco perfectamente a los..., sé muy bien lo que es un...

Don't have any deals with him. I know a con man when I see one.

No tengas el menor trato con él. Te aseguro que es un estafador.

I SAY

1) oye, escucha.

I say, do you know what Olga has just told me?

Oye, ¿sabes lo que me acaba de decir Olga?

2) ¡Caramba!, ¡mira por dónde!, ¡vaya, vaya!

I say! We certainly got elegant tonight.

¡Caramba, qué elegante nos hemos puesto esta noche!

I SHOULD HOPE SO!

¡es lo menos que se podía esperar!, ¡ya era hora!, ¡no faltaría más!

«*So he's paid you back after all these years.*»

«*I should jolly well hope so!*»

—¿De modo que te ha pagado después de tantos años?

—Ya era hora, ¿no?

I SHOULD THINK SO

así lo creo, supongo que sí.

«*Are your parents coming to dinner?*»

«*I should think so.*»

—¿Vienen tus padres a cenar?

—Así lo creo.

I STRONGLY SUSPECT

mucho me parece, me temo.

I strongly suspect we've been deceived.

Mucho me temo que nos han engañado.

I TAKE IT THAT

supongo, tengo entendido que.

I take it that you are not friends with Mary any longer.

Tengo entendido que Mary y tú ya no sois amigos.

I WASN'T BORN YESTERDAY

no soy un niño, ya soy mayorcito, no soy ningún tonto.

I know how to handle this affair, don't you worry. After all, I wasn't born yesterday.

Sé como llevar este asunto, no te preocupes. Al fin y al cabo, no soy ningún niño.

I WOULD RATHER...

preferiría.

We can go for a walk if you want but I would rather watch television.

Podemos dar un paseo si quieres, pero preferiría ver la televisión.

I WOULDN'T KNOW

no se lo puedo decir, lo ignoro.

«Is this the train that goes all the way across Canada without stopping?»

«I wouldn't know, I've been here only a week.»

—¿Es éste el tren que atraviesa todo el Canadá sin detenerse?

—No se lo puedo decir: sólo llevo aquí una semana.

I WOULDN'T PUT IT PAST HIM

no pondría la mano en el fuego (por él), no me extrañaría que, no

estoy seguro de que no, le creo perfectamente capaz.

He claims not to know these people but I wouldn't put it past him to be acting in league with them.

Pretende no conocer a esta gente, pero no me extrañaría nada que se hubiera puesto de acuerdo con ellos.

ICING ON THE CAKE (GINGERBREAD), THE

gracia, atractivo de algo, incentivo.

The delegates were told no allowances would be paid for travelling to the conference and this took the icing off the cake.

Se les dijo a los delegados que no se les abonarían gastos de viaje para acudir a la conferencia, con lo que el asunto perdió gran parte de su atractivo.

IF ANY

si los hubiere, cuando exista, en su caso; por no decir ninguno.

The list will be displayed during a week, which will be the period allowed to lodge the complaints, if any.

La relación se hallará expuesta por espacio de una semana, que será el plazo concedido para presentar las reclamaciones, si las hubiere.

Your suggestions, if any, should be made in writing to the director.

En caso de que quieran hacer alguna sugerencia, deberán dirigirlas por escrito al director.

Unsold items, if any, will be given to charities.

Suponiendo que quede algún objeto sin vender, se entregará a la beneficencia.

His contribution is going to be very little, if any.

Su aportación, si acaso, será muy pequeña.

Married candidates shall specify name of wife and number of children, if any.

Los aspirantes casados deberán indicar el nombre de la esposa y el número de hijos en su caso.

IF AT ALL

si es que, suponiendo que.

I doubt whether she sees him once a year, if at all.

Dudo de que lo vea más de una vez al año, si es que lo ve alguna.

IF EVER

1) por no decir nunca.

He seldom, if ever, confides in anyone.

Raras veces, por no decir nunca, confía en una persona.

2) si, si alguna vez, si por un momento.

If you ever change your mind, just let me know.

Si se te ocurre cambiar de opinión, no tienes más que decírmelo.

IF EVER THERE WAS ONE

si los hay, de marca mayor, el mayor que se ha visto.

John is a lier, if ever there was one.

Juan es un mentiroso de marca mayor.

They are gay and suffer from that incurable desease, joie de vivre, a benediction if ever there was one.

Son alegres y padecen una enfermedad incurable, la *joie de vivre,* que no puede menos de considerarse como la mayor de las bendiciones.

IF HE (SHE) IS A DAY

por lo menos, más los que anduvo a gatas.

He is twenty-seven, if he is a day.

Te aseguro que no tiene menos de veintisiete años.

IF I WERE YOU

yo de usted, yo en su lugar.

I know it is an attractive proposition but if I were you I would not accept it. It's too risky.

Ya sé que es una propuesta atractiva, pero yo (en tu lugar) no la aceptaría. Es demasiado peligrosa.

IF IT ISN'T...!

¡pero si es (son)...!

«*If it isn't John! What a surprise! I hadn't seen him for ages.*»

—¡Pero si es Juan! ¡Qué alegría! Hacía siglos que no le veía.

IF MY MEMORY SERVES ME RIGHT

si la memoria no me falla, si recuerdo bien.

Just a moment. If my memory serves me right, you and I saw military service together in 1940.

Un momento. Si la memoria no me falla, usted y yo hicimos juntos el servicio militar en 1940.

IF ONLY

1) con tal que, si por lo menos.

If only he could get a job his life would be so different.

Si, por lo menos, consiguiera un empleo su vida sería muy diferente.

2) aunque sólo fuera, siquiera.

You ought to call on your grandmother occasionally, if only to say hullo.

Deberías visitar a tu abuela de vez en cuando, aunque sólo fuera para saludarla.

En las frases admirativas la función de «only» estriba precisamente en indicar o reforzar dicho carácter, por lo que su traducción puede omitirse:

If you only knew!

¡Si lo supieras!

IF YOU ARE FOUND WITH THE CROWS YOU ARE SURE TO BE SHOT

El que no quiera balazos que no vaya a la guerra.

IF YOU WANT TO KNOW

si quieres que te diga la verdad.

The show is supposed to be very modern but, if you want to know, I wasn't very much impressed.

La exposición pretende ser muy moderna, pero, si quieres que te diga la verdad, no me impresionó demasiado.

IFS AND BUTS

peros, condiciones, reservas, pegas.

I don't think we'll ever close the deal. He's adding too many ifs and buts.

Yo creo que este negocio no se realizará nunca. Está poniendo demasiadas pegas.

ILL AT EASE

incómodo, violento, intranquilo, nervioso, que no está a gusto.

I don't know why, but I feel ill at ease in his home.

No sé por qué, pero no me siento a gusto en su casa.

I'LL BE HANGED (IF)...!

1) ¡que me maten si lo entiendo!, ¡habráse visto!, ¡increíble!

I'll be hanged! This bloke just had his twentieth beer.

Es asombroso. Este tipo acaba de tomarse la cerveza que hace el número veinte.

2) ni por asomo, que te crees tú eso, ni hablar, ni por pienso, ni que me maten.

Am I going to lend you money again? I'll be hanged if I do.

¿Que te preste dinero otra vez? Ni que me maten.

I'LL EAT MY HAT

Este tipo de apuesta no es realmente típico del temperamento español, por lo que será preferible traducirla por una frase menos expresiva, pero que causa menos extrañeza. Literalmente: «Me comeré el sombrero» (se entiende, si no gano la apuesta).

me apuesto lo que quieras.

If she doesn't have a boy-friend I'll eat my hat.

Me apuesto lo que quieras a que ya tiene novio.

I'LL SEE YOU LATER

Hasta luego.

I must go to the office now. I'll see you later.

Me marcho a la oficina. Hasta luego.

I'LL TELL YOU SOMETHING

oye lo que voy a decirte, escúchame bien, no olvides esto.

I'll tell you something! If you don't leave at once I shall throw you out.

Oye lo que voy a decirte: ¡como no te marches en seguida, te echaré!

I'LL TELL YOU WHAT

¿sabes lo que te digo?, ¿sabes lo que vamos a hacer?, te lo voy a decir; pues mira.

Don't know what to do? I'll tell you what. Go to the police and tell them you've been swindled.

¿No sabes qué hacer? Te lo voy a decir. Vete a la policía y denúncialos por estafa.

I'M GAME

por mí, de acuerdo; estoy dispuesto, me apunto, cuenten conmigo.

«It's two o'clock. Shall we play another round?»

«I'm game».

—Son ya las dos. ¿Jugamos otra mano?

—Por mí, encantado.

I'M TELLING YOU

lo que le digo, le aseguro que, créame.

I'm telling you, it was no easy task convincing him.

No fue cosa fácil convencerlo, créame.

IN A BLIND MAN'S COUNTRY THE ONE EYED IS KING

En el país de los ciegos, el tuerto es rey.

IN A BODY

juntos, al mismo tiempo, en tropel, en comitiva, en corporación, todos a una.

The members of the Club went in a body to the secretary and complained.

Los socios del club fueron en comitiva a quejarse al secretario.

IN A BROWN STUDY

ensimismado, absorto en sus pensamientos, abstraído.

When I finished my tale he fell into a brown study and was silent for a long time.

Al terminar mi relato, se quedó ensimismado y permaneció un buen rato en silencio.

IN A JAM (sl.) Véase BE IN HOT WATER, TO.

IN A JIFFY (sl.)

en un periquete, en un santiamén, en un abrir y cerrar de ojos, en menos que canta un gallo, en un instante.

Dinner will be ready in a jiffy.

La cena estará lista en un instante.

IN A LITTLE WHILE

dentro de un momento, muy pronto, en un momentito.

Please sit down. The doctor said that he would be here in a little while.

Siéntese, por favor. El doctor dijo que llegaría dentro de un momento.

IN A MO. Véase IN A JIFFY.

IN A NUTSHELL

en pocas palabras, brevemente, en resumen.

To put the matter in a nutshell, you are a failure.

Te lo diré en pocas palabras: eres un perfecto desastre.

IN A SEC (or TICK). Véase IN A JIFFY.

IN A WAY

hasta cierto punto, en cierto modo.

In a way, it's cheaper to hire a car than to buy it.

En cierto modo, resulta más barato alquilar un coche cada vez que se necesita, que comprarlo.

IN APPLE-PIE ORDER

en perfecto orden.

Within a week of buying it she had the house in apple-pie order.

A la semana de haberla comprado, tenía la casa en perfecto orden.

IN BLACK AND WHITE

por escrito, escrito con todas las letras.

I can't say anything about your proposal unless I see it in black and white.

No puedo decirles nada sobre su propuesta si no la veo por escrito.

IN BROAD DAYLIGHT

en pleno día, a plena luz del día.

The hold-up happened in broad daylight.

El atraco se cometió a plena luz del día.

IN COURSE OF TIME. Véase IN PROCESS OF TIME.

IN DOING SO

con ello, con lo que, gracias a eso, de esta manera; para ello.

Because of his illness he had to resign from the leadership of the party and in doing so he missed his last chance to become President.

Debido a su enfermedad tuvo que renunciar a la jefatura del partido y con ello perdió la última oportunidad de llegar a presidente.

Stock market players are constantly trying to determine the trends that will prevail in the near future. In doing so they must consider many economic factors.

Los que juegan a la bolsa tratan constantemente de determinar las tendencias que imperarán en un futuro próximo. Para ello, deben tener en cuenta muchos factores económicos.

IN DUE COURSE

a su debido tiempo, oportunamente, más adelante, en su día.

You'll receive further information in due course.

A su debido tiempo se le remitirán más detalles.

IN EARNEST

en serio, de verdad.

I shall have to punish you in earnest if you don't learn to obey me.

Si no aprendes a obedecerme, tendré que castigarte en serio.

IN FORCE

1) en vigor, vigente.

According to the regulations in force you are not allowed to take any money out of the country.

Según las disposiciones vigentes, no se puede sacar dinero del país.

2) en masa, en pleno, con todas las fuerzas.

Our party turned out in force to vote.

Nuestro partido votó en masa.

IN FULL SWING

a toda marcha, a pleno rendimiento, en plena actividad, en su apogeo.

The opera season is in full swing.

La temporada de ópera se halla en su apogeo.

IN HAND

1) adelantado, en marcha.

The plans for the exhibition are well in hand.

Los planes para la exposición están muy adelantados.

2) en su poder, en caja, en existencia.

The club has a balance of $ 1.000 in hand.

El club tiene mil dólares en caja.

IN HIGH SPIRITS

muy animado, de muy buen humor.

I left the party in high spirits.

Salí de la fiesta de muy buen humor.

IN MY BOOKS

en mi concepto, a mi modo de ver, a mi juicio.

In my books there are worse things than being ugly.

A mi juicio, hay cosas peores que ser feo.

IN NO TIME

en un instante, en seguida.

Your dinner will be ready in no time.

Tu cena estará preparada en seguida.

IN ONE BREATH. Véase ALL IN ONE (THE SAME) BREATH.

IN PLAIN ENGLISH

dicho claramente, hablando en plata, lisa y llanamente.

I have an excess of liabilities over assets which means in plain English that I am broke.

Mi pasivo supera el activo, lo que, lisa y llanamente, significa que estoy arruinado.

IN PROCESS OF TIME

andando el tiempo, con el tiempo.

In process of time people ceased to believe in these ancient myths.

Con el transcurso del tiempo, la gente dejó de creer en esos viejos mitos.

IN SO DOING. Véase IN DOING SO.

IN STORE

1) en perspectiva.

He does not know what a big surprise is in store for him.

No sabe la gran sorpresa que le espera.

2) en existencia, en almacén, en reserva.

I'm not sure we have this item in store.

No estoy seguro de que tengamos existencias de este artículo.

Fortunately no one knows what the future has in store.

Afortunadamente nadie sabe la suerte que el futuro le depara.

IN STYLE

en grande, por todo lo alto, a lo gran señor, con elegancia, a todo tren.

Having made so much money he feels he has to do everything in style.

Después de haber ganado tanto dinero, cree que tiene que hacerlo todo a lo grande.

IN THE AIR

1) en el aire, inseguro, sin concretar.

My plans are in the air for the time being.

Mis planes están todavía en el aire.

2) se rumorea, corren rumores.

It's in the air that we are approaching a reshuffle of the Government.

Se rumorea que se aproxima una reorganización ministerial.

IN THE BLACK

con superávit.

Happily, this year I am going to be in the black.

Afortunadamente, voy a cerrar este año con superávit.

IN THE DEPTH OF WINTER

en pleno invierno, en lo más crudo del invierno.

You'll only need a coat in the depth of the winter.

El abrigo sólo te hará falta en pleno invierno.

IN THE LIGHT OF COLD REASON

en buena lógica, razonando fríamente.

Apparently it seems a very attractive deal but in the light of cold reason you should reject it.

Aparentemente es un asunto muy atractivo, pero, en buena lógica, deberías rechazarlo.

IN THE LIMELIGHT

en primer plano, de actualidad.

He is one of those people who always like to be in the limelight.

Es una de esas personas que quieren ser siempre el centro de la atracción general.

IN THE LONG RUN

a la larga, con el tiempo, más tarde o más temprano, en definitiva.

You should start learning languages. In the long run it's going to benefit you.

Deberías empezar a estudiar idiomas. A la larga, ha de beneficiarte.

IN THE MAIN

en general, en conjunto, en su mayoría.

The English are in the main a friendly race although some individuals are cold, it is true.

Los ingleses son, en su mayoría, gente cordial; aunque, desde luego, haya personas de carácter frío.

IN THE NICK OF TIME

en el último momento, a tiempo, en el momento oportuno, en el momento crítico o preciso.

The firemen were able to rescue the last occupant of the building in the nick of time.

Los bomberos consiguieron salvar al último ocupante del inmueble en el momento crítico.

IN THE PRIME OF LIFE

en la flor de la vida.

President Kennedy was killed when he was in the prime of life.

El presidente Kennedy fue asesinado cuando estaba en la flor de la vida.

IN THE PUBLIC EYE

que es objeto de la atención pública, a la luz pública.

John hates being in the public eye and will never make a good politician.

A Juan le molesta ser objeto de la atención pública. Nunca será un buen político.

This law is intended to apply not only to public servants but also to people in the public eye.

Se pretende que la ley se aplique no sólo a los funcionarios públicos, sino también a todas aquellas personas que han alcanzado la categoría de personajes públicos.

After a very promising start he suddenly disappeared from the public eye.

Tras un comienzo muy prometedor, desapareció repentinamente de la escena pública.

IN THE RAIN

bajo la lluvia.

They could't hear the bell in the house so we had to stand in the rain for a full five minutes.

Los de la casa no podían oír el timbre y tuvimos que permanecer bajo la lluvia durante cinco largos minutos.

IN THE RED

con déficit.

Nobody will buy a business that is permanently in the red.

Nadie comprará un negocio que esté siempre en déficit.

IN THE SUN

al sol; feliz, despreocupado.

Don't stay in the sun too long or you will get sun-troke.

No estéis al sol demasiado tiempo o vais a coger una insolación.

IN THE TWINKLING OF AN EYE

en un abrir y cerrar de ojos.

It all happened in the twinkling of an eye.

Todo ocurrió en un abrir y cerrar de ojos.

IN THE WAKE OF

a raíz de, tras, a continuación de, a consecuencia de.

In the wake of war came disease and famine.

Tras la guerra, vinieron las enfermedades y el hambre.

IN TIME

1) a tiempo.

We came just in time to stop him committing suicide.

Llegamos justo a tiempo para impedir que se suicidara.

2) andando el tiempo, con el tiempo.

In time Lisbon will be as large as New York.

Con el tiempo, Lisboa llegará a ser tan grande como Nueva York.

IN TOKEN OF

como expresión de, como símbolo de, en señal de, como prueba de.

Receive this medal in token of our gratitude.

Acepte esta medalla como prueba de nuestra gratitud.

IN TWO SHAKES OF A DONKEY'S TAIL. Véase IN A JIFFY.

INCH ALONG, TO

avanzar con lentitud, a paso de tortuga.

We inched our way along with other cars coming back from the week-end.

Avanzábamos a paso de tortuga con la caravana de coches que regresaban del fin de semana.

INDIAN GIVER, AN

(Persona que nos pide la devolución de lo que nos había regalado.)

Mary is asking me back the sweater she had given me last term. Some Indian giver!

María me pide el jersey que me había dado el curso pasado. ¡Curiosa manera de regalar! (Santa Rita, Santa Rita, lo que se da no se quita).

INDIAN SUMMER

veranillo de San Martín.

The Indian summer which comes after the first frost of autumn is a beautiful season in Canada.

En el Canadá, el veranillo de San Martín llega después de las primeras heladas de otoño. Son unos días deliciosos.

INS AND OUTS, THE

pormenores, triquiñuelas, interioridades, recovecos.

David will be able to advise you because he knows all the ins and outs of the art.

David podrá aconsejarte, porque conoce todos los pormenores del oficio.

IRON OUT, TO

eliminar, limar (asperezas, dificultades, etc.), allanar, resolver.

I think that if you showed a bit more understanding you could iron out many difficulties.

Creo que si mostraras un poco más de comprensión, podrías resolver muchos problemas.

IS THAT A FACT?

¿Ah, sí?, ¿en serio?, ¿de verdad?

«*My sister just won a huge lottery prize*».

«*Is that a fact?*»

—A mi hermana le ha tocado un premio importante en la lotería.

—¿En serio?

ISN'T IT?

1) ¿verdad?, ¿no es cierto?, ¿no le parece?, ¿eh?

It's very pretty, isn't it?

Es muy bonito, ¿verdad?

2) ¡qué!

Isn't it warm to-night?

¡Qué calor hace esta noche!

ISN'T THAT SOMETHING?

¡fíjate!, ¡qué te parece!, ¡qué maravilla!, ¡es extraordinario!, ¡es fantástico!, ¡qué cosas!

John is going to give up his career as a doctor to become an astronaut. Isn't that something!

Juan va a dejar la carrera de médico para hacerse astronauta. ¡Qué cosas!

IT BEATS ME

1) no tener la menor idea.

«*Do you know where I could find John now?*»

«*Beats me.*»

—¿Sabes dónde podría encontrar a Juan?

—Ni idea.

2) no consigo comprender.

It beats me how they can make so many trips on his salary.

No comprendo que puedan viajar tanto con lo que él gana.

IT FIGURES (sl.)

es de suponer, se comprende, es lógico, me imagino.

It figures that I'm not going to lend him my car, after what happened last time.

Se comprende que no le preste el coche, después de lo que ocurrió la última vez.

IT GOES WITHOUT SAYING

huelga decir, ni que decir tiene, no hay que decir, por supuesto.

John invited everybody for a drink and it goes without saying that we all accepted.

Juan invitó a todo el mundo a tomar una copa, y huelga decir que todos aceptamos.

IT IS A LONG LANE THAT HAS NO TURNING

No hay bien ni mal que cien años dure.

IT IS HIGH TIME

ya es hora.

It was high time for the government to build that road.

Ya era hora de que el Estado construyera esa carretera.

IT IS NO MATTER

no importa, no tiene importancia.

I'd rather have gone to-morrow, but it is no matter. We can as well go to-day.

Hubiese preferido ir mañana, pero podemos ir hoy. No importa.

IT MAKES NO DIFFERENCE

da lo mismo, no importa, es indiferente.

It makes no difference whether you go via Paris or via London.

Da lo mismo que vayas por París que por Londres.

IT NEVER RAINS BUT IT POURS

Las desgracias nunca vienen solas. Siempre llueve sobre mojado. A perro flaco todo son pulgas. Nunca llueve a gusto de todos.

IT TAKES ALL KINDS (TO MAKE A WORLD)

en este mundo hay gente para todo, cada loco con su tema, ¡los hay célebres!

The tickets for taking a trip to the Moon in ten years time were sold out in two hours. It takes all kinds!

Los billetes para ir a la Luna dentro de diez años se agotaron en dos horas. En este mundo hay gente para todo.

IT'S A CINCH (sl.)

no puede fallar, es seguro, es facilísimo, son tortas y pan pintado.

All you have to do is take the money from the drawer in the writing-table and get out by the window. It's a cinch.

Todo lo que tienes que hacer es coger el dinero del cajón del escritorio y salir por la ventana. Está tirado.

IT'S A DEAL

trato hecho, de acuerdo, cerrado el trato, tienes mi palabra.

«Will you take it for $ 1.000?»

«It's a deal.»

—¿Te lo quedas por mil dólares?

—Trato hecho.

IT'S A GOOD ILL THAT COMES ALONE. Véase IT NEVER RAINS, etc.

IT'S A GOOD JOB (or THING) THAT...

menos mal que, por fortuna, es una suerte que.

It's a good job you brought the umbrella because it looks like rain.

Menos mal que has traído el paraguas, pues parece que va a llover.

IT'S A MUST

es obligado, «no te lo pierdas», es de rigor.

If you go to Paris, the Louvre is a must.

Si vas a París, la visita al Louvre es obligada.

IT'S A SHAME

es una lástima, ¡qué pena!

It's a shame that you won't be able to come.

¡Qué pena que no podáis venir!

IT'S A SMALL WORLD

el mundo es un pañuelo, ¡qué pequeño es el mundo!

I just met your cousin from Kansas at the supermarket. It's a small world.

Acabo de encontrarme con tu primo, el de Kansas, en el supermercado. El mundo es un pañuelo.

IT'S ABOUT TIME

ya empieza a ser hora de que.

It's about time to get ready for the theater.

Ya empieza a ser hora de que nos preparemos para ir al teatro.

IT'S ALL IN...

todo depende de...

It's all in the way you look at things.

Todo depende de la actitud que uno adopta ante las cosas.

IT'S BETTER TO WEAR OUT SHOES THAN SHEETS

Vale más gastar en alimentos que en medicinas.

IT'S EASIER SAID THAN DONE

se dice muy pronto; una cosa es decirlo y otra hacerlo; una cosa es predicar y otra dar trigo.

Living in this country on two dollars a day it's easier said than done.

Que en este país se puede vivir con dos dólares diarios está dicho muy pronto.

IT'S EITHER ONE OR THE OTHER

una de dos.

It's either one or the other: you stay or you quit.

Una de dos: o te quedas o te vas.

IT'S GOT SO

las cosas han llegado a un punto.

It's got so I wouldn't know a good show if I saw one.

Las cosas han llegado al extremo de que aunque viera un buen programa no me enteraría.

IT'S NEWS TO ME

ahora me entero, no lo sabía, es la primera vez que lo oigo.

«*Didn't you know that your are not allowed to smoke in the dining room?*»

«*It's news to me*».

—¿No sabes que no está permitido fumar en el comedor?

—Ahora me entero.

IT'S NO USE...

no adelantarás nada, es inútil, pierdes el tiempo, de nada sirve.

It is no use denying it.

No adelantarás nada negándolo.

It's no use that you insist. The answer is no.

Es inútil que insistas. Te he dicho que no.

IT'S THE LAST STRAW WHICH BREAKS THE CAMEL'S BACK

La última gota es la que hace rebosar el vaso.

IT'S THE POT CALLING THE KETTLE BLACK

Dijo la sartén al cazo: quítate allá, que me tiznas. Ver la paja en el ojo ajeno y no ver la viga en el propio.

IT'S TOO BAD

1) Véase IT'S A SHAME.

2) eso no está bien.

It was too bad of you to accept the invitation when you knew you were not able to go.

Hiciste muy mal en aceptar la invitación cuando sabías que no podrías ir.

3) tanto peor.

If you don't want to come, too bad for you.

Si no quieres venir, tú te lo pierdes.

IT'S UP TO YOU

como quieras, tú verás, tú tienes que decidirlo, de ti depende.

It's up to you, whether you come or not but your mother would be happy if you would.

Tú verás si vienes o no; pero tu madre se alegraría de que vinieras.

IT'S YOUR FAULT

la culpa es tuya.

You shouldn't complain because after all it's your own fault.

No debes quejarte: al fin y al cabo, la culpa es tuya.

IT'S YOUR TURN

le toca a usted.

He has done his share of the work. Now it's your turn.

Él ya ha hecho su parte en el trabajo. Ahora le toca a usted.

I'VE SEEN THEM (IT) ALL

en este mundo he visto ya de todo, nada me viene de nuevo, estoy al cabo de la calle.

You could hardly shock me with your gossip. I've seen them all.

Es difícil que tus chismes me escandalicen. He visto ya de todo.

J

JACK OF ALL TRADES MASTER OF NONE

Aprendiz de todo, oficial de nada. Hombre de muchos oficios, pobre seguro.

It is a big mistake to study for too many careers. You become a jack of all trades and a master of none.

Es un gran error estudiar demasiadas cosas: uno acaba sabiendo un poco de todo y un mucho de nada.

JAZZ UP, TO

animar, dar vida, hacer más atractiva una cosa.

The room has many qualities so if you jazz it up with some colourful drapes and modern furniture it can be very attractive.

La habitación reúne condiciones, o sea que si le das un poco de vida con unas cortinas alegres y unos muebles modernos, puede quedar muy atractiva.

JOHNNY-COME-LATELY

recién llegado, de última hora, advenedizo.

The business has been ruined by johnny-come-latelies who have no experience and work for any price.

El negocio está por los suelos por culpa de los advenedizos que no tienen experiencia y trabajan a cualquier precio.

JUMP FROM THE FRYING-PAN INTO THE FIRE, TO

Huir del fuego y caer en las brasas. El remedio es peor que la enfermedad.

JUMP ON THE BANDWAGON, TO. Véase GET ON THE BANDWAGON, TO.

JUMP TO CONCLUSIONS, TO

juzgar a la ligera, sacar una conclusión precipitada, hacer un juicio temerario, pensar lo que no es.

Although Mary goes out a lot, to say that she neglects her children would be jumping to conclusions.

Aunque María sale mucho, sería un juicio temerario decir que no se cuida de sus niños.

JUMP THE GUN, TO

(Alusión al corredor que por impaciencia o precipitación inicia la salida antes de haber sonado el disparo que señala el comienzo de la carrera.)

precipitarse, adelantarse, anticiparse; actuar precipitadamente, salir antes de tiempo.

The Prime minister has jumped the gun in saying that he would not meet the ambassador as the latter has not yet confirmed his visit officially.

El primer ministro se ha precipitado al manifestar que no recibiría al embajador, ya que éste no ha confirmado todavía su visita oficialmente.

JUST ABOUT

poco más o menos, casi.

It's just about time to get dinner ready.

Es casi la hora de que empiece a preparar la cena.

JUST AROUND THE CORNER

1) a la vuelta de la esquina, a dos pasos.

«Can you tell me where is the nearest pharmacy?»

«You just go around the corner and you'll see the sign.»

—¿Puede decirme dónde está la farmacia más próxima?

—A la vuelta de la esquina verá usted el letrero.

2) estar al caer, ser inminente, tener en puertas.

You should be studying much more with your exams around the corner.

Teniendo en puertas los exámenes, deberías estudiar mucho más.

JUST BECAUSE (sl.)

1) porque sí.

I didn't like to have to do it just because.

No me gustó tener que hacerlo porque sí.

2) porque no.

«Why don't you let me do it?»
«Just because.»

—¿Por qué no me dejas hacerlo?
—Porque no.

JUST FANCY THAT

imagínense ustedes, ¿han visto ustedes cosa igual?, ¿qué les parece?

Claude is a terribly bad singer and he is going to appear on the television to-morrow. Just fancy that!

A pesar de lo pésimamente que canta, Claudio aparecerá mañana en televisión. ¿Qué les parece?

JUST IN CASE

por si acaso, por lo que pueda ocurrir.

You'd better take an umbrella, just in case.

Coge el paraguas por si acaso.

K

KEEP A LOW PROFILE, TO

tratar de pasar inadvertido, procurar no sobresalir, adoptar una actitud discreta.

My advise is that you try to keep a low profile at the company until you know your bosses' character.

Mi consejo es que trates de no destacar en la empresa hasta que no conozcas el carácter de tus jefes.

KEEP A PERSON AT ARM'S LENGTH, TO

mantener a una persona a distancia, evitar las familiaridades con una persona.

He is the type who takes advantage of anyone who does not keep him at arm's lenght.

Es una de esas personas que se aprovecha de los que no saben mantenerle a distancia.

KEEP A STIFF UPPER LIP, TO

aguantar el tipo, no desanimarse, afrontar valerosamente, soportar con entereza.

Since childhood I was taught to keep a stiff upper lip in adversity.

Ya de niño me enseñaron a soportar la adversidad con entereza.

KEEP A STRAIGHT FACE, TO

contener la risa, poner cara seria

The Ambassador looked so funny in plus fours and a bowler hat that I couldn't keep my face straight.

El embajador tenía un aspecto tan cómico con sus pantalones de golf y su sombrero hongo, que no pude contener la risa.

KEEP A TAB ON SOMEONE, TO

vigilar, controlar, llevarle la cuenta a uno.

I'm not taking any more drinks, just in case they are keeping a tab on me.

No voy a tomar más copas; no sea que me lleven la cuenta.

KEEP ABREAST OF, TO

estar al corriente, estar al día.

You must read a good paper to keep abreast of international events.

Para estar al corriente de los acontecimientos internacionales hay que leer un buen periódico.

We can't keep abreast of the demand.

No damos abasto a la demanda.

KEEP AN EYE ON, TO

vigilar, no perder de vista.

Will you please keep an eye on the child while I'm out?

¿Quiere vigilar al niño mientras estoy fuera?

KEEP AT IT, TO

perseverar, ser constante, seguir dándole.

Keep at it and someday you'll be the head of the office.

Si perseveras, algún día llegarás a ser el jefe de la oficina.

KEEP BODY AND SOUL TOGETHER, TO

ir viviendo, no pasar hambre.

My husband makes just enough to keep body and soul together.

Mi marido no gana más que para ir tirando.

KEEP COMPANY, TO

1) cortejar, tener relaciones.

My son is keeping company with the butcher's daughter.

Mi hijo tiene relaciones con la hija del carnicero.

2) tener amistades, compañía.

A man is often judged by the company he keeps.

Muchas veces se juzga a los hombres por sus amigos.

3) alternar, relacionarse, hacer vida social.

Now that we have so many children we don't keep much company.

Ahora que tenemos tantos hijos apenas hacemos vida social.

4) hacer compañía, acompañar.

Come and keep me company at the haidresser's.

Ven conmigo a la peluquería y me harás compañía.

KEEP COOL, TO

conservar la serenidad, no perder la calma.

Just keep cool and everything will be all right.

No pierdas la serenidad y verás como todo sale bien.

KEEP HOUSE, TO.

llevar la casa.

When my mother died I offered to keep house for my father.

Al morir mi madre le propuse a mi padre llevarle la casa.

KEEP IN MIND, TO

tener en cuenta, tener presente, considerar, recordar.

In any case you must keep in mind that our overhead is very high.

En todo caso, debes recordar que nuestros gastos generales son muy elevados.

KEEP IN TOUCH, TO

seguir en relación, mantener el trato, comunicarse, estar en contacto.

I always try to keep in touch with my real friends however far away they are.

Por lejos que estén mis verdaderos amigos, procuro siempre seguir en relación con ellos.

KEEP ONE POSTED, TO

tener al corriente, informar, comunicar.

If you know something else keep me posted.

Si te enteras de algo más, no dejes de comunicármelo.

KEEP ONE'S CHIN UP, TO

no desanimarse, aguantar el tipo.

If only you keep your chin up, everything will change for the better.

Si no te desanimas, ya verás como todo mejora.

KEEP ONE'S EYES PEELED (or SKINNED), TO

tener los ojos bien abiertos, no distraerse, estar alerta, estar ojo avizor.

Keep your eyes peeled or you will miss him in the crowd.

Ten los ojos bien abiertos. De lo contrario, te pasará inadvertido entre la multitud.

KEEP ONE'S HAND IN, TO

mantenerse en forma, entrenarse.

I haven't played tennis for weeks so let me practice a little first just to keep my hand in.

Hace varias semanas que no juego al tenis; de modo que primero déjame pelotear un poco para entrenarme.

KEEP ONE'S SHIRT ON, TO

mantener la calma.

I must say in his favor that he kept his shirt on in spite of the round of insults addressed to him.

Debo decir en su favor que supo mantener la calma a pesar de la salva de insultos que le dirigieron.

KEEP ONE'S TEMPER, TO

no perder la calma, controlar los nervios, dominarse.

If you cannot keep your temper you will have to leave.

Si no eres capaz de dominarte, te tendrás que marchar.

KEEP THE BALL ROLLING, TO

mantener el interés, animar una conversación.

He's always invited to parties because he is priceless to keep the ball rolling.

Lo invitan a todas las reuniones porque para animar una conversación no tiene rival.

KEEP THE PEACE, TO

mantener el orden (público).

A police force was sent to the

*place of the alleged riots in order
to keep the peace.*

Se envió un destacamento de policía al lugar de los disturbios, a
fin de mantener el orden.

KEEP THE WOLF FROM THE DOOR, TO

cerrar la puerta al hambre, ir tirando, poder vivir.

*Besides my office job I also do
typing work in the evenings to
keep the wolf from the door.*

Además de mi empleo, hago co-
pias a máquina por las noches
para poder ir tirando.

KEEP TRACK OF, TO

llevar la cuenta, no perder de vista, seguir, estar al corriente.

*It is very difficult to keep track
of political events if one never
reads the newspapers or listens to
the radio.*

Es muy difícil estar al corriente
de la política sin leer nunca los
periódicos ni escuchar la radio.

KEEP UP WITH THE JONES-ES, TO

no querer ser menos que el vecino, mantener las apariencias, hacer lo que hacen otros.

*He had to buy the latest model
just to keep up with the Joneses.*

Tuvo que comprarse el último
modelo simplemente para no ser
menos que el vecino.

KETTLE OF FISH, A

papeleta, lío, galimatías, embro-
llo, complicación, enredo.

*So John has made off to South
America with all our money!
What a pretty kettle of fish!*

¿De modo que Juan se ha largado
a Sudamérica con todo nuestro
dinero? ¡Vaya complicación!

KICK IN, TO (sl.)

contribuir, aportar.

*We all kicked in a quarter to buy
Mary a present.*

Todos contribuimos con veinticinco centavos para hacerle un regalo a María.

KICK OUT, TO (sl.)

expulsar, echar a puntapiés.

*He'll be kicked out of the club
if does not learn to behave himself.*

Lo expulsarán del club si no
aprende a portarse como es debido.

KICK THE BUCKET, TO (sl.)

estirar la pata, morir.

*To-day it's twenty years since the
old codger kicked the bucket.*

Hoy hace veinte años que aquel
viejo chiflado estiró la pata.

KICK-BACK

comisión ilegal, soborno.

*The Minister of Defense offered
his resignation on rumours that
he had received kick-backs for
the purchase of foreign equip-
ment.*

El ministro de Defensa presentó la dimisión ante los rumores de que había aceptado comisiones por la compra de material extranjero.

KILL THE GOOSE THAT LAYS THE GOLDEN EGGS, TO

Matar la gallina de los huevos de oro.

By nationalizing foreign concerns the Government killed the goose that lays the golden eggs.

Con la nacionalización de las empresas extranjeras, el gobierno ha matado la gallina de los huevos de oro.

KILL TIME, TO

matar el tiempo, pasar el rato.

We could go to the movies to kill time.

Podríamos ir al cine para matar el tiempo.

KILL TWO BIRDS WITH ONE STONE, TO

Matar dos pájaros de un tiro.

KNIT ONE'S BROW, TO

fruncir el ceño, poner mala cara.

He knitted his brow when I asked him for an advance on my salary.

Cuando le pedí un anticipo a cuenta del sueldo, frunció el ceño.

KNOCK ONE'S BLOCK OFF, TO

romperle la cara, darle una paliza a uno.

If he continues to bully that child I'll knock his block off.

Como siga metiéndose con este niño, le rompo la cara.

KNOCK THE BOTTOM OUT OF, TO

desbaratar, dar al traste con, echar abajo.

The death of my father knocked the bottom out of our plans to emigrate to America.

La muerte de mi padre dio al traste con nuestros planes de emigrar a América.

KNOW A THING OR TWO, TO

ser un experto en la materia.

If you want to go to Japan you'd better see Mr. Brown who knows a thing or two about it.

Si quieres ir al Japón, debes ir a ver al señor Brown, que es un experto en la materia.

KNOW BEST, TO

saber lo que más conviene, tener razón, saber uno lo que se hace, saber o hacer una cosa mejor que nadie, superar en conocimientos.

After all the efforts of Science man always finds out that nature knows best.

A pesar de los esfuerzos de la ciencia, el hombre acaba siempre por descubrir que la naturaleza es más sabia que él.

«*Finally I've decided to sell the house and move back to town.*»

«*I suppose you know best but we will miss you very much.*»

—Finalmente, he decidido vender la casa y volver a vivir en la ciudad.

—Tú sabrás lo que te conviene, pero te echaremos mucho de menos.

I don't claim to know best because I am a grandmother but I can tell you a few practicalities in baby care.

No tengo la pretensión de hacer las cosas mejor que nadie por el hecho de ser abuela, pero puedo darte algunos consejos prácticos en materia de puericultura.

KNOW BETTER, TO

conocer la falsedad de (o no creer) una afirmación o suposición, advertir un error.

Even when he knows better, the viewer of this design persists in seeing the concentric circles as a spiral.

Aun después de haber conocido el truco, el observador de este dibujo sigue viendo los círculos concéntricos como una espiral.

I thought I had had enough adventures during my holiday but when the plane turned back in flight with engine trouble I knew better.

Yo creía que ya había corrido bastantes aventuras durante mis vacaciones, pero cuando el avión tuvo que regresar al punto de partida con un motor averiado, comprendí que me había equivocado.

The secretary told me the boss was out of town but I knew better because I had seeen him that very afternoon.

La secretaria me dijo que el jefe estaba fuera de la ciudad, pero yo sabía que no era cierto porque lo había visto aquella misma tarde.

Another time you'll know better.

Para la próxima vez ya lo sabrás.

KNOW BETTER THAN, TO

guardarse mucho de, no incurrir en el error de, ser lo bastante listo para no, saber muy bien que no hay que.

You should have known better than to ask your boss for a raise on a Monday morning.

No sé cómo se te ha ocurrido pedirle aumento de sueldo a tu jefe un lunes por la mañana.

I loaned him five dollars last month and he hasn't returned it yet. I should have known better.

Le presté cinco dólares el mes pasado y todavía no me los ha devuelto. Debí habérmelo figurado (o «no debí haber sido tan tonto»).

You ought to know better at your age than to wear a bikini.

A tu edad deberías tener bastante juicio para no ponerte un bikini.

You know better than that!

¡Ya sabes que esto no se hace!

One of the disgusting things with dictatorial governments is that they are constantly giving the im-

pression they know everything better than anybody.

Una de las cosas desagradables de los gobiernos dictatoriales es que constantemente dan la impresión de que no hay nadie que pueda enseñarles nada.

KNOW BY HEART, TO

saberse de memoria.

After only two days he knew the names of all his employees by heart.

Al cabo de dos días ya se sabía de memoria el nombre de todos sus empleados.

KNOW FOR A FACT, TO

saber a ciencia cierta, constarle a uno una cosa.

I know for a fact that they did not pay more than one million for their house.

Me consta que no pagaron más de un millón por su casa.

KNOW LIKE THE BACK OF ONE'S HAND, TO

conocer como la palma de la mano.

I was born here so I know this terrain like the back of my hand.

Nací aquí, por lo que conozco el terreno como la palma de la mano.

KNOW ON WHICH SIDE ONE'S BREAD IS BUTTERED, TO. Véase KNOW WHICH SIDE, etc.

KNOW ONE'S PLACE, TO

saber uno cuál es su sitio, **ser** respetuoso.

He is a man of many talents but unless he learns to know his place he'll never go very far in this office.

Es un hombre de excelentes cualidades; pero como no aprenda a ser más respetuoso, nunca hará carrera en esta oficina.

Jones is a man who knows his place and will not try to force his company on his superiors.

Jones es un hombre que sabe cuál es su sitio y no tratará de prolongar su presencia ante sus superiores más de lo necesario.

KNOW ONE'S STUFF, TO

ser experto en algo, conocer **el** paño, saber uno lo que hace.

When it comes to maths he really knows his stuff.

Tratándose de matemáticas es un verdadero experto.

KNOW ONLY TOO WELL, TO

saber de sobra, saber perfectamente.

I pretended to believe his words but I knew only too well that he was lying to me.

Hice ver que creía sus palabras, pero sabía perfectamente que me mentía.

KNOW THE ROPES, TO

estar enterado (de un negocio, asunto, etc.), tener experiencia, conocer los secretos, conocer el percal, saber más que Lepe.

If you are going into horse-racing you had better consult Daniel. He knows the ropes.

Si quieres dedicarte a las carreras de caballos, te conviene consultar a Daniel, que conoce todos los secretos de este deporte.

KNOW WHAT'S WHAT, TO (sl.)

saber uno lo que trae entre manos, conocer un asunto, ser un experto en algo.

If you don't understand how the system works, ask Thomas. He knows what's what.

Si no comprendes cómo funciona eso, pregúntale a Tomás: es un experto en el asunto.

KNOW WHERE ONE STANDS, TO

saber a qué atenerse.

Whe should discuss the question in order to know where we stand.

Debemos hablar de la cuestión para saber a qué atenernos.

KNOW WHERE THE SHOE PINCHES, TO

saber dónde le aprieta el zapato a uno.

The workmen's repeated references to low overtime rates made it obvious where the shoe pinched.

Las repetidas alusiones de los operarios a lo mal que se pagaban las horas extraordinarias me hicieron comprender dónde les apretaba el zapato.

KNOW WHICH SIDE ONE'S BREAD IS BUTTERED, TO

saber uno lo que le conviene.

John is aware of the fraud but he won't make any trouble. He knows too well which side his bread is buttered.

Juan está enterado de la estafa, pero no dirá nada. Sabe perfectamente lo que le conviene.

KNOW-HOW (sl.)

conocimientos, técnica.

He has enough money to start the project but he lacks the know-how.

Dispone de dinero suficiente para iniciar la obra, pero le faltan los conocimientos necesarios.

L

LAG BEHIND, TO

rezagarse, ir atrasado, quedarse atrás.

Peter still lags behind the rest of the class.

Pedro va todavía atrasado respecto al resto de la clase.

LAME DUCK, A

1) político o funcionario que sigue desempeñando el cargo después de la elección o nombramiento de su sucesor hasta la toma de posesión de éste; saliente, que le falta poco para dejar el cargo.

Her social instinct told her that she should not waste her time with lame duck ministers.

Su instinto social le decía que no debía perder el tiempo con los ministros que estaban a punto de cesar en su cargo.

2) incapaz, nulidad.

You shouln't have trusted this job to a lame duck like Arthur.

No debiste encargar este trabajo a un incapaz como Arturo.

LAND A JOB, TO

conseguir un empleo.

The day she arrived in New York she landed a job as saleswoman in a department store.

El día que llegó a Nueva York, consiguió un empleo de vendedora en unos grandes almacenes.

LAND OF MILK AND HONEY

la tierra de promisión, Jauja.

Don't you think this is the land of milk and honey. But if you work hard you can make a decent living.

No vayas a creer que aquí es Jauja. Pero si trabajas de firme podrás ganarte la vida decorosamente.

LAST, BUT NOT LEAST...

y finalmente, pero no por ello menos importante...

If I accepted that job abroad I would make a better living, I would have better prospects and last, but not least, I would get away from my mother-in-law.

Si aceptara ese empleo en el extranjero, ganaría más, tendría un porvenir mejor y, finalmente, cosa no menos importante, me alejaría de mi suegra.

LAST DITCH EFFORT, A. Véase FIGHT TO THE LAST DICHT, TO.

LAST RESORT, A

último recurso, última instancia, postrer remedio.

As a last resort I asked my uncle for money.

Como último recurso, le pedí dinero a mi tío.

LAST STRAW, THE

la última gota, el final, la puntilla.

If we cannot sell the house it will be the last straw.

Si no conseguimos vender la casa, esto será la puntilla para nosotros.

LAUGH ON THE OTHER SIDE OF ONE'S FACE, TO

hacerle a uno muy poca gracia una cosa, pasar de la risa al llanto, verse chasqueado, quedar sorprendido.

You said that they were very common but you will laugh on the other side of your face when you see the antiques they have in their home.

Dijiste que eran muy ordinarios, pero te quedarás sorprendido cuando veas las antigüedades que tienen en casa.

He was quick to invite us to the opera but he'll laugh on the other side of his face when he finds out how expensive tickets are to-day.

Nos invitó a la ópera muy alegremente, pero se llevará un chasco cuando se entere de lo caras que están hoy las localidades.

LAUGH UP ONE'S SLEEVE, TO

reírse para sus adentros, o interiormente, para su capote, en su fuero interno.

You did not notice it, but he was laughing up his sleeve.

No te diste cuenta, pero se reía para su capote.

LAW AND ORDER

el orden público.

Law and order is now in the platform of virtually every political party.

El mantenimiento del orden público figura actualmente en el programa electoral de prácticamente todos los partidos políticos.

LAW-ABIDING

cumplidor de la ley, respetuoso con las leyes.

You can't have anything against me, officer. I am a law-abiding citizen.

No puede usted acusarme de nada, guardia. Soy un ciudadano que respeto las leyes.

LAY A FINGER ON, TO

1) poner la mano encima, pegar, maltratar.

If you lay a finger on my little brother I shall punch you in the nose.

Como pongas la mano encima a mi hermanito, te doy un puñetazo en las narices.

2) encontrar, localizar, precisar.

Something in his story makes me suspicious but I can't lay my finger on it.

En lo que cuenta hay algo sospechoso, pero no puedo precisar qué es.

LAY DOWN ONE'S LIFE, TO

dar la vida.

It is not a cause for which I would lay down my life.

Por esa causa no daría yo la vida.

LAY DOWN THE LAW, TO

1) aleccionar, sentar cátedra, querer decir la última palabra, hablar en tono doctoral, dogmatizar.

Peter never mentions any subject unless to lay down the law on it.

Pedro no habla nunca de nada como no sea para sentar cátedra.

2) reñir, reprender severamente, ponerle a uno las peras a cuarto, amonestar seriamente, ponerse serio, formalizarse, tratar con energía.

Father is certainly going to lay down the law to you when he finds out that you took the car without his permission.

Papá te echará una buena regañina cuando se entere de que te

llevaste el coche sin pedirle permiso.

There are moments where you have to lay down the law to the children if you want to keep your authority.

Hay momentos en que uno tiene que ponerse serio con los niños si quiere mantener su autoridad sobre ellos.

3) dictar, imponer la ley, mandar.

In this town I lay down the law.

En esta ciudad se hace lo que yo digo.

LAY EYES ON, TO

echar la vista encima, ver.

From the moment I laid eyes on him I knew he was a swindler.

Apenas lo vi, me di cuenta de que era un estafador.

LEAD A DOG'S LIFE, TO

llevar una vida de perros, arrastrar una existencia miserable.

He led a dog's life wandering from town to town without any friends or a regular income.

Llevaba una vida de perros, vagando de ciudad en ciudad, sin amistades, sin ningún ingreso fijo.

LEAD BY THE NOSE, TO

tener dominado, llevar a la fuerza, obligar.

His wife leads him by the nose.

Su mujer lo tiene dominado.

LEAK OUT, TO

trascender, filtrarse.

The secret of the invasion leaked

*out long before the preparations
were completed.*

El secreto de la invasión trascendió mucho antes de que estuvieran terminados los preparativos.

LEAN AS A RAKE

más delgado que un fideo, hecho un palillo.

*She started dieting a month ago
and now she is lean as a rake.*

Se puso a régimen hace un mes, y ahora parece un fideo.

LEAP ON THE BANDWAGON, TO. Véase GET ONE THE BANDWAGON, TO.

LEAVE A NASTY TASTE IN ONE'S MOUTH, TO

dejarle a uno con mal sabor de boca, causar una impresión desagradable.

*The way he treated his children
left me with a nasty taste in my
mouth.*

Me dejó con mal sabor de boca ver el modo como trata a sus hijos.

LEAVE A PERSON FLAT, TO

dejar plantado, o en blanco, a uno.

*After promising us good jobs and
persuading us to travel to London
he left us flat.*

Después de prometernos buenos empleos y de convencernos de que nos trasladáramos a Londres, nos dejó plantados.

LEAVE IN THE LURCH, TO

dejar en la estacada, abandonar.

*He walked out with the company's money and left me in the
lurch.*

Se marchó con todo el dinero de la compañía, dejándome en la estacada.

LEAVE NO STONE UNTURNED, TO

mover cielo y tierra, no dejar piedra por mover, revolver Roma con Santiago, buscar hasta en el último rincón.

*I left no stone unturned but I
still wasn't able to locate him.*

Revolví Roma con Santiago, pero no conseguí encontrarle.

LEAVE OPEN, TO

1) dejar en suspenso, dejar pendiente.

*If we cannot agree on this matter
we shall have to leave it open
until our next meeting.*

Si no podemos ponernos de acuerdo sobre este asunto, tendremos que dejarlo en suspenso hasta la próxima reunión.

2) dejar una puerta abierta, dejar un camino expedito.

*I think we should leave the door
open for further negotiations.*

Creo que debemos dejar una puerta abierta a nuevas negociaciones.

LEAVE SOMEONE OUT IN THE COLD, TO

dejar aparte, dejar a la luna de Valencia, dejarle a uno con las ganas, omitir, excluir, abandonar a uno a sus propias fuerzas, abandonar a su propia suerte, dejar solo.

His works have been highly praised by the critics but they have left him out in the cold at award time.

Sus obras han sido muy alabadas por los críticos, pero en el momento de conceder los premios se han olvidado de él.

We feel very badly that our daughter leaves us in the cold, preferring to confide in her friends.

Nos apena mucho que nuestra hija no nos haga partícipes de sus asuntos personales y prefiera tener a sus amigas por confidentes.

LEAVE WORD, TO

dejar dicho, dejar recado, avisar.

I left word with the hotel that I wouldn't be back for dinner.

Dejé dicho en el hotel que no regresaría para la cena.

LEFT, RIGHT AND CENTER

a diestra y siniestra.

The Colonel must have had a bad night. He's sending men to confinement left, right and center.

El coronel debe de haber pasado mala noche. Está arrestando a la gente a diestra y siniestra.

LEGEND HAS IT

según la leyenda, se dice que.

Legend has it that this is the room where the king died.

Según la leyenda, ésta es la habitación en que murió el rey.

LEND A HAND, TO

echar una mano, ayudar.

I wonder if you could lend me a hand when the time comes for us to move.

¿Podrás echarme una mano el día que nos mudemos?

LET ALONE

y no hablemos de, y mucho menos.

John cannot pay his rent, let alone buy a new car.

Juan no puede pagar el alquiler, y mucho menos comprarse un coche.

LET BYGONES BE BYGONES

Agua pasada no mueve molino. Lo pasado, pasado está. Olvidemos el pasado.

LET GEORGE DO IT

que lo haga otro, que lo haga Rita, que lo haga quien quiera hacerlo.

I have been serving in this committe for many more years than I wanted to, so now, let George do it.

He estado trabajando en este comité muchos más años de los que hubiera deseado, de manera que ahora que lo haga otro.

LET IT GO (or BE)

déjalo ya, déjalo correr.

Let it go. There is nothing we can do now to restore the situation.

Déjalo correr. Ya no podemos hacer nada para remediar la situación.

LET OFF STEAM. Véase BLOW OFF STEAM.

LET ONE'S HAIR DOWN, TO

1) soltarse el pelo, abandonar el encogimiento, perder la timidez, actuar con desenvoltura, lanzarse.

Come on, let down your hair! This party is fun.

¡Anímate, hombre! Esta fiesta es muy divertida.

2) franquearse, sincerarse, entrar en el terreno de las confidencias.

After a couple of drinks John let his hair down and confessed that he was going out with Laura only as a pass-time.

Después de tomarnos un par de copas, Juan se sinceró conmigo y me confesó que salía con Laura sólo para pasar el rato.

LET SLEEPING DOGS LIE, TO

dejar las cosas como están, no remover cosas pasadas, peor es meneallo, evitar complicaciones.

When we discovered that our accountant had served a small sentence for larceny it was a matter of firing him or letting sleeping dogs lie.

Cuando descubrimos que nuestro contable había cumplido una condena por hurto se nos planteó la

disyuntiva de despedirlo o de dejar las cosas como estaban.

LET SOMEONE DOWN, TO

abandonar, fallar, dejar en la estacada.

A real friend never lets you down.

El verdadero amigo nunca te abandona en la necesidad.

LET THE CAT OUT OF THE BAG, TO

soltar prenda, dejar escapar un secreto, írsele a uno la lengua, levantar la caza, descubrir, tirar de la manta.

The day before John's birthday his sister let the cat out of the bag by saying that I had bought something special at the bycicle shop.

La víspera del cumpleaños de Juan, su hermana lo descubrió todo al decir que yo había comprado algo muy interesante en la tienda de bicicletas.

LET THE GRASS GROW UNDER ONE'S FEET, TO

dormirse, distraerse, descuidarse.

In that kind of business you cannot let the grass grow under your feet if you don't want to be surpassed by your competitors.

En negocios como éste, uno no puede dormirse si no quiere que los competidores le dejen atrás.

LET'S FACE IT

reconozcámoslo, seamos francos, no hay que darle vueltas, no nos hagamos ilusiones, desengañémonos.

Let's face it: your son has gone for good.

Desengañémonos: tu hijo se ha marchado definitivamente.

LICK ONE'S SHOES, TO. Véase SOFT SOAP, TO.

LIE IN WAIT FOR, TO

estar al acecho, esperar la ocasión.

I have been laying in wait for an opportunity to get even with him.

He estado esperando la ocasión de vengarme de él.

LIFE AND LIMB

la vida, la seguridad personal, la integridad personal.

Cars in this city are driven with reckless disdain for life and limb.

La gente de esta ciudad conduce con un desprecio total por la integridad física de los demás.

LIFE OF RILEY, THE

la gran vida, la buena vida, vida de rey.

They must have lots of money because they are living the life of Riley.

Deben tener mucho dinero, porque viven como reyes.

LIFE-STYLE

costumbres, vida (que lleva una persona), género (estilo) de vida, manera de vivir.

Spending more money on clothes than on food is not my lifestyle.

Gastar más dinero en ropas que en la comida no entra dentro de mis costumbres.

LIFT-OFF. Véase BLAST OFF.

LIKE A BAT OUT OF HELL

como alma que lleva el diablo, a toda velocidad.

As soon as he saw the inspector coming he ran like a bat out of hell.

En cuanto vio que se acercaba el inspector salió disparado como alma que lleva el diablo.

LIKE A BULL IN A CHINA SHOP

con muy poca habilidad, torpemente, con los pies.

Albert handled the negotiations like a bull in a china shop.

Alberto llevó las negociaciones con muy poca habilidad.

LIKE A CHARM (BREEZE)

a las mil maravillas, como una seda, perfectamente, facilísimamente.

I gave a couple of tips and everything worked like a charm.

Di un par de propinas y todo salió a las mil maravillas.

LIKE MASTER LIKE MAN

De tal palo, tal astilla.

LIKES OF, THE

nada parecido, otro semejante, otro como.

He was very generous to his staff. I doubt if we shall see the likes of him again.

Era muy generoso con sus empleados. No creo que tengamos otro como él.

LION'S SHARE, THE

la parte del león, la mayor o mejor parte.

I don't want any business with him; he always gets the lion's share.

No quiero tratos con él; inevitablemente se queda con la parte del león.

LIP SERVICE

palabras vanas, jarabe de pico, música celestial, pura palabrería.

That's a lot of lip service. You know full well that he will never keep his promise.

Todo eso es música celestial. Sabes perfectamente bien que nunca cumplirá su promesa.

(Véase PAY LIP SERVICE, TO.)

LIVE AND LEARN, TO

Vivir para ver.

LIVE FROM HAND TO MOUTH, TO

vivir al día, vivir sin pensar en el futuro.

Due to lack of resources one is sometimes compelled to live from hand to mouth.

Por falta de recursos, uno se ve a veces obligado a vivir al día.

LIVE IN A FOOL'S PARADISE, TO

hacerse ilusiones, engañarse a sí mismo, vivir en Babia.

The rich of our country live in a fool's paradise without realizing that a revolution is brewing up.

Los ricos de nuestro país viven en Babia, sin darse cuenta de que se está fraguando una revolución.

LIVE IN A GLASS HOUSE, TO

Tener el tejado de vidrio.

LIVE IT UP, TO

correrla, divertirse, pasarlo como nunca.

We are going to live it up in our holidays.

Estas vacaciones lo vamos a pasar como nunca.

LIVE ON BORROWED TIME, TO

vivir de propina (de prestado, de regalo).

Since it unlocked the nuclear Pandora's Box, mankind has been living on borrowed time.

Desde que la humanidad abrió la caja de Pandora de la energía atómica, está viviendo de prestado.

LIVE ON (or OFF) THE FAT OF THE LAND, TO

nadar en la abundancia, vivir como un rajá, vivir en grande.

Ever since his father died and left him a million dollars he's been living on the fat of the land.

Desde que murió su padre, dejándole un millón de dólares, vive como un rajá.

LIVE OUT OF A SUITCASE, TO

ir siempre cargado con la maleta, viajar sin descanso, tener que hacer y deshacer la maleta continuamente, vivir con la maleta hecha.

Travelling is very pleasant but one gets tired of living out of a suitcase.

Viajar es muy agradable, pero uno se cansa de estar yendo siempre de un lado a otro con la maleta a cuestas.

LIVE OVER ONE'S HEAD, TO

vivir por encima de las propias posibilidades.

She will go on living over her head until she has no capital left.

Seguirá viviendo por encima de sus posibilidades hasta que se le termine el capital.

LIVE UP TO, TO

hacer honor a, cumplir.

He will live up to his engagement.

Hará honor a su compromiso.

LIVE WITH, TO

soportar, aguantar, tolerar, sufrir, consentir, condescender, pasar por, transigir.

If you prefer to remain downtown, then noise is something you have to live with.

Si prefieres vivir en el centro, tendrás que resignarte a soportar los ruidos.

LO AND BEHOLD

mira por dónde, he aquí, ¡oh maravilla de las maravillas!, y querrás creer que...

Afters years of trying to locate Albert yesterday I went to the movies and lo and behold there he was standing in the line.

Tras muchos años tratando de localizar a Alberto, ayer fui al cine y ¿querrás creer que allí estaba haciendo cola?

LOCK, STOCK AND BARREL

(Mención detallada de las tres partes que componen un fusil para insistir en la totalidad de una cosa.)

en su totalidad, completamente, sin dejarse nada, todo, hasta el último detalle.

When he came home he found his flat empty. His wife had removed everything, lock, stock and barrel.

Al abrir la puerta se encontró el pisco vacío. Su mujer se lo había llevado todo, hasta las perchas.

LOCK THE STABLE DOOR AFTER THE HORSE HAS BEEN STOLEN, TO

A buenas horas, mangas verdes.

Después de muerto el burro, la cebada al rabo.

LONG AND SHORT OF IT, THE. Véase SHORT AND LONG OF IT, THE.

LONG ARM OF THE LAW, THE

la policía, el peso de la ley, la acción de la justicia.

It's useless trying to hide because the long arm of the law will reach you anyway.

Es inútil que te escondas: la policía dará contigo de todas maneras.

LOOK A SIGHT, TO

1) estar fachoso, tener mal aspecto.

What a sight I look with no make-up on and my hair unbrushed!

¡Qué fachosa estoy sin el maquillaje y despeinada!

2) ponerse uno perdido.

The children looked a sight after having played in the street.

Los niños se pusieron perdidos jugando en la calle.

LOOK ALIVE! Véase LOOK LIVELY!

LOOK AS IF BUTTER WOULD NOT MELT IN ONE'S MOUTH, TO

parecer una mosquita muerta, tener aspecto de no haber roto nunca ningún plato.

It's hard to believe she said it looking as she does as if butter would not melt in her mouth.

Me cuesta creer que haya dicho eso, con la cara de mosquita muerta que tiene.

LOOK BAD, TO. Véase LOOK GOOD, TO.

LOOK DOWN ON, TO

mirar por encima del hombro, mirar con desprecio, considerarse superior.

The Corcorans have always looked down on the Joneses.

Los Corcoran siempre han mirado a los Jones con aires de superioridad.

LOOK FOR A NEEDLE IN A HAYSTACK, TO

Buscar una aguja en un pajar.

LOOK FOR TROUBLE, TO

buscar camorra, tener ganas de jaleo, gustarle a uno la gresca, crearse complicaciones.

I could see in his eye that he was looking for trouble.

En su mirada leí que tenía ganas de jaleo.

LOOK FORWARD TO, TO

esperar con impaciencia, esperar con ilusión, arder en deseos de, anhelar.

They spoke so well of him that I am looking forward to meet him.

Me han hablado tan bien de él, que tengo muchos deseos de conocerlo.

Such low salaries and short holidays leave little to look forward to.

Sueldos tan bajos y vacaciones tan cortas no son como para animar a nadie.

LOOK GOOD (or BAD), TO

pintar bien, o mal, una cosa, tener buen, o mal, cariz, quedar una cosa bien o mal.

You'd better call a doctor. This sore looks bad.

Debes llamar al médico. Esa llaga tiene mal cariz.

This suit looks good on you.

Este traje te queda (cae) muy bien.

LOOK HERE

óigame, atienda, escúcheme, vamos a ver.

Look here, I never asked you to poke your nose into my affairs!

¡Escúchame bien! Nunca te pedí que te mezclaras en mis asuntos.

LOOK IN THE EYE, TO

mirar a la cara.

After what he has done to me he could not look me in the eye again.

Después de lo que me ha hecho no podrá volver a mirarme a la cara.

LOOK INTO, TO

estudiar, examinar, investigar.

I'll give you my opinion when I have looked closer into the matter.

Te daré mi opinión cuando haya estudiado el asunto más a fondo.

LOOK LIVELY!

1) ¡date prisa!

Look lively! We've got only five minutes left to catch that plane.

¡Daos prisa! Nos quedan sólo cinco minutos para tomar el avión.

2) ¡anímate!, ¡ánimos!

Com on, look lively! We're going to have fun.

¡Anímate, hombre! Vamos a divertirnos.

LOOK OUT OF THE CORNER OF ONE'S EYE, TO

mirar de reojo, por el rabillo del ojo.

I think he likes you. Didn't you notice him looking at you out of the corner of his eye?

Creo que le gustas. ¿No te fijaste como te miraba de reojo?

LOOK OUT UPON, TO

dar a.

You will like the room because the windows look out upon the garden.

Te gustará la habitación, pues las ventanas dan al jardín.

LOOK THE OTHER WAY, TO.

Véase TO TURN A BLIND EYE.

LOOK THE PART, TO

estar uno (mucho) en su papel, aparentar hábilmente.

Robert, dressed in a morning suit, appeared on the rostrum next to the mayor, looking the part.

Roberto, vestido de chaqué, apareció en la presidencia, junto al alcalde, muy en su papel.

LOOK UP, TO

1) buscar, consultar.

I don't remember his telephone number; you'll have to look it up in the directory.

No me acuerdo de su número de teléfono; tendrás que buscarlo en la guía.

2) visitar, ir a ver.

Do look us up next time you come to Pisa.

No dejen de visitarnos la próxima vez que vengan a Pisa.

3) levantar la mirada.

I looked up to see who was coming.

Levanté la mirada para ver quién venía.

4) mejorar, prosperar, presentar mejores perspectivas.

You shouldn't leave the company now that things begin to look up for you.

No deberías marcharte de la empresa ahora que las cosas empiezan a ponerse bien para ti.

LOOK UP TO, TO

respetar, admirar.

How can we look up to a man guilty of such crimes?

¿Cómo podemos admirar a un hombre culpable de tamaños delitos?

LOOP THE LOOP, TO

rizar el rizo, hacer dar al avión una vuelta de campana en el aire.

You wouldn't ask a beginner to loop the loop, would you?

¿Verdad que no le pedirías a un principiante que rizara el rizo?

LOSE FACE, TO

sufrir una pérdida de prestigio, quedar mal, quedar en ridículo, quedar en situación desairada.

We want to settle the dispute without either side losing face.

Queremos solucionar el conflicto sin que ninguno de los bandos quede en una situación desairada.

LOSE ONE'S MIND, TO

enloquecer, perder el juicio, volverse loco.

Judging by his expression I thought he had lost his mind.

Por la expresión de su cara, creí que se había vuelto loco.

LOSE ONE'S SHIRT, TO

perder hasta la camisa.

He would lose his shirt gambling if I allowed him to.

Si le permitiera jugar, perdería hasta la camisa.

LOSE ONE'S TEMPER, TO

perder los estribos, encolerizarse, enfurecerse.

If you are going to lose your temper so badly every time the visiting team scores a point, I am going home.

Si cada vez que el equipo visitante marca un tanto has de enfurecerte de ese modo, me voy a casa.

LOST AND FOUND

objetos perdidos.

Don't give up yet. Your transistor may turn up at the lost and found department.

No te desesperes. Tu radio de transistores puede aparecer en la sección de objetos perdidos.

LOVE ME, LOVE MY DOG

Quien bien quiere a Beltrán, bien quiere a su can.

LOW-BROW

persona no intelectual, persona de cultura limitada, inculto.

I don't mind being called a low-brow because I enjoy the comics.

No me importa que me llamen inculto porque me divierten los tebeos.

LOW-KEY

comedido, modesto, moderado, mitigado.

The Ambassador allowed us to speak to the press but said that our statements had to be very low-key.

El embajador nos autorizó a que habláramos con la prensa, pero nos dijo que las declaraciones debían ser muy comedidas.

LOWER ONE'S SIGHTS, TO

refrenar las ambiciones, moderar las pretensions, reducir las aspiraciones.

I think you should lower your sights in the academic field until your books are better known.

Opino que debes moderar tus pretensiones en el campo académico hasta que tus obras sean más conocidas.

LUMP IN ONE'S THROAT, A

un nudo en la garganta.

A lump comes to my throat every time I hear the music of my homeland.

Cada vez que oigo música de mi patria se me hace un nudo en la garganta.

M

MAD AS A HATTER (or COOT, MARCH HARE)

loco de atar, como una cabra.

I would never let him handle any business. He is as mad as a hatter.

Nunca me atrevería a confiarle ningún asunto. Está como una cabra.

MADE TO ORDER

a la medida, de encargo.

They told me they couldn't sell the jackets in the shopwindow because they were made to order.

Me dijeron que no podían venderme las chaquetas del escaparate porque eran de encargo.

MAE WEST, A

(Nombre dado a un tipo de chaleco salvavidas que, una vez hinchado, insinúa grotescamente la anatomía exuberante que hizo famosa a aquella artista de cine norteamericana.)

chaleco salvavidas.

In those times no military pilot would have dared to cross the Atlantic without his Mae West.

En aquellos tiempos, ningún piloto militar se habría atrevido a cruzar el Atlántico sin su chaleco salvavidas.

MAIDEN NAME

nombre de soltera.

Now she is Mrs. Thompson, but her maiden name was Gutiérrez.

Ahora es la señora Thompson, pero de soltera se llamaba Gutiérrez.

MAIDEN TRIP (or VOYAGE)

viaje inaugural, primer viaje.

The «Titanic» was one of the few ships to sink on her maiden trip.

El «Titanic» es uno de los pocos barcos que se han hundido en su viaje inaugural.

MAKE A BEE-LINE FOR, TO

irse derecho a, dirigirse rápidamente a.

When he saw the newsmen waiting for him he made a bee-line for his car.

Cuando vio que le esperaban los periodistas, salió disparado hacia su coche.

MAKE A CLEAN BREAST, TO

contar toda la verdad, confesarlo todo, desembuchar, cantar de plano.

The best thing you can do is to make a clean breast and hope for a lighter sentence.

Lo mejor que puedes hacer es contar toda la verdad y esperar que te impongan una pena menor.

MAKE A DIFFERENCE, TO

1) importar, tener importancia.

What difference does it make?

¿Qué más da? No tiene importancia.

2) cambiar, ser diferente.

It would make all the difference in the world if you had money.

Si tuvieras dinero, la cosa cambiaría por completo.

MAKE A FACE, TO

hacer una mueca, poner cara de desagrado.

My daughter makes a face every time she takes her medicine.

Mi hija tiene que poner cara de asco cada vez que se toma la medicina.

MAKE A FAST BUCK (DOLLAR), TO

ganar dinero con facilidad (rápidamente).

Beware of people who offer you the chance to make a fast buck.

Desconfía de la gente que te ofrece la oportunidad de ganar dinero con facilidad.

MAKE A FUSS, TO

hacer aspavientos, exagerar, hacer alharacas, hacer comedia, armar revuelo; desvivirse por, colmar de atenciones.

He made such a fuss you would think he was dying.

Hizo tantos aspavientos, que cualquiera habría dicho que se iba a morir.

Anne makes such a fuss over her cat, you would think she loves it better than her husband.

Ana es tan exagerada en los cuidados que presta a su gato, que se diría que lo quiere más que a su marido.

It's not worth making such a fuss over. I have seen many like her.

No es para tanto. He visto muchas como ella.

MAKE A GOOD LIVING, TO

tener un buen sueldo, ganarse bien la vida.

Since his last promotion he has been making a good living.

Desde su último ascenso, tiene un buen sueldo.

MAKE A HIT, TO

tener éxito, gustar mucho.

I'm afraid that your new admirer is not going to make a hit with your father.

Me temo que tu nuevo admirador no le gustará mucho a tu padre.

MAKE A KILLING, TO (sl.)

hacer el gran negocio, hacer su agosto.

He certainly made a killing when he sold those imported binocles.

Hizo su agosto vendiendo aquellos prismáticos de importación.

MAKE A LIVING, TO

ganarse la vida.

Can't you make a living in a more dignified way?

¿No podrías ganarte la vida de un modo más digno?

MAKE A MESS (OUT) OF, TO

estropear, destruir, desorganizar, desordenar, enredar, dejar para el arrastre.

With your intervention you've made a mess of the company.

Con tu intervención has dejado la compañía para el arrastre.

MAKE A MOUNTAIN OUT OF A MOLEHILL, TO

hacer una montaña de un grano de arena, exagerar.

It will be very easy to explain your actions to the police, so stop worrying and don't make a mountain out of a molehill.

Te va a ser muy fácil justificarte ante la policía. Por lo tanto, deja de preocuparte y no hagas una montaña de un grano de arena.

MAKE A NAME FOR ONESELF, TO

hacerse famoso, hacerse un nombre.

He worked hard and succeeded in making a name for himself.

Trabajó duramente y consiguió hacerse un nombre.

MAKE A PERSON'S DAY, TO

halagar, hacer que una persona se sienta halagada, hacer sentir muy feliz a una persona.

By comparing her mediocre performance to a professional musician's I certainly made her day.

Al comparar su floja interpretación con la de un músico profesional se sintió halagadísima.

The service at this hotel is at the edge of fantasy. Every time I pass through a door I seem to make the day of whichever employee has been privileged to hold it open for me.

El servicio de este hotel es como de sueño. Cada vez que cruzo una puerta tengo la impresión de que he causado la felicidad del empleado que ha tenido el honor de abrírmela.

MAKE A (ONE'S) POINT, TO

1) indicar, manifestar, demostrar uno claramente sus argumentos, intenciones, etc.; hacerse comprender.

The workers have made their point by yesterday's demonstration: either their demands are met or they go on strike.

La actitud de los trabajadores ha quedado bien clara con la manifestación de ayer: o se atienden sus peticiones o van a la huelga.

Having made this point I'm going to deal with my adversary's argument.

Esto sentado, voy a referirme al argumento de mi adversario.

There is no need to say anymore. You have made your point.

No es necesario que añadas nada más. Te hemos comprendido perfectamente.

2) hacer una observación, exponer un argumento.

The previous speaker has made several points which I would like to comment.

El orador que me ha precedido ha hecho varias observaciones que me gustaría comentar.

MAKE A POINT OF, TO

insistir, tener por norma, hacer cuestión de principio, proponerse firmemente, imponerse la obligación de, procurar, esmerarse en, no dejar de.

The next time I go to London I'll make a point of paying you a visit.

La próxima vez que vaya a Londres no dejaré de visitarles.

My cheque must have gone astray because I always make a point of paying my bills at the beginning of the month.

Mi cheque debe de haberse extraviado, pues tengo por norma pagar todas mis cuentas a principios de mes.

MAKE A SCENE, TO

hacer una escena, dar un espectáculo, armar un escándalo.

She made such a scene when she was told that the dress was not ready that the seamstress refused to sew for her again.

Armó tal escándalo cuando le dijeron que el vestido no estaba terminado todavía, que la costurera no ha querido trabajar más para ella.

MAKE ALLOWANCE FOR, TO

1) tener en cuenta, considerar, dejar espacio para, incluir o deducir.

In assessing the scope of Charlemagne's victories we must make allowance for the assistance of his allies.

Al enjuiciar la magnitud de las victorias de Carlomagno debemos tener en cuenta la ayuda que le prestaron sus aliados.

2) tratar de justificar, encontrar excusas (para perdonar a uno).

He always makes allowances for his youngest son behaviour.

Siempre encuentra excusas para justificar la conducta de su hijo menor.

MAKE ARRANGEMENTS, TO

hacer preparativos, disponer lo necesario, tomar las medidas oportunas, convenir, concertar.

I've made arrangements to meet them on my way to New York.

Lo tengo combinado para encontrarme con ellos en el viaje de ida a Nueva York.

MAKE AVAILABLE, TO

facilitar, ofrecer, dar a conocer.

This TV set will not be made available to the public until it has been perfected.

Este aparato de televisión no se ofrecerá al público hasta que se haya perfeccionado.

There is a limit to the amount of space that can be made available for car parking at many airports.

En muchos aeropuertos, el espacio que puede destinarse al estacionamiento de automóviles tiene un límite.

MAKE AWAY WITH, TO

1) llevarse, escaparse con, robar.

The robbers made away with two cartons of cigarettes.

Los ladrones se llevaron dos cartones de cigarrillos.

2) deshacerse de, acabar con, matar.

Henry made away with his enemies in the course of a couple of years.

Enrique se deshizo de sus enemigos en un par de años.

MAKE BELIEVE, TO

simular, fingir, hacer ver, hacer como si.

Don't get nervous. Just make believe you haven't seen him.

No te pongas nerviosa. Haz como si no lo hubieras visto.

MAKE BOTH ENDS MEET, TO

pasar uno con lo que tiene, poder llegar a fin de mes, administrar bien el dinero de que uno dispone.

It is difficult to make both ends meet on my husband's salary.

He de hacer muchos equilibrios para poder llegar a fin de mes con el sueldo de mi marido.

MAKE CLEAR, TO

dar a entender claramente, conseguir hacer comprender, hacer patente, dejar bien sentado, aclarar, poner en claro, puntualizar, decir bien claro, indicar claramente, explicar.

I hope I made it clear to you that our company is in no danger of becoming bankrupt.

Creo haber puesto en claro que nuestra compañía no corre el menor peligro de quebrar.

MAKE FACES AT, TO

hacer muecas, hacer gestos de burla.

You should have seen the faces David made at the boss as soon as this one left.

Quisiera que hubieras visto las muecas de burla con que David obsequió al jefe apenas éste salió.

MAKE FRIENDS WITH SOMEONE, TO

hacerse amigo de alguien, trabar amistad con alguien.

My mother would be very pleased if I made friends with my neighbour.

Mi madre se alegraría mucho de que hiciera amistad con mi vecino.

MAKE FUN OF, TO

burlarse de, poner en ridículo.

Do not make fun of the boy if he doesn't talk our language.

No os burléis del chico sólo porque no sepa hablar nuestro idioma.

MAKE GOOD, TO

prosperar, triunfar.

I have no doubts that John will make good in his new profession.

No tengo la menor duda de que Juan triunfará en su nueva profesión.

Véase MAKE SOMETHING GOOD, TO.

MAKE GOOD MONEY, TO

ganar un buen sueldo, hacer dinero.

It is difficult to make good money in government service.

Es difícil hacer dinero trabajando para el Estado.

MAKE GOOD TIME, TO

llevar buena marcha, ir de prisa, avanzar rápidamente.

The builders are making good time with the construction of he bridge.

Los contratistas van muy de prisa en la construcción del puente.

MAKE HAY WHILE THE SUN SHINES, TO

batir el hierro cuando está al rojo, aprovechar la ocasión.

Your father seems very happy to-day, so you should make hay while the sun shines and ask his permission for the trip you told me.

Hoy tu padre parece muy contento. Aprovecha la ocasión para pedirle que te permita hacer el viaje de que me hablaste.

MAKE HEAD OR TAIL OF IT, TO. Véase I CANNOT MAKE HEAD, etc.

MAKE INTO, TO

convertir, transformar.

You could easily make this room into a library.

Te sería fácil convertir esta habitación en biblioteca.

MAKE IT, TO (sl.)

1) triunfar, abrirse camino; conseguirlo, lograrlo, poder; llegar a tiempo.

The artist has a lot of talent but with his personality he'll never make it.

Es un artista muy bien dotado, pero dada su personalidad nunca llegará a triunfar.

«Could you come to-morrow at 7 o'clock?»

«I do not know. I have so many things to do that I might not be able to make it.»

—¿Podrías venir mañana a las siete?

—No lo sé. Tengo tantas cosas que hacer que quizá no pueda.

2) pongamos, digamos, dejémoslo en, que sean.

«*What would be the best time for our lesson?*»

«*Let's make it five o'clock.*»

—¿Qué hora te parece mejor para la clase?

—Pongamos a las cinco.

3) «To make it» se utiliza, en general, para indicar la consecución de un fin que queda perfectamente definido por el sentido del texto. El siguiente ejemplo demuestra claramente la evidencia de dicho sentido:

The driver was so badly injured that the doctor does not know if he'll make it.

El conductor quedó tan malherido que el médico no sabe si se salvará.

MAKE IT HOT FOR SOME-ONE, TO (sl.)

hacerle a uno la vida imposible, marearle a uno.

The police was making it too hot for us and we had to leave town.

La policía nos mareaba demasiado y tuvimos que abandonar la ciudad.

MAKE IT SNAPPY (sl.)

¡vamos!, ¡daos prisa!

Make it snappy or we shall miss the train.

Dense prisa. De lo contrario, perderemos el tren.

MAKE LIFE MISERABLE FOR SOMEONE, TO

amargarle la vida a uno.

David makes life miserable for his family by his continuous complaining.

David amarga la vida a su familia con sus quejas incesantes.

MAKE LIGHT OF SOME-THING, TO

no dar importancia; tomar a broma.

I told him the situation was very serious but he made light of it.

Le dije que la situación era muy grave, pero él no le dio importancia.

MAKE MUCH OF, TO

1) dar gran importancia a, celebrar mucho.

The Americans made much of the Queen's visit.

Los norteamericanos dieron mucha importancia a la visita de la reina.

2) comprender, interpretar bien.

I explained what it was all about but he didn't seem to make much of it.

Le expliqué de qué se trataba, pero no pareció comprenderlo muy bien.

MAKE NO BONES ABOUT, TO

dar a entender claramente, confesar sin ningún rubor, no preocuparse por ocultar, no tener reparos en, no vacilar en, decir sin rodeos.

The cook made no bones about telling us how much she disliked the new maid.

La cocinera no se anduvo con paños calientes para decirnos cuánto le desagradaba la nueva camarera.

MAKE NO MISTAKE ABOUT IT

no nos engañemos, no nos llamemos a engaño, no nos hagamos ilusiones, no lo olvide.

Make no mistake about it. We are in for a hard winter.

No nos hagamos ilusiones: nos espera un duro invierno.

MAKE NOTHING OF, TO

1) no dar importancia a.

She made nothing of the insult.

No dio importancia al insulto.

2) no comprender.

I can make nothing of his letter.

No consigo comprender su carta.

MAKE ONE'S HAIR STAND ON END, TO

ponerle a uno los pelos de punta.

This film will make your hair stand on end.

Esa película te pondrá los pelos de punta.

MAKE ONESELF CLEAR, TO.
Véase MAKE ONESELF UNDERSTOOD, TO.

MAKE ONESELF CONSPICUOUS, TO

llamar la atención, dar que hablar, distinguirse.

I hate to go with you to public places because you always have to make yourself conspicuous.

Me fastidia ir contigo a lugares públicos, porque siempre has de dar que hablar.

MAKE ONESELF MISERABLE, TO

afligirse, entristecerse.

Don't make yourself miserable. Everything will be all right.

No te aflijas. Todo saldrá bien.

MAKE ONESELF SCARCE, TO (sl.)

irse, desaparecer, no dejarse ver.

The boss is coming our way, so you had better make yourself scarce.

Se acerca el jefe; así que mejor será que te evapores.

MAKE ONESELF UNDERSTOOD, TO

hacerse entender, explicarse bien.

I'll repeat it because I don't know if I made myself understood.

Voy a repetirlo, pues no sé si me he explicado bien.

MAKE OUT, TO

1) redactar, llenar, formular, extender.

Make out a new application form and send it to the Ministry.

Extiende otra solicitud y mándala al Ministerio.

2) descifrar, conseguir comprender.

Can you make out the meaning of this message?

¿Has conseguido comprender el significado de esta nota?

3) componérselas, arreglárselas, irle a uno (las cosas).

How did you make out in your examination?

¿Cómo te fueron los exámenes?

MAKE PASSES AT, TO

insinuarse, hacer insinuaciones amorosas a una mujer, irle detrás.

Go to the hairdresser, put on some lipstick and soon the men will make passes at you.

Ve a la peluquería, píntate un poco y pronto los hombres te irán detrás.

MAKE ROOM FOR, TO

apartar, dejar sitio, dar cabida.

We will move up the bench a little and make room for you.

Retiraremos un poco el banco para dejarte sitio.

MAKE SENSE, TO

tener sentido, ser lógica una cosa.

You may think you're right, but what you say doesn't make sense.

Te parecerá que tienes razón, pero lo que dices no tiene pies ni cabeza.

I think your proposal makes very good sense.

Considero que su propuesta está muy bien pensada.

MAKE SOMEONE SICK, TO (sl.)

hastiar, ponerle a uno malo, descomponerle a uno, dar asco, reventarle a uno.

His arrogance makes me sick.

Sus pretensiones me revientan.

MAKE SOMEONE TICK, TO

mover, impulsar, hacer vibrar.

It's neither women, nor money or power. I do not know what makes this man tick.

No son las mujeres, ni el dinero, ni el ansia de poder. Yo no sé qué cosa ambiciona este hombre en la vida.

MAKE SOMETHING GOOD, TO

1) compensar, resarcir, indemnizar, pagar.

Frank will make good the money you spent in helping his brother.

Frank te resarcirá del dinero que gastaste para ayudar a su hermano.

2) cumplir, hacer honor a.

Britain made good her promise to aid Poland if the latter was attacked.

Inglaterra cumplió su promesa de defender a Polonia en caso de que la atacaran.

3) demostrar, probar.

Not being able to make good his accusation he thought it best to withdraw his claim.

Al no poder probar sus acusaciones, estimó conveniente retirar su demanda.

4) realizar, llevar a feliz término.

I hope he makes good his project.

Confío en que llevará a feliz término su proyecto.

MAKE THE BEST (or MOST) OF A BAD JOB, TO

tratar de conseguir del mal el menos, sacar el mejor partido posible, salvar lo que se pueda.

As I could not prevent John from going to America I decided to make the best of a bad job and gave him some business commissions to perform.

Al no poder impedir que Juan se marchara a América, decidí sacar el mejor partido posible de la situación y le confié varias gestiones comerciales.

MAKE THE GRADE, TO

1) distinguirse, destacarse, sobresalir, ser conocido.

She golfs well in our local tournaments but I wonder if she'll ever make the grade in international competition.

El golf se le da muy bien en nuestros concursos locales, pero no sé si llegaría a sobresalir en una prueba internacional.

2) conseguir alguna cosa, superar una prueba, calificarse.

He wants to join the medical school next year but I do not know if he'll make the grade.

Quiere ingresar en la escuela de medicina el año que viene, pero no sé si lo conseguirá.

MAKE THE MOST (or BEST) OF, TO

aprovechar, sacar el máximo partido, saberse administrar.

Now that you are given the opportunity you should make the most of it.

Ahora que tienes la oportunidad, deberías aprovecharla.

MAKE THE SCENE, TO

darse una vuelta por algún lugar, visitar, acudir a los lugares de diversión favoritos.

Tomorrow we could make the horse races scene.

Mañana podríamos darnos una vuelta por las carreras de caballos.

MAKE THINGS HUM, TO

hacer que las cosas marchen como es debido, activar el trabajo.

The announcement of the inspector's visit is guaranteed to make things hum around the department.

El anuncio de la visita del inspector es una garantía de que en la sección se va a activar el trabajo.

MAKE UP, TO

1) hacer.

We can't leave the hotel before our luggage is made up.

No podemos marcharnos del hotel hasta que hayamos hecho el equipaje.

2) inventar, forjar.

John made up the whole story to scare you.

Juan se inventó todo eso para asustarte.

3) compensar, resarcir, recuperar.

Anne got no Christmas present this year but we will make it up to her some other way.

A Ana no le hemos hecho ningún regalo de Navidad este año, pero ya se lo compensaremos de algún modo.

4) maquillar.

Make-up doesn't suit your complexion.

A tu cutis no le va el maquillaje.

MAKE UP A QUARREL, TO.
Véase PATCH UP A QUARREL, TO.

MAKE UP ONE'S MIND, TO
decidirse, determinarse.

He has proposed to her but she has not yet made up her mind.

Él se le declaró, pero ella no se ha decidido todavía.

MAKE YOURSELF AT HOME
está usted en su casa, instálese con toda comodidad.

Make yourself at home because we are going to talk for a long time.

Instálese con toda comodidad, pues tenemos que charlar un buen rato.

MALE CHAUVINIST, A
«machista» (partidario de mantener a la mujer en una condición socio-jurídica inferior a la del hombre).

I don't mind being called a male chauvinist but a male chauvinist pig is a bit too much.

No me importa que me llamen «machista», pero «machista» asqueroso ya es demasiado.

MAN AND WIFE
marido y mujer.

They shouldn't be secrets between man and wife.

No debe haber secretos entre marido y mujer.

MAN FOR THE JOB, THE
el hombre indicado.

If you want to send someone to the Paris office I think that John is the man for the job.

Si queréis mandar a alguien a la oficina de París, creo que Juan es el hombre indicado.

MAN FRIDAY
(alusión a Viernes, el criado de Robinson Crusoe); secretario particular, ayudante personal, ayudante que se encarga de toda clase de asuntos, factótum, brazo derecho.

My office may look very impressive to yop but actually I am just a sort of man Friday to the manager.

Mi despacho te podrá parecer muy aparatoso, pero en el fondo no soy más que un secretario particular del director.

MAN IN THE STREET, THE

el hombre vulgar y corriente, el ciudadano ordinario, el español medio, el profano, la gran mayoría de la gente.

It's difficult for the man in the street to understand the intricacies of economics.

A los hombres vulgares y corrientes nos resulta difícil comprender las complejidades de la economía.

She ran away from her home with a common man in the street, people in entirely different standings, maybe as a reaction to the false atmosphere that surrounded her.

Se escapó con un hombre vulgar y corriente —que pertenecía a una clase social enteramente distinta— quizá como reacción al ambiente falso que la rodeaba.

The man-in-the-street reaction is favourable to the new bill.

La reacción popular es favorable al nuevo proyecto de ley.

MAN OF HIS WORD, A

hombre de palabra, hombre que hace honor a su palabra.

The Minister is a man of his word and would never go back on his promise.

El ministro es un hombre de palabra, incapaz de faltar a su promesa.

MAN OF THE WORLD

hombre de mundo.

A post like this calls for a man of the world like Luis.

Para un cargo de esta clase se necesita a un hombre de mundo como Luis.

MAN OVERBOARD!

¡hombre al agua!

I was in my cabin when I heard the cry «man overboard!».

Me hallaba en mi camarote cuando oí el grito de: «¡Hombre al agua!»

MANY HAPPY RETURNS OF THE DAY

felicidades, por muchos años.

I don't mind wishing grandmother many happy returns of the day, but the trouble is that I have to recite a verse too.

No me importa felicitarle el cumpleaños a la abuela, pero lo malo es que, además, tengo que recitarle una poesía.

MANY'S THE TIME

muchas veces, frecuentemente.

Many is the time I've thought of retiring but I don't seem to find the right moment.

He pensado muchas veces en retirarme, pero nunca encuentro el momento oportuno.

MARK MY WORDS

recuerde lo que le digo, tome nota de esto, fíjese en lo que le digo.

You mark my words. In three years time all this will seem ridiculous to us.

Fíjese en lo que le digo: dentro de tres años todo eso nos parecerá ridículo.

203 MAY AND DECEMBER MARRIAGE

MARK UP

margen comercial.

Mark-ups are usually high in countries with high labour costs.

Los márgenes comerciales suelen ser altos en los países en que los costes de personal son elevados.

MARRIAGES ARE MADE IN HEAVEN

Casamiento y mortaja, del cielo bajan.

MASS MEDIA. Véase NEWS MEDIA.

MASS TRANSPORTATION

transporte público, transporte en común.

Mass transportation offers the only solution to the problem of traffic congestion in large cities.

El transporte público constituye la única solución a los problemas del tránsito en las grandes ciudades.

MASTER OF ARTS (SCIENCES)

Licenciado en filosofía y letras (en ciencias exactas, políticas, naturales, etc.).

(La equivalencia académica entre «Master of Arts» y «Licenciado en filosofía y letras» presenta más excepciones que casos de coincidencia. Así, por ejemplo, un «Master of Arts» puede ser el título acreditativo de una doble especialización en matemáticas y economía. La divergencia máxima corresponde a algunas universidades inglesas que no conceden más que títulos de «Master of Arts», aun cuando el licenciado haya cursado exclusivamente asignaturas que incluso en Inglaterra sólo podrían calificarse como pertenecientes a las ciencias, obedeciendo a un sentido tradicional muy propio de aquel país.)

I got my master's degree the same year than you.

Me licencié el mismo año que tú.

MASTER'S EYE MAKES THE HORSE (HOG) FAT, THE

El ojo del amo engorda el caballo.

MATCH-MAKER, A

persona casamentera.

Mother prides herself on being a match maker and says there is no girl of good education for whom she cannot find a husband.

Mi madre se las da de casamentera. Dice que no hay ninguna chica de buena educación a la que no sea capaz de encontrar marido.

MAY AND DECEMBER MARRIAGE, A

matrimonio entre una mujer joven y un hombre de edad.

Many people say that most May and December marriages are based on money considerations... on May's side.

Hay mucha gente que dice que la mayor parte de los matrimonios entre chicas jóvenes y hombres viejos se basan en conside-

raciones pecuniarias... por parte
de la chica.

MEAN BUSINESS, TO (sl.)

hablar en serio, ir una cosa en
serio, estar uno realmente decidido.

*I was a bit scared when I realized
that he meant business.*

Me asusté un poco cuando me di
cuenta de que hablaba en serio.

MEAN WELL, TO

proceder con buena intención.

*You shouldn't get angry. She
meant well.*

No debes enfadarte. Lo hizo con
buena intención.

MEASURE UP TO (or WITH), TO

responder, estar a la altura de,
poderse comparar con, quedar.

*The final figures just measured up
to predictions.*

Las cifras definitivas respondieron
exactamente a las previstas.

*When I visited the country I real-
ized that what I had read about it
did not measure up to the reality.*

Cuando visité el país, comprobé
que nada de lo que había leído
sobre él se ajustaba a la realidad.

*I hope he will measure up to the
position he has been ofered.*

Espero que esté a la altura del
cargo que le han ofrecido.

MEET HALFWAY, TO

llegar a un arreglo, partirse la
diferencia.

*Your demands seem reasonable
and I'm sure we can meet them
halfway.*

Sus pretensiones son razonables y
estoy seguro de que podremos llegar a un acuerdo.

MEET ONE'S MATCH, TO

encontrarse con la horma de su
zapato.

*If the villagers wanted to be un-
pleasant they met their match in
me: I was yet more unpleasant
than them.*

Si lo que se proponían los lugareños era aparecer antipáticos, encontraron en mí la horma de su
zapato: yo me mostré menos simpático que ellos todavía.

MEET THE REQUIREMENTS, TO

responder a las exigencias, reunir
las condiciones necesarias, cumplir los requisitos, ajustarse.

*This set meets the requirements of
all international standards.*

Este aparato responde a las exigencias de todas las normas internacionales.

MEET THE STANDARDS, TO

estar a la altura, ponerse al nivel
de, ser de la misma calidad.

*The food here doesn't meet in
general our standards.*

La comida de aquí no suele ser
de la misma calidad que la de
nuestro país.

MEND ONE'S FENCES, TO

recuperar el prestigio o la popularidad, ganarse de nuevo el favor, borrar la mala impresión causada.

After his speech in the House he is going to have a hard time mending his fences in his constituency.

Después del discurso que pronunció ayer en el Congreso le va a resultar difícil ganarse nuevamente el favor de los electores.

MIND ONE'S BUSINESS, TO

ocuparse de sus asuntos, no meterse uno en lo que no le importa.

Will you please mind your own business and leave me in peace?

¿Quieres hacer el favor de no meterte en lo que no te importa y dejarme en paz?

MIND ONE'S P'S AND Q'S, TO

poner gran atención en lo que se hace, observar todas las reglas de la etiqueta y de la buena conducta.

The children were warned that they would not again go to a restaurant if they didn't mind their p's and q's.

Se advirtió a los niños que si no se portaban como verdaderos ángeles, no los volveríamos a llevar al restaurante.

MIND YOU

entiéndame, no crea, no puede negarse, por supuesto, la verdad sea dicha, eso sí.

She was a good girl, mind you, but somewhat thoughtless.

Era una buena chica, no crea, pero algo irreflexiva.

MISH-MASH, A. Véase HODGE-PODGE, A.

MISS THE POINT, TO

no caer en la cuenta, no comprender, no verle la gracia, o la punta, o la intención, a un chiste, a un argumento, etc.

Mr. Johnson's reply shows that he has missed the point completely.

La respuesta del señor Johnson demuestra que no ha comprendido en absoluto el verdadero sentido de lo que estamos discutiendo.

MIX UP, TO

1) mezclar, combinar, preparar, aderezar.

I'm going to mix up a special cocktail for you.

Voy a prepararte un combinado especial.

2) confundir.

Our neighbour always mixes me up with my brother.

Mi vecino siempre me confunde con mi hermano.

3) equivocado, desorientado, confundido.

I would appreciate if you would repeat the last proposal because I am a bit mixed up.

Le agradecería que repitiera su última propuesta, pues estoy un poco desorientado.

MIXED BLESSING, A

ventaja (adelanto, bien) a medias (dudoso, discutible), que tiene sus ventajas y sus inconvenientes.

A parliamentary committee which investigated consumer credit a few years ago came to the conclusion that a credit-debt society was a mixed blessing.

Una comisión parlamentaria que hace algunos años investigó el asunto del crédito concedido al consumo privado llegó a la conclusión de que el sistema tenía sus ventajas y sus inconvenientes.

MIXED FEELINGS

sentimientos encontrados, opiniones distintas, reacciones diversas.

The proposal was greeted with mixed feelings.

La propuesta fue acogida con reacciones diversas.

MODESTLY SPEAKING

modestia aparte.

I think that this article, modestly speaking, has turned out rather well.

Modestia aparte, creo que el artículo me ha salido bastante bien.

MONEY BEGETS MONEY

Dinero llama a dinero.

MONEY DOES NOT GROW ON TREES

el dinero no lo regalan, el dinero cuesta mucho ganarlo.

The country is very rich but do not think that money does grow on trees here.

Este país es muy rico, pero no vayas a pensar que aquí atamos los perros con longanizas.

MONEY MAKES THE MARE TO GO

Poderoso caballero es don dinero. Por dinero baila el perro.

MONEY SUPPLY

circulación fiduciaria.

One way of warding off inflationary pressures is to hold down the growth of money supply.

Una manera de frenar las fuerzas inflacionistas es conteniendo el crecimiento de la circulación fiduciaria.

MONKEY BUSINESS (sl.)

triquiñuela, tontería, treta, jugarreta.

I suspected all along that he was up to some monkey business.

Desde el primer momento me di cuenta de que tramaba alguna jugarreta.

MOOT POINT, A

1) asunto discutible (polémico, por decidir), que está por ver, que no se ha demostrado.

That all sailors have a girl in every port is a moot point.

No se ha demostrado que todos los marinos tengan una novia en cada puerto.

2) asunto teórico, caso hipotéti-
co, posibilidad abstracta, que no
tiene importancia práctica.

*I know the question is a moot
point but I'm posing it for argument's sake.*

Ya sé que el asunto no tiene ninguna importancia práctica, pero lo
planteo para apoyar mi razona-
miento.

MORE OFTEN THAN NOT

la mayoría de las veces, muy a
menudo, casi siempre, generalmente.

*More often than not I have coffee
in the morning.*

Generalmente, tomo café por la
mañana.

MORE THAN ONE'S SHARE

más de la cuenta, más de lo justo,
más de lo que a uno le corresponde o más de lo que uno me-
rece, superior a lo normal, más
de lo corriente.

*You have no right to ask for fur-
ther assistance. I have already given you more than my share.*

No tenéis ningún derecho a pedir
que os siga ayudando. Ya os he
dado más de lo que me correspondía.

MOTHER-TO-BE. Véase FA-
THER-TO-BE.

MOVE ON, TO

1) circular, marcharse.

We wanted to see what was hap-

*pening, but the police asked us
to move on.*

Queríamos ver lo que pasaba, pero
la policía nos ordenó que circu-
láramos.

2) ¡Andando!

Get a move on!

MUCH ADO ABOUT NO-THING

Mucho ruido y pocas nueces. Mucho ruido para nada. Nada entre
dos platos.

MUM'S THE WORD

ni una palabra (de lo dicho), a
callar tocan, al buen callar llaman Sancho, chitón, silencio.

*Apparently the new math teacher
intends to leave the school after
the term is over. But mum's the
word.*

Parece ser que el nuevo profesor
de matemáticas quiere marcharse de la escuela al terminar el
curso. Pero ni una palabra a
nadie.

MY FOOT (EYE)!

¡y un jamón!, ¡naranjas de la
China!, ¡que te crees tú eso!, ¡ni
hablar!

*You're going to beat me in ten-
nis? My foot!*

¿Que vas a ganarme al tenis?
¡Que te crees tú eso!

MY HEART BLEEDS FOR...

(utilizado siempre en sentido irónico en esta expresión).

me muero de pena por, se me parte el corazón, siento una pena infinita.

My heart bleeds for those sensitive citizens who would not oppose terrorism with force.

Siento una pena infinita por aquellos ciudadanos exquisitos que no son partidarios de recurrir a la fuerza para luchar contra el terrorismo.

MY LOSS

lo que me pierdo, ¡qué lástima!

I won't be able to go to your party. My loss!

No podré ir a tu fiesta. Siento perdérmela.

N

NAME DROPPER, A

(Persona que en una conversación pretende impresionarnos soltando nombres de gente importante, afectando su amistad con ellos.)

persona que presume de amistades, ser de las personas que te preguntan «¿conoces a fulanito?» y «¿conoces a menganito?»

Name droppers are the worst bores at parties.

Los peores pelmazos de una reunión son los que pretenden impresionarnos mencionando continuamente a gente importante.

Brand-name droppers are a well known kind of name droppers.

Una forma bien conocida de presumir es la del que pretende hacernos creer que sólo gasta productos de marca.

NAME OF THE GAME, THE

lo que hace todo el mundo, lo que priva, lo que se lleva; el asunto de que se trata, el objetivo perseguido.

Don't get alarmed with this prediction for mankind. Exaggeration is the name of the game nowadays.

No te alarmes con estas previsiones sobre el futuro de la humanidad. Hoy día todo el mundo se dedica a exagerar.

NAME WITH A HANDLE, A

tener el «de».

«What did you say your name was?»

«Simone de Rochefort.»

«O, I love those French names with a handle.»

—¿Cómo dijo que se llamaba?

—Simone de Rochefort.

—¡Ah!, me encantan esos nombres franceses que tienen el «de».

NASTY TRICK, A

mala pasada, mala partida, jugarreta, canallada, broma pesada.

He played us a nasty trick last

Christmas by giving us a bottle of whiskey which turned out to be full of stale beer.

Las Navidades pasadas nos gastó una broma pesada: nos dio una botella de whisky que resultó estar llena de cerveza pasada.

NEAR IS MY SHIRT BUT NEARER IS MY SKIN. Véase CHARITY BEGINS AT HOME.

NEAR MISS, A. Véase HAVE A CLOSE CALL, TO.

NEARLY JUMP OUT OF ONE'S SKIN

sobresaltarse, recibir un gran susto.

The children nearly jumped out of their skins when the lion began to roar.

Los niños por poco se mueren del susto cuando el león empezó a rugir.

NECK OR NOTHING

a toda costa, como sea, por encima de todo.

I had to find the money neck or nothing, otherwise I would lose my retainer.

Tenía que conseguir el dinero como fuera, ya que de lo contrario perdía la paga y señal.

NEITHER AM I

yo tampoco.

«I am not hungry to-night.» «Neither am I.»

—Esta noche no tengo apetito.
—Yo tampoco.

NEITHER HERE OR THERE

no venir al caso.

What you just said is neither here or there.

Lo que acabas de decir no viene al caso.

NERVE OF HIM!, THE

¡qué osadía!, ¡qué desvergüenza!, ¿cómo se atreve?, ¿habráse visto?

The nerve of him! He tried to charge us twice.

Trató de cobrarnos dos veces. ¡Qué caradura!

NERVOUS BREAKDOWN, A

agotamiento nervioso, depresión nerviosa.

He studied so hard for his examinations that afterwards he suffered a nervous breakdown.

Estudió tanto para preparar los exámenes que después sufrió un agotamiento nervioso.

NERVOUS WRECK, A

ser un manojo de nervios.

Having looked after the children all day by this time I'm a nervous wreck.

A estas horas, después de estar todo el día vigilando a los niños, soy un manojo de nervios.

NEST-EGG, A

ahorros, reservas, economías.

I put money into Jane's account

*every month in order that she
may have a nest-egg when she
grows up.*

Todos los meses ingreso algún dinero en la cuenta de Juana para
que tenga unas reservas cuando
sea mayor.

NEVER MIND

no se moleste, olvídelo, no importa, no se preocupe, no haga
caso, déjelo.

*Never mind the boy. I'll take care
of him.*

No se preocupe por el chico. Yo
me encargaré de él.

NEVER-ENDING

interminable, inagotable, sin fin.

*They embarked on a naver-ending
discussion.*

Se enzarzaron en una discusión
interminable.

NEVER-NEVER LAND, A

la tierra de irás y no volverás, un
paraíso.

*Your descriptions of Australia
have made me think of it as a
never-never land.*

Por lo que me dices de Australia,
he llegado a imaginarla como un
paraíso.

NEW DEAL, A

nuevo régimen administrativo, nueva política, nuevas condiciones.

*The Minister has promised the
farmers a new deal based on increased Government subsidies and
a wider social security scheme.*

El ministro ha prometido a los
agricultores un nuevo régimen administrativo basado en mayores
subvenciones estatales y una más
amplia seguridad social.

(El famoso «New Deal» del presidente Roosevelt ha quedado con-
sagrado en su forma inglesa, por
lo que su traducción estaría fuera
de lugar.)

NEWS MEDIA

órganos de información, medios
de difusión, medios de comunicación social.

*The role of news media (press,
radio and television) is to keep
the public informed of what is
happening in the world.*

La función de los órganos de difusión (prensa, televisión y radio)
estriba en tener al público informado de lo que ocurre en el
mundo.

NEXT BEST THING TO, THE

lo más parecido, lo que más se
acerca a.

*An international call is the next
best thing to being there.*

Una llamada internacional es lo
más parecido a dialogar en persona con el interlocutor.

NEXT TO NOTHING

casi nada, insignificante.

*His contribution was next to no-
thing.*

Su aportación fue insignificante.

I don't see why she says she is

tired because she does next to nothing during the day.

No comprendo por qué dice que está cansada cuando no hace prácticamente nada en todo el día.

NIGHT OWL, A

pájaro nocturno, trasnochador.

I couldn't go to bed before two o'clock. I've always been a night owl.

No puedo irme a la cama antes de las dos. Siempre he sido un trasnochador.

NIP AND TUCK

muy reñido, estrechamente disputado.

The presidential battle was nip and tuck all the way.

La lucha por la presidencia fue reñidísima desde el primer momento.

NIP IN THE BUD, TO

cortar de raíz, atajar en los comienzos, cortar en flor, frustrar.

The secret leaked through one of the plotters and the revolution was nipped in the bud.

Uno de los conspiradores reveló el secreto y la revolución fue atajada de raíz.

NITTY-GRITTY, THE

1) los aspectos concretos de un asunto.

Let's leave now the general aspects to get down to the nitty-gritty.

Dejemos ya los aspectos generales para pasar a los concretos.

2) la realidad, la triste (negra) realidad.

They live very carefree now but someday they'll have to face the nitty-gritty of life.

Ahora viven muy despreocupadamente, pero algún día tendrán que enfrentarse con la realidad de la vida.

NO GO (sl.)

inútil, imposible.

We tried to get tickets for to-night but it was no go.

Hemos intentado conseguir entradas para esta noche, pero ha sido inútil.

NO GREAT SHAKES (sl.)

nada extraordinario, nada especial, nada del otro mundo.

He was a wonderful actor but as a director he was no great shakes.

Como actor era magnífico, pero como director no era nada extraordinario.

NO KIDDING!

¿qué me dices?, ¡no me digas!, ¿en serio?, ¡no lo dirás en serio!

«*Didn't you know that Helen broke her arm yesterday?*»

«*No kidding!*»

—¿Sabías que ayer Elena se rompió un brazo?

—¡No me digas!

NO MAN IS A HERO TO HIS VALET

No hay hombre grande para su ayuda de cámara.

NO MAN IS AN ISLAND

nadie puede vivir aislado.

The community reflects a vital need in man. No man is an island.

La sociedad refleja una necesidad vital del hombre. Nadie puede vivir aislado.

NO MATTER HOW

1) sea como sea, de un modo o de otro.

Try to arrange it no matter how.

Procura arreglarlo sea como sea.

2) a pesar de.

He would not let go of me no matter how I protested.

A pesar de mis protestas, no quería soltarme.

3) por, por muy.

I'll come anyway, no matter how tired I am.

Iré por muy cansado que esté.

NO MATTER WHAT

como sea, sea como sea, pase lo que pase.

We'll take the trip next week no matter what.

Saldremos de viaje la semana que viene, pase lo que pase.

NO MATTER WHEN

cada vez que, siempre que.

No matter when you come to town, please call me.

Siempre que vengas a la ciudad, haz el favor de llamarme.

NO MATTER WHERE

dondequiera que, donde sea que, en cualquier sitio.

Think of me, no matter where you are.

Dondequiera que estés, piensa en mí.

NO MATTER WHO

quienquiera que, sea quien fuere.

No matter who may call don't open the door.

Si llaman a la puerta, no abras, quienquiera que sea.

NO-NONSENSE

seriedad, serio, que hace las cosas en serio, sin perder el tiempo en frivolidades ni pequeñeces, sin tonterías.

What I appreciate most in him is his no-nonsense attitude in his business deals.

La cualidad que aprecio más de él es su seriedad en el trato comercial.

NO OBJECT

que no es inconveniente, que no es problema.

I told him that the house he wanted would be very expensive and he said that money was no object.

Le dije que la casa que él quería resultaría muy cara y me contestó que no me preocupara por el dinero.

NO OFFENCE WAS MEANT

no era mi propósito molestar, lo dije (o lo hice) sin mala intención.

I'm sure he meant no offence when he said you looked older.

Estoy seguro de que no era su propósito molestarte cuando te dijo que parecías más viejo.

NO PICNIC

no ser cosa fácil (o agradable), no ser cosa de coser y cantar.

To give five children their breakfast and get them ready for school is certainly no picnic, believe me.

Dar el desayuno a cinco niños, vestirlos y mandarlos al colegio no es cosa fácil, créeme.

NO SOONER SAID THAN DONE

Dicho y hecho.

NO STRINGS ATTACHED

que no lleva aparejada ninguna condición especial, sin compromiso, sin reservas, sin argucias.

Loan him the money with no strings attached. You don't have to tell him how to spend it.

Préstale el dinero sin más. No tienes por qué decirle cómo ha de gastarlo.

He is not the type to give help without strings attached.

No es una de esas personas que presten ayuda desinteresadamente.

The Government is willing to accept foreign loans but with no political strings attached.

El Gobierno está dispuesto a aceptar empréstitos extranjeros pero sin que le impongan condiciones de carácter político.

NO WAY

ni por pienso, ni hablar, imposible.

«Do you think we could go to the opera tomorrow?»
«No way. Tickets have been sold out for two months».

—¿Crees que podríamos ir a la ópera mañana?
—Imposible. Las localidades están agotadas por espacio de dos meses.

NOBODY'S FOOL

que no es ningún tonto, que no le toma el pelo nadie.

I like to do favours but I am nobody's fool.

Me gusta hacer favores, pero no estoy para que nadie me tome el pelo.

NON-ALIGNED

neutralista, que no ha tomado partido por ningún bando.

The so-called non-aligned countries have emerged as an independence movement from the world superpowers.

Los llamados países neutralistas han surgido como un movimiento de independencia con respecto a las superpotencias mundiales.

NO WONDER THAT...

no es de extrañar que, no es raro que...

No wonder that you are so tired after having played tennis for two hours.

No es raro que estés tan cansado después de jugar al tenis durante dos horas.

NOT A BIT

ni así, ni un tanto así, en absoluto, ni pizca.

She doesn't speak a bit of Spanish.

No habla ni pizca de español.

NOT AT ALL

1) de nada, no hay de qué.

«*Thank you very much.*»

«*Not at all.*»

—Muchas gracias.

—No hay de qué.

2) en absoluto, nada de eso, en modo alguno.

«*Do you mind if I open the window?*»

«*Not at all.*»

—¿Te importa que abra la ventana?

—En absoluto.

NOT BY A LONG SHOT

ni nada que se le parezca, ni con mucho, ni por asomo, ni por casualidad, ni de lejos, ni remotamente, lejos de toda comparación.

They don't write books like this any more, not by a long shot.

Los libros que se escriben hoy en día no pueden compararse ni remotamente con éste.

NOT FIT TO HOLD A CANDLE TO ONE

no llegarle a uno ni a la suela del zapato, no poder compararse con.

Albert is intelligent but is not fit to hold a candle to his brother.

Alberto es inteligente, pero no puede compararse con su hermano.

NOT FOR LOVE OR MONEY

por nada del mundo, ni por todo el oro del mundo.

My mother loves this painting and I know she wouldn't sell it for love or money.

Mi madre está enamorada de este cuadro y me consta que no lo vendería por nada del mundo.

NOT KNOW SOMEONE FROM ADAM

no conocer a una persona de nada.

He claims we went to school together but I do not know him from Adam.

Dice que fuimos a la escuela juntos, pero la verdad es que no lo conozco de nada.

NOT MY CUP OF TEA

no es santo de mi devoción.

I don't mind if you invite John although he is not exactly my cup of tea.

No me importa que invites a Juan, aunque no es precisamente santo de mi devoción.

NOT TO BAT AN EYELID

sin pestañear, impasible.

The accused heard the verdict without batting an eyelid.

El acusado escuchó el veredicto sin pestañear.

NOT TO BE ALL THERE (sl.)

no estar bien de la cabeza, no estar en sus cabales, estar chiflado.

She behaved so strangely that I realized she was not all there.

Se comportó de una manera tan rara, que comprendí que no estaba bien de la cabeza.

NOT TO BE ON SPEAKING TERMS

no hablarse, no dirigirse la palabra, estar uno enfadado con alguien, estar enemistado, no estar en buenas relaciones.

Since I had the quarrel with Helen last summer we are no longer on speaking terms.

Desde que reñí con Elena el verano pasado, no hemos vuelto a hablarnos.

NOT TO BE OUTDONE

para no ser menos, que no le gusta ser menos que los demás, que no es persona de las que se quedan atrás.

Anna wore her lovely emerald necklace at the ball. Geraldine, not to be outdone, had a diamond tiara.

Ana se puso su precioso collar de esmeraldas para ir al baile. Geraldine, para no ser menos, lució una diadema de diamantes.

NOT TO BE SNEEZED AT

que no es ninguna tontería, que no es para hacer ascos, nada despreciable.

His bone china collection is nothing to speak of but his paintings are not to be sneezed at.

Su colección de porcelanas no es gran cosa, pero sus cuadros no son ninguna tontería.

NOT TO GET TO FIRST BASE

no ir a ninguna parte, no conseguir nada, no llegar ni a la esquina, fracasar de entrada.

Unless you change your approach you won't get to first base with them.

Como no cambies de actitud no conseguirás nada de ellos.

NOT TO GO WHERE ONE DOESN'T BELONG

no meterse uno en lo que no le importa, no meterse uno donde no le llaman.

I could tell Joan a few things about her fiancé, but I don't want to go where I don't belong.

Podría decirle a Juana unas cuantas cosas sobre su novio, pero no me gusta meterme donde no me llaman.

NOT TO KNOW THE FIRST THING ABOUT SOMETHING

no saber ni una palabra de algo.

If you tell me that Marseilles is the capital of France you don't know the first thing about geography.

Diciéndome que Marsella es la capital de Francia, me demuestras que no sabes una palabra de geografía.

NOT TO MINCE WORDS (or MATTERS)

hablar sin reticencia, no tener pelos en la lengua, hablar con toda franqueza.

I told him without mincing words that we would not tolerate his interference any longer.

Le dije con toda franqueza que no seguiríamos tolerando su intromisión.

NOT TO TAKE NO FOR AN ANSWER

no arredrarse ante una negativa, no hacer caso de las prohibiciones, no aceptar negativas.

He is a boy who does not take no for an answer.

Es un chico que no hace caso de las prohibiciones.

NOT TO THINK MUCH OF

no considerar como algo extraordinario, no tener un alto concepto de alguien, no tenerle en mucha estima.

Despite all his degrees I don't think much of him as a doctor.

A pesar de todos sus diplomas, como médico no creo que sea nada extraordinario.

NOT TO TURN A HAIR

no inmutarse, impasible, sin ni siquiera pestañear.

George didn't turn a hair when his father told him that he was disinherited.

Jorge se quedó impertérrito cuando su padre le dijo que lo había desheredado.

NOTHING DOING (sl.)

ni hablar, nada de eso, de ninguna manera, ni por pienso, ser inútil, ni soñarlo.

«Could I borrow fifty pesetas from you?»

«Nothing doing! You still owe me the cost of the ticket from the last time we went to the cinema.»

—¿Podrías prestarme cincuenta pesetas?

—¡Ni soñarlo! Todavía me debes el cine de la última vez que fuimos.

I've prayed her to sell me two tickets for tonight but nothing doing. Everything is sold out.

Le he rogado que me vendiera dos entradas para esta noche, pero ha sido inútil: todo se ha agotado.

NOTHING OF THE SORT

nada de eso, ni pensarlo, ni hablar.

That I am going to marry Edward? Nothing of the sort.

¿Casarme con Eduardo? Ni hablar del peluquín.

NOTHING OUT OF THIS WORLD

nada del otro mundo, nada del otro jueves.

His new book is nothing out of this world.

Su nuevo libro no es nada del otro jueves.

NOTHING TO IT. V. THERE'S NOTHING TO IT.

NOTHING TO ME. V. THAT IS NOTHING TO ME.

NOTHING TO SPEAK OF

no vale la pena, es insignificante, nada digno de mención.

The film we saw last night is nothing to speak of.

La película que vimos anoche era muy poca cosa.

NOTHING TO WRITE HOME ABOUT

nada extraordinario, nada del otro mundo, no es como para andarlo pregonando.

As an artist I must say that she is nothing to write home about.

Como artista, debo decir que no es nada extraordinario.

(La traducción literal, «no es como para escribir a casa», si bien no es propia de nuestro idioma, no deja de tener su gracia. Alude, evidentemente, a la situación de una persona alejada de su fami-lia y a la que se supone cierta dosis de ingenuidad, que no puede reprimir el impulso de comunicar a los suyos sus impresiones sobre un determinado hecho.)

NOW AND THEN

de cuando en cuando, ocasional-mente, a veces.

I run into Mary now and then in the shops.

A veces me encuentro con María en las tiendas.

NOW YOU ARE TALKING

eso ya es otra cosa, eso es ponerse en razón.

Now you're talking. If this price includes the accessories I'll take the car.

Eso ya es otra cosa. Si en ese precio van incluidos los accesorios, me quedo con el coche.

NULL AND VOID

nulo, sin efecto, sin eficacia jurídica.

The Court declared the marriage null and void.

El Tribunal declaró nulo el matrimonio.

NUMBER ONE

uno mismo, yo.

Don't expect number one to cook dinner to-night. I am too tired.

No esperes que haga la cena esta noche. Estoy demasiado cansada.

O

ODD JOBS

chapuzas, remiendos, trabajos de poca monta; empleos ocasionales.

Since he lost his position he is only been doing odd jobs for his friends.

Desde que perdió el empleo no ha hecho más que trabajos de poca monta para sus amigos.

ODD-MAN OUT

1) el designado en suerte para iniciar un juego, acometer una empresa, etc.

We couldn't come to an agreement, so we decided to draw lots. I tossed up a coin and John was odd-man out.

Al no llegar a un acuerdo decidimos echarlo a suertes. Lancé una moneda al aire y le tocó a Juan.

2) excepción, rareza, desplazado, desparejado, diferente, que se distingue de los demás.

I don't mind modern trends. I am going to teach my child my own educational system even if he has to be the odd-man out.

No me importan las corrientes modernas. Voy a educar a mi hijo a mi manera aunque tenga que ser el único distinto de los demás.

ODD PAIR, AN

1) uno de cada par, desaparejados.

This pair of shoes is odd.

Estos dos zapatos están desaparejados.

2) un par de reserva, una muda.

Whenever I travel I take an odd pair of shoes with me.

Cuando viajo, siempre me llevo un par de zapatos de reserva.

ODDLY (STRANGELY) ENOUGH

cosa rara, por raro que parezca.

Yes, he came in this evening but strangely enough he didn't have his usual beer. He had a glass of milk.

Sí, estuvo aquí esta noche, pero, cosa rara, en lugar de tomarse su cerveza habitual se tomó un vaso de leche.

ODDS AND ENDS

restos, retales, cajón de sastre, cuatro trapos (o cosas), uno de aquí y otro de allá, trozos.

Why is she such a successful designer? Because she can put odds and ends together to create any costume.

¿Por qué tiene tanto éxito como modista? Porque con cuatro trapos es capaz de hacerte un vestido.

ODDS ARE AGAINST, THE

ser muy poco probable, tener muchas probabilidades en contra.

We'll fight against them if you want it, but the odds are against us.

Lucharemos contra ellos si quieres, pero llevamos las de perder.

ODDS ARE THAT..., THE. Véase CHANCES ARE THAT...

OF ALL PLACES (or THINGS, PEOPLE, THEM, etc.)

nada menos que, justamente.

After disappearing for a year my brother turned up in Tokyo of all places.

Después de una desaparición que duró un año, mi hermano apareció nada menos que en Tokio.

Of all things, a brand new refrigerator stood in one corner of the sheik's tent.

En un rincón de su tienda, el jeque tenía lo último que podía

imaginarme: una nevera último modelo.

OF NO ACCOUNT

sin importancia.

Forget about the incident. It is of no account.

Olvida el incidente. No tiene importancia.

OF NO AVAIL

inútilmente, con resultado negativo.

I tried to convince him but it was of no avail.

Traté de convencerle, pero el resultado fue negativo.

OFF AND ON (sl.)

de cuando en cuando, a veces, a ratos, esporádicamente, a intervalos.

We go hunting off and on at the week-ends.

Algunos fines de semana vamos a cazar.

OFF BEAT. Véase OFF THE BEATEN TRACK.

OFF LIMITS

zona prohibida, terreno vedado, lugar acotado.

The downtown area was off limits to the occupying troops.

Las tropas de ocupación tenían prohibida la entrada a la zona del centro de la ciudad.

OFF SEASON

fuera de temporada.

Hotels are cheapper off season.

Los hoteles tienen precios más bajos fuera de temporada.

OFF SHORE

frente a la costa, a la vista de la costa.

The ship was lying about two miles off shore.

El buque se encontraba a unas dos millas de la costa.

OFF STAGE. Véase BACK STAGE.

OFF THE BEAM (sl.)

equivocado, despistado, perdido, desorientado.

If you check the figures he gave us against those in the report you'll see that he was slightly off the beam.

Si comparas las cifras que nos dio con las que figuran en el informe advertirás que estaba un tanto equivocado.

OFF THE BEATEN TRACK

fuera de lo corriente, que se aparta de lo vulgar.

You are going to like the exhibition because his painting is quite off the beaten track.

Te gustará la exposición: es una pintura fuera de lo corriente.

OFF THE CUFF

improvisado, de buenas a primeras, *ex tempore*, espontáneo.

The President made an excellent speech off the cuff.

El presidente pronunció un excelente discurso improvisado.

OFF THE RECORD

en confianza, confidencialmente, oficiosamente, que no conste en acta, entre nosotros.

Speaking off the record I would say the new teacher has an exaggerated idea of his own abilities.

Entre nosotros, yo creo que el nuevo maestro tiene una idea exagerada de sus aptitudes.

OFF-COLOUR

1) atrevido, subido de tono, de mal gusto.

He is very keen on telling off-colour jokes.

Es muy aficionado a contar chistes verdes.

2) en baja forma, decaído, marchito.

Arthur's performance was a disappointment to the coach as it was off-colour.

La actuación de Arturo defraudó al entrenador, pues demostró estar en baja forma.

3) descolorido, pálido, flojo, débil.

She washed the printed dress with amonia and now it's off-color.

Lavó el vestido estampado con lejía y le ha quedado descolorido.

OFF-HAND

improvisadamente, por las buenas, sin preparación, a primera vista, por encima; de sopetón, brusco.

Off-hand, I would say that we will need some five hundred chairs.

Sin precisar demasiado, calculo que nos harán falta unas quinientas sillas.

OLD FLAME, AN (sl.)

antiguo amor.

I ran into an ola flame of mine at last night's party.

En la fiesta de anoche me encontré con un antiguo amor.

OLD HAND, AN

experto, veterano, perro viejo.

My friend James is an old hand at bridge.

Mi amigo Jaime es un experto en materia de bridge.

OLD HAT

viejo, gastado, anticuado, pasado de moda, archiconocido.

Most of his jokes were old hat.

La mayor parte de los chistes que contó eran muy viejos.

OLD WIVE'S TALES

cuentos de viejas, supercherías, monsergas.

Medical science has proved that the adage that you should always sleep with an open window is an old wive's tale.

La ciencia médica ha demostrado que el consejo de dormir siempre con la ventana abierta obedece a una falsa creencia.

ON A SHOE STRING

por poco dinero, con cuatro cuartos.

He started this business on a shoe string.

Empezó este negocio con cuatro perras.

ON ACCOUNT OF THIS

por este motivo, por eso.

In the middle of the tour George was told that his uncle had died and on account of this we decided to return home at once.

A mitad del viaje, Jorge recibió la noticia de que su tío había muerto; y por eso decidimos regresar a casa en seguida.

ON EASY STREET

en buena situación económica.

After winning the football pool the whole family seems to be on easy street.

Desde que acertó la quiniela, la situación económica de la familia parece excelente.

ON EDGE

nervioso, irritable, con los nervios de punta, con los nervios en tensión.

Knowing that I was to appear on TV that evening I was on edge the whole day.

Pensando que tenía que aparecer aquella noche en la televisión, estuve nervioso todo el día.

ON FOOT
a pie.
I came on foot.
He venido a pie.

ON ITS OWN MERITS
en su justo valor, por su valor intrínseco, sopesando las ventajas y los inconvenientes.
The proposal has to be considered on its own merits.
La propuesta ha de ser considerada en su justo valor.

ON LOCATION
en los escenarios naturales, exteriores.
The film was shot on location in Spain.
Los exteriores de la película fueron rodados en España.

ON MY WAY
a la ida, en camino, por el camino, de paso.
I went to see Edward and on my way it struck me that it would be nice to buy his wife a bouquet.
Fui a ver a Eduardo y por el camino se me ocurrió que estaría bien comprarle unas flores a su mujer.

ON NO ACCOUNT
de ninguna manera, bajo ningún concepto o pretexto.
On no account must you go and play in the garden.
No quiero de ninguna manera que vayas a jugar al jardín.

ON OCCASION. Véase NOW AND THEN.

ON ONE'S BEAM-ENDS
con el agua al cuello, a la cuarta pregunta, en las últimas, en una situación apurada.
My partner's embezzlement has left me on my beam-ends.
La estafa de mi socio me ha dejado con el agua al cuello.

ON ONE'S LAST LEGS
al borde de la quiebra, en las últimas boqueadas, a la cuarta pregunta.
The local opera company is just about on its own last legs.
La compañía de ópera local está dando las últimas boqueadas.

ON ONE'S OWN
por cuenta propia.
I left the company and now I am on my own.
Dejé la compañía y ahora trabajo por mi cuenta.

ON ONE'S TOES
con los ojos muy abiertos, sobre aviso, alerta, al tanto.
The general kept his men on their toes by spreading reports of enemy preparations for attack.
Haciendo circular la noticia de que el enemigo se disponía a atacar, el general mantuvo a sus hombres alerta.

ON OR ABOUT
sobre, aproximadamente, alrededor de.

Precise dates for the meeting have not yet been set but it can be assumed that it will commence on or about the 15th of January.

No se han fijado todavía las fechas de la reunión, pero puede partirse de la base de que empezará alrededor del 15 de enero.

ON PAROLE

(Remisión de la última parte de una condena, bajo palabra de observar buena conducta.)

libertad condicional.

After serving three years of his five-year sentence he was released on parole.

Cuando hubo cumplido tres de los cinco años de condena, se le concedió la libertad condicional.

ON PINS AND NEEDLES

en ascuas, en vilo.

She was on pins and needles when you talked about the broken vase.

Cuando le hablaste del jarrón roto, vi que estaba en ascuas.

ON PROBATION

(Suspensión de la pena impuesta al condenado en juicio que todavía no ha ingresado en la cárcel, a condición de que observe buena conducta y de que se someta a determinados requisitos.)

en libertad vigilada, que goza del beneficio de la remisión condicional.

Taking into consideration his client's age and the lack of a police record, the lawyer was con- *fident in obtaining his release on probation.*

Dada la edad de su cliente y el hecho de que careciera de antecedentes penales, el abogado confiaba lograr que lo pusieran en libertad vigilada.

ON PURPOSE

de propósito, adrede, intencionadamente.

You must forgive her. She didn't do it on purpose.

Debes perdonarla. No lo hizo intencionadamente.

ON SECOND THOUGHTS

pensándolo bien, después de reflexionar.

On second thoughts I think I'm going to accept his proposal.

Después de reflexionar, creo que voy a aceptar su propuesta.

ON TENTERHOOKS. Véase ON PINS AND NEEDLES.

ON THE DOT (sl.)

en punto, como un clavo, puntualmente.

As a landlord, I must admit that Smith has always paid his rent on the dot.

Como propietario, debo reconocer que Smith siempre ha pagado el alquiler puntualmente.

ON THE DOUBLE

(a) paso ligero, volando, inmediatamente, rápidamente.

The children knew their aunt was an imperious woman and that when she asked for something they had to bring it on the double.

Los niños sabían que su tía era una mujer imperiosa y cuando les pedía algo debían traerlo volando.

ON THE FACE OF IT

a primera vista, a juzgar por las apariencias.

On the face of it I would say it's a fake.

A primera vista, diría que es falso.

ON THE HOUSE

por cuenta de la casa, la casa invita.

«*How much do I owe you?*»
«*Nothing. It's on the house.*»

—¿Cuánto le debo?
—Nada. La casa invita.

ON THE LAM

que anda escondiéndose (especialmente de la justicia); escapado de la justicia, fugitivo.

Most skyjackers are either criminals on the lam or men who are emotionally disturbed in one way or another.

La mayor parte de los secuestradores de aviones son fugitivos de la justicia o gente que padece algún trastorno emotivo.

ON THE LEVEL (sl.)

sincero, de confianza, de buena fe; en serio, honradamente.

Then I realized that he was talking half kidding, half on the level.

Entonces me di cuenta de que hablaba medio en broma y medio en serio.

We need a person on the level for this kind of job. Indiscretion would be fatal.

Para este trabajo necesitamos a una persona de confianza. Las indiscreciones serían fatales.

ON THE LOOSE

sueltos, desmandados, campando por sus respetos, de juerga.

I can see from the scratches on my car that the boys in the neighbourhood are on the loose again.

Por las rayas que veo en mi coche deduzco que los niños del barrio andan sueltos otra vez.

ON THE MOVE

en marcha, en plena actividad, sin parar.

Excuse me if I haven't called you before but I've been on the move since we came back from our holiday.

Perdóname que no te haya llamado antes, pero desde que regresamos de nuestras vacaciones no he parado un solo instante.

The picture shows a column of rebel forces on the move.

La fotografía ha captado una columna de fuerzas rebeldes en marcha hacia sus objetivos.

ON THE NOSE (sl.). Véase ON THE DOT.

ON THE OTHER HAND

por otra parte, en cambio.

The new maid might not be very orderly but on the other hand is very good to the children.

La nueva doncella no será muy ordenada, pero en cambio trata muy bien a los niños.

ON THE ROAD

1) de viaje, viajando.

One poll has shown that the average executive can now spend up to 30 per cent of his working life on the road.

Una encuesta ha demostrado que el tiempo que los directivos de las empresas han de dedicar a viajar puede llegar hasta el treinta por ciento de su vida laboral.

2) que realiza una gira, que recorre varios lugares.

The play ends its Madrid run next week to go on the road.

Las representaciones teatrales terminarán en Madrid la próxima semana, después de lo cual la compañía realizará una gira artística por provincias.

ON THE ROCKS (sl.)

1) limpio, helado, sin un céntimo, en mala situación, en bancarrota.

His speculations on the stock market left him on the rocks.

Sus jugadas de bolsa lo dejaron sin un céntimo.

2) sólo con hielo.

«*How would you like your whisky?*»

«*On the rocks, please.*»

—¿Cómo quieres el whisky?

—Sólo con hielo.

3) desastroso, abocado al fracaso, fracasado.

They say that their marriage is on the rocks.

Dicen que su matrimonio va muy mal.

ON THE RUN

1) con prisas, de prisa y corriendo, que anda siempre corriendo, sobre la marcha, sin detenerse.

He's so busy, he's always on the run.

Está tan ocupado, que siempre anda con prisas.

He always has his breakfast on the run.

Siempre toma el desayuno sobre la marcha.

2) huyendo o escondiéndose de la policía (los periodistas, etc.), perseguido.

He was accused of helping terrorists who are wounded or on the run.

Se le acusó de ayudar a los terroristas heridos o perseguidos por la policía.

ON THE SPOT (sl.)

1) en un brete, en el disparadero.

Not that I wish to put you on the spot but I want you to give me an answer by to-morrow.

No es que desee ponerle en el disparadero, pero quiero que me dé una respuesta para mañana.

2) en el lugar indicado, sobre el terreno, *in situ,* directo.

These data are not based on theoretical calculations but on on-the-spot observations.

Estos datos no se basan en cálculos teóricos, sino en observaciones directas.

3) al instante, inmediatamente, en seguida.

I thought there would not be any tickets left but they gave me one on the spot.

Pensé que ya no quedarían billetes, pero me dieron uno en el acto.

ON THE SPUR OF THE MOMENT

en la euforia del momento, en un arranque, obedeciendo a un impulso repentino, impulsivamente, de sopetón, de repente.

I told him «yes» on the spur of the moment but later on I regretted it.

Le dije que sí obedeciendo a un impulso repentino, pero más tarde lo lamenté.

ON THE TAKE

que acepta dinero, comisiones o regalos ilegalmente (por tratarse de un funcionario público, agente de policía, etc.); que se deja sobornar, que cobra.

Policemen suspected of being on the take were transferred to another precinct and put under close surveillance.

Los policías sospechosos de aceptar sobornos fueron trasladados a otra comisaría y sometidos a estrecha vigilancia.

ON THE UP-AND-UP (sl.). Véase ON THE LEVEL.

ON THE WAY. Véase ON MY WAY.

ON THE WAY OUT

que llevan camino (que están en trance) de desaparecer, que están acabándose, a extinguir.

According to the latest statistics four-child families are on the way out.

Según las últimas estadísticas, las familias de cuatro hijos van camino de desaparecer.

ON THE WHOLE

en general, en conjunto.

On the whole he had a good performance.

En general, tuvo una buena actuación.

ON TIME

puntual, a la hora.

I always like to be on time.

Me gusta ser siempre puntual.

ON YOUR WAY!

¡largo de aquí!, ¡fuera!

On your way! I've heard enough nonsense.

¡Largo de aquí! ¡Ya he oído bastantes tonterías!

ONCE A (...) ALWAYS A (...)

genio y figura hasta la sepultura, los (...) son incorregibles, cuando uno ha sido (...), siempre le queda algo.

I don't believe that he has changed one little bit. Once a liar always a liar.

No creo que haya cambiado lo más mínimo. Es un mentiroso y siempre lo será.

ONCE AND AGAIN

tiene el mismo significado que «again»: de nuevo, otra vez.

Here I am once and again.

Aquí estoy de nuevo.

ONCE AND FOR ALL

no te lo quiero repetir, por última vez, de una vez para siempre.

I'm telling you once and for all stop banging this door!

Te lo digo por última vez: deja de dar golpes con la puerta.

ONCE BITTEN TWICE SHY

El gato escaldado del agua fría huye.

ONCE IN A BLUE MOON

casi nunca, de Pascuas a Ramos, muy de tarde en tarde, la semana que no tenga viernes, de uvas a peras.

«*Do you go to the races?*»
«*Once in a blue moon.*»

—¿Acostumbráis ir a las carreras?

—Sólo de Pascuas a Ramos.

ONCE IN A WHILE. Véase NOW AND THEN.

ONCE UPON A TIME

érase una vez, había una vez.

Once upon a time there was a princess...

Érase una vez una princesa...

ONCE-OVER (sl.)

vistazo, ojeada, examen rápido, repaso.

Give the room the once-over before the delegates come in for the conference.

Eche un último vistazo a la sala antes de que lleguen los delegados para la conferencia.

ONE CANNOT EAT HIS CAKE AND HAVE IT TOO

No puede haber pollo en corral y en cazuela. Las dos cosas a la vez no puede ser. No hay término medio: una cosa u otra.

ONE CANNOT MAKE AN OMELETTE WITHOUT BREAKING THE EGGS

No se pescan truchas a bragas enjutas. Lo que algo vale, algo cuesta.

ONE CANNOT SEE THE WOOD FOR THE TREES

Los árboles no dejan ver el bosque.

ONE FOR THE ROAD

la última copa (tomada en un bar
o en privado antes de marcharse
a algún lugar).

«*One for the road?*»
«*No, thank you. I've had enough*».

—¿Tomamos la última?
—No, gracias, ya he bebido bastante.

ONE GOOD TURN DESERVES ANOTHER

Amor con amor se paga.

ONE MAN'S MEAT IS AN-OTHER MAN'S POISON.

Sobre gustos no hay nada escrito.

ONE OF A KIND

único, único en su género, ejemplar único, modelo exclusivo,
caso especial.

*All the items in our shop are
one-of-a-kind pieces which were
found in obscure antique shops.*

Todos nuestros objetos son ejem-
plares únicos descubiertos en las
tiendas de anticuarios modestos.

ONE OF THESE DAYS

el día menos pensado, cualquier
día.

*One of these days I'm going to
dye my hair black.*

El día menos pensado voy a te-
ñirme el pelo de negro.

ONE OF THOSE THINGS (sl.)

cosas de la vida, cosas que ocu-
rren.

*And when she was sure that he
would propose he got married to
another girl. O, well, it's just one
of those things.*

Y cuando ella estaba segura de
que se le iba a declarar, él se
casó con otra. ¡Cosas de la vida!

ONE SWALLOW DOES NOT MAKE A SUMMER

Una golondrina no hace verano.

ONE WAY

1) de ida.
*Let's take a one way ticket only
because he'll bring us back in his
car.*

Tomemos solamente un billete de
ida, porque a la vuelta él nos
traerá en su coche.

2) dirección, sentido.
This street is one way only.

Esta calle es de dirección única.

ONE-MAN SHOW (sl.)

exposición, actuación o representación individuales.

*Margaret held a one-man exhibi-
tion in the best galleries in town.*

Margarita celebró una exposición
individual en la mejor sala de la
ciudad.

ONE-TRACK MIND

de ideas fijas, obsesionado.

*It's no use in trying to persuade
him. He is a one-track mind man.*

Es inútil tratar de persuadirlo.
Está obsesionado.

ONE-UP ONESELF, TO

superarse, superarse a sí mismo.

Bertie has one-upped himself with his last exhibition.

En su última exposición, Bertie se supera a sí mismo.

OPEN HOUSE

1) que está abierto al público, día de visita.

To-morrow it's open house at the University.

Mañana la Universidad estará abierta al público.

2) recibir uno a sus amistades en su casa en cualquier momento, ser muy hospitalario.

We should pay a visit to the Joneses. They told me they keep open house all summer long.

Podríamos hacer una visita a los Jones. Me dijeron que fuéramos a verles este verano siempre que quisiéramos.

Alice keeps open house every first Friday of the month.

Alicia recibe a sus amistades los primeros viernes de mes.

OPEN QUESTION, AN

asunto por resolver, cuestión no decidida.

Whether the government will go so far as to devalue the currency is an open question.

Está por ver todavía si el gobierno se decidirá a desvalorizar la moneda.

OPEN SECRET, AN

secreto a voces.

It's an open secret that he is running for senator.

Todos sabemos que va a presentarse para senador: es un secreto a voces.

OPEN THE DOOR TO, TO

dar pábulo a, ser motivo de, dar entrada a, abrir la puerta a.

Late night visits open the door to gossip.

Recibir visitas a altas horas de la noche da pábulo a habladurías.

OPEN TO QUESTION

discutible, en entredicho.

Failure of his plans will leave the value of his theories open to question.

De fallar sus planes, sus teorías quedarán en entredicho.

OPT IN (OUT), TO

adherirse (renunciar).

The medical scheme is not compulsory for doctors and they can opt in or out as they wish.

El seguro de enfermedad no es obligatorio para los médicos, que pueden adherirse o renunciar al mismo, según deseen.

...OR ELSE

o ya verás, o prepárate, o te atendrás a las consecuencias.

You had better apologise to your father by lunchtime or else...

Lo mejor será que le pidas perdón a tu padre cuando llegue para almorzar, o de lo contrario...

OR SOMETHING
1) ¿o qué?, ¿acaso...?
Are you shy... or something?
¿Eres tímido, o qué?

2) o algo por el estilo.
It looked like a diplomat's home or something.
Parecía la casa de un diplomático o algo por el estilo.

OTHER WAY (A)ROUND, THE
al revés, viceversa, al contrario.
Parents should be the ones to bring up their children and not the other way round.
Son los padres los que deben educar a los hijos, y no al contrario.

OUT-AND-OUT
total, declarado, descarado, sin paliativos.
Motion pictures are becoming permissive to the point of out-and-out pornography.
La tolerancia cinematográfica ha llegado en muchos casos a la pornografía pura y simple.

OUT OF
por.
I am asking it out of curiosity.
Lo pregunto por curiosidad.

OUT OF DATE (or FASHION)
anticuado, en desuso, pasado de moda.

This type of washing machine is quite out of date.
Este tipo de lavadora está ya bastante anticuado.

OUT OF HAND
1) Véase TO GET OUT OF HAND.

2) irreflexivamente, precipitadamente, a la ligera, de entrada.
The possibility should not be dismissed out of hand.
Esta posibilidad no debería rechazarse sin pensarlo bien.

His application was rejected out of hand.
Su solicitud fue rechazada de entrada.

3) impropio, fuera de lugar, indiscreto.
This is an out hand remark.
Esta observación está fuera de lugar.

OUT OF ORDER
estropeado, averiado, «no funciona».
When we got to the elevator we saw the «out of order» sign.
Al llegar al ascensor, vimos el cartel de «No funciona».

OUT OF PRINT
agotado.
I couldn't buy the book you recommended me because it was out of print.
No pude comprar el libro que me recomendaste, pues estaba agotado.

OUT OF SIGHT, OUT OF MIND

Ojos que no ven, corazón que no siente.

OUT OF THE BLUE (or CLEAR SKY)

inesperadamente, como por ensalmo, que no se sabe de dónde viene, como por arte de magia, sin saber cómo, como caído de las nubes.

I hardly had time to put the brakes on because the child appeared out of the blue.

Apenas tuve tiempo de frenar, porque el chiquillo se me cruzó de la manera más inesperada.

How could I write to a strange director out of the blue and say I'd like to make a picture with him?

¿Cómo quieres que, por las buenas, escriba a un director que no conozco para decirle que me gustaría trabajar en una película suya?

OUT OF THE PUBLIC EYE

que está ausente de la escena pública, en el anonimato.

The marshall has been out of the public eye for some months and is reportedly ill.

El mariscal lleva algunos meses apartado de la vida pública y se dice que se encuentra enfermo.

Though ousted from power violently, his enemies let him live a relatively free life out of the public eye.

Aunque fue expulsado del poder violentamente, sus enemigos le permitieron llevar una vida relativamente libre en el anonimato.

OUT OF THE QUESTION

imposible, de ningún modo, ni pensarlo, no hay caso.

Taking your father's car to-night is out of the question.

No pienses en llevarte el coche de papá esta noche.

OUT OF THE WOODS

libre de dudas o dificultades.

And finally, having found a new manager for the factory I think we are definitely out of the woods.

Después de haber encontrado un nuevo director para la fábrica, creo que ya por fin estamos libres de dificultades.

OUT OF THIN AIR

1) de la nada, del aire del cielo.

A writer cannot be expected to create out of thin air. His work must be rooted in what he knows in order for it to have any value to others.

El escritor debe basarse en algo concreto para crear. Para que su obra tenga algún valor debe estar inspirada en sus conocimientos.

2) Véase OUT OF THE BLUE.

OUT OF THIS WORLD

algo de sueño, quimera, maravilla.

You should see the gardens of the Alhambra. They are out of this world.

Has de ver los jardines de la Alhambra. Son una maravilla.

OUT OF TUNE

1) desafinado.

Your piano is out of tune.

Tu piano está desafinado.

2) que no está acorde, que está en desacuerdo, que no marcha al unísono.

The Committee reached the conclusion that the traditional structure of universities is out of tune with the new age and its demands.

El comité llegó a la conclusión de que la estructura tradicional de las universidades no está de acuerdo con los tiempos actuales y sus exigencias.

OVER AND ABOVE

en exceso de, por encima de, además de.

The franchise stipulates that the operator is entitled to any benefits over and above 100.000 dollars a year.

El contrato de concesión estipula que el concesionario tiene derecho a los beneficios que excedan de cien mil dólares anuales.

OVER AND OVER AGAIN

una y otra vez, repetidamente.

I insisted over and over again but to no avail.

Insistí una y otra vez, pero fue inútil.

OVER THE COUNTER

1) de venta libre, que no está sometido a disposiciones oficiales.

There is virtually no country where banks may sell gold over the counter.

Prácticamente, no existe ningún país en que los bancos puedan vender libremente oro al público.

I doubt that you may get this kind of drug over the counter.

Dudo que te despachen este tipo de medicamento sin receta.

2) contratación extraoficial de valores que no se cotizan en Bolsa.

OVERREACH ONESELF, TO

propasarse, excederse, pasarse de rosca.

I think he has overreached himself in buying this expensive home.

Creo que se ha excedido al comprarse esta casa tan cara.

P

PACE-SETTER

que marca la pauta, que sirve de ejemplo, que es imitado por muchos; que constituye un modelo en su género; obra modelo.

We're pleased in offering this smart jacket, for pace-setters.

Nos complacemos en presentar esta elegante chaqueta, destinada a los que imponen la moda.

In its layout, its construction and its design, this building is a pace-setter.

Por su distribución, su construcción y sus líneas, este edificio sienta una nueva concepción arquitectónica.

PAIN IN THE NECK, A (sl.)

persona antipática, incordio, latoso, pelma; pesadez, molestia, fastidio, lata, pejiguera.

She is such a pain in the neck to work with that I can well understand why she hasn't married.

Resulta tan antipática como compañera de trabajo, que comprendo perfectamente que no se haya casado.

Tidying this room is a real pain in the neck and I'm going to leave it for to-morrow.

Ordenar esta habitación es una auténtica lata y voy a dejarlo para mañana.

PAINT THE TOWN RED, TO

sl.). Véase GO OUT ON A SPREE, TO.

PAPER BACK

edición en rústica, edición económica, libro de bolsillo.

Paper backs have contributed to the spreading of literature.

Las ediciones económicas han contribuido a la difusión de la literatura.

PAPER THE HOUSE, TO

repartir pases.

The show was a success because they papered the house.

La función fue un éxito porque se repartieron muchos pases.

PART AND PARCEL

parte esencial, parte integral, parte inseparable, parte.

Going to shows, talking to colleagues and keeping up with the latest trends is part and parcel of an artist's training.

Visitar exposiciones, hablar con los colegas y estar al corriente de las últimas tendencias forma parte de la formación de un artista.

PART ONE'S HAIR, TO

peinarse con raya.

I think he looks much better since he started parting his hair.

A mi juicio está mucho mejor desde que se peina con raya.

PART TIME WORKER, A

1) trabajador eventual, temporero.

Once the term is over I would like my daughter to take a part time job as a secretary during the summer.

Me gustaría que mi hija, una vez terminado el curso, se colocase como secretaria eventual durante el verano.

2) trabajador contratado por horas, a jornada reducida, a media jornada.

During the Christmas season the Post Office takes many part time workers, who frequently have to work longer than full-time hours due to the rush.

Durante la temporada de Navidad, la administración de Correos contrata a muchas personas por horas, que con frecuencia tienen que hacer una jornada superior a la ordinaria debido a la acumulación de la correspondencia.

PARTY POOPER, A. Véase WET BLANK.

PASS MUSTER, TO

pasar revista; ser aceptado; resistir el análisis.

It's the kind of work which wouldn't pass muster.

Es el tipo de trabajo que no resistiría un análisis crítico.

PASS THE BUCK TO SOMEONE, TO

cargarle el muerto a alguien, escurrir el bulto.

In this affair everybody is trying to shun responsibility and pass the buck to someone else.

En este asunto todos tratan de eludir la responsabilidad y cargarle el muerto a otro.

PATCH UP A QUARREL, TO

hacer las paces, poner fin a una querella.

Why don't you patch up your quarrel and go for dinner together?

¡Por qué no hacéis las paces y os vais a cenar juntos?

PAVE THE WAY, TO

allanar, preparar, o abrir, el camino, facilitar las cosas.

The free thinkers paved the way for the French Revolution.

Los librepensadores abrieron el camino a la Revolución francesa.

PAY A VISIT, TO
visitar.

Next time we go to Valencia we'll pay a visit to your uncle.

En nuestro próximo viaje a Valencia, iremos a visitar a tu tío.

PAY AN ARM AND A LEG, TO
costar un ojo de la cara, costar un riñón.

The food is excellent, the atmosphere cosy and surprisingly you don't pay an arm and a leg.

La comida es excelente; el ambiente, muy acogedor, y, lo que resulta extraño, no cuesta un ojo de la cara.

PAY ATTENTION, TO
prestar atención, hacer caso, atender.

You never pay any attention to what I tell you.

Nunca haces caso de lo que te digo.

PAY DIRT
recompensa, suerte, filón, mina.

After months of experimentation the scientists finally hit pay dirt.

Tras meses de experimentos, los científicos vieron finalmente recompensados sus esfuerzos.

PAY LIP SERVICE, TO
expresar uno fingidamente su adhesión, simpatía, etc.

Some states try to follow the principles recommended by the United Nations, some states pay only lip service to these principles.

Algunos estados procuran seguir los principios recomendados por las Naciones Unidas, mientras otros los observan sólo de palabra.

The President has been sharply assailed for paying lip service to peace while pursuing a policy of war.

El Presidente ha sido duramente atacado por proclamar su adhesión a la causa de la paz cuando en realidad sigue una política orientada hacia la guerra.

PAY THE PIPER, TO
pagar los vidrios rotos, cargarse el mochuelo, arrostrar las consecuencias.

Your cousins made a mess of this business. Let them pay the piper.

Tus primos han dejado este asunto hecho un lío. Que arrostren ellos las consecuencias.

PAY THROUGH THE NOSE, TO
pagar un precio exorbitante, pagar gusto y ganas, pagarlo caro.

I'll make him pay through the nose.

Me las pagará caras.

PEACE OF MIND
tranquilidad de espíritu.

With a month in the country you'll regain peace of mind.

Con un mes en el campo recobrarás la tranquilidad de espíritu.

PEANUTS. Véase CHICKEN
FEED.

**P E N N Y   F O R   Y O U R
THOUGHTS, A**

¿en qué estás pensando?, me gustaría saber en qué estás pensando.
*You look worried. A penny for
your thoughts!*
Pareces preocupado. ¿En qué estás pensando?

**PENNY SAVED IS A PENNY
EARNED, A**

Alquimia probada, tener renta y
no gastar nada.

**PENNY-WISE AND POUND-
FOOLISH**

(Dícese del que escatima en los
gastos pequeños y, en cambio, no
repara en los grandes.)
Allegador de la ceniza y derra-
mador de la harina.
La economía del alpiste del ca-
nario.
El chocolate del loro.

PHASE OUT, TO

retirar (suprimir) gradualmente,
suspender gradualmente (por eta-
pas) un servicio.
*The acquisition of new equip-
ment will allow the company to
phase out the older aircraft.*
La adquisición del nuevo material permitirá a la compañía ir
retirando los aviones más viejos.

PICK A QUARREL, TO

buscar camorra, tener ganas de
gresca, buscar pendencia.

*Those boys look like they are
ready to pick a quarrel.*
Parece que esos chicos tienen ganas de gresca.

PICK AND CHOOSE, TO

andarse con remilgos, ser muy
melindroso a la hora de escoger.
*There was no time to pick and
choose so I took the first hat that
fitted me.*
Como no tenía tiempo para an-
darme con remilgos, me quedé
con el primer sombrero que se
ajustaba a mi cabeza.

PICK HOLES IN, TO

poner peros, criticar.
*There aren't many holes to pick
in the new education law.*
A la nueva ley de enseñanza no
se le pueden poner muchos peros.

PICK UP THE TAB, TO (sl.)

pagar los gastos, hacerse cargo de
la cuenta, pagar la fiesta.
*I left the bar early and let Henry
to pick up the tab.*
Me marché muy pronto del bar,
dejando que Enrique se hiciera
cargo de la cuenta.

PIE IN THE SKY, THE

promesas (especialmente las elec-
torales), promesas falsas, cosas
inverosímiles (irrealizables).
*It has been an axiom of politics
that, all else being equal the party that promises the most pie in
the sky will propably win the
most seats.*

Es un axioma político que, en igualdad de circunstancias, el partido que promete más cosas es el que probablemente sacará más puestos en las elecciones.

PIG OUTFIT, A

laboratorio clandestino dedicado a la obtención de drogas.

Narcotics being increasingly expensive, the police fears a mushrooming of pig outfits.

Con el aumento del precio de los estupefacientes, la policía teme que haya una proliferación de laboratorios clandestinos dedicados a la fabricación de drogas.

PIN DOWN, TO

1) determinar, aislar, delimitar.

Let us start by trying to pin down the reasons for his failure.

Empecemos por determinar los motivos de su fracaso.

2) obligar a uno (a mantener una promesa, reconocer los hechos, tomar una decisión, etc.).

I know how to pin him down to his word.

Yo sé cómo obligarle a cumplir su palabra.

3) precisar, definir, encasillar, catalogar, resumir.

His wealth is hard to pin down in numbers, but it is more than $ 100 million.

Es difícil precisar a cuánto asciende su fortuna, pero, desde luego, pasa de los cien millones de dólares.

4) inmovilizar, fijar.

The enemy company was pinned down by a well-placed machine-gun.

Una ametralladora bien emplazada inmovilizó a la compañía enemiga.

PIN ONE'S HOPES IN (or TO, ON), TO

depositar todas las esperanzas en.

Mary had pinned her hopes in getting a job as a model.

María había depositado todas sus esperanzas en conseguir un empleo de modelo.

PINK, THE

el colmo, el *summum,* el no va más.

That woman is the pink of elegance.

Esa mujer es el colmo de la elegancia.

PIN-MONEY

dinero que el marido asigna a la esposa para sus gastos personales.

My wife has an account in practically every store in town so she should not complain that I don't give her much pin-money.

Mi mujer tiene cuenta en casi todas las tiendas de la ciudad, por lo que no debería quejarse de que le doy poco dinero para sus gastos.

PLACE IN THE SUN, A

1) oportunidad de prosperar, oportunidad de disfrutar de las cosas a que tiene derecho todo el mundo,

un puesto en la sociedad (nacional o internacional).

The developing countries are only asking for a place in the sun.

Lo único que piden los países en vías de desarrollo es que se les dé la oportunidad de prosperar.

2) el sueño dorado de una persona, la ambición de su vida, su paraíso particular.

His unexpected affluence allowed him to spend the morning in the beach and in the afternoon painting; he suddenly realized that he had found his place in the sun.

Su inesperada prosperidad le permitía pasarse la mañana en la playa y pintar por las tardes; de pronto, se dio cuenta de que había conseguido realizar su sueño dorado.

3) una posición envidiable, un puesto destacado; abrirse camino.

John is the only one in the family who has achieved a place in the sun.

Juan es el único de la familia que ha conseguido abrirse camino.

PLAY BALL WITH SOMEONE, TO

someterse a los designios de alguien, seguir las instrucciones de otro, colaborar.

In view of the threats on his family he decided to play ball with the gangsters.

En vista de las amenazas proferidas contra su familia, decidió acceder a los designios de los gangsters.

PLAY DOWN, TO

quitar importancia, dar poca importancia.

The Government did its best to play down the prevailing economic crisis.

El gobierno hizo todo lo posible para quitar importancia a la crisis económica reinante.

PLAY HARD TO GET, TO

hacerse la coqueta, hacerse el difícil (el desinteresado, el interesante), hacerse de rogar.

I am sure that Rose is interested in you but she likes to play hard to get.

Estoy seguro de que Rosa siente interés por ti, pero le gusta hacerse la coqueta.

PLAY HAVOC WITH, TO

devastar, asolar, arruinar, producir estragos.

The typhoon played havoc with the fishermen's village.

El tifón produjo estragos en el pueblecito de pescadores.

PLAY HIDE-AND-SEEK, TO

jugar al escondite.

It looks as though we played hide and seek. When I am in New York you are in Washington and viceversa.

Cualquiera diría que estamos jugando al escondite. Cuando yo estoy en Nueva York, tú estás en Washington, y viceversa.

PLAY HOB, TO

hacer de las suyas, hacer travesuras, ocasionar trastornos.

The weather did not affect air traffic in the town but played hob elsewhere in the province.

Las condiciones meteorológicas no afectaron al tránsito aéreo en la ciudad, pero ocasionaron trastornos en el resto de la provincia.

PLAY HOOKEY, TO

hacer novillos.

Hardly a boy can boast of never having played hookey.

Raro es el chico que pueda presumir de no haber hecho nunca novillos.

PLAY HOST, TO

hacer los honores, atender a los invitados, actuar de anfitrión.

The mayor played host at the reception given by the Town Council.

En la recepción ofrecida por el Ayuntamiento, el alcalde hizo los honores a los invitados.

PLAY INTO THE HANDS OF, TO

ayudar, favorecer los designios del adversario, hacerle el juego, redundar en ventaja de.

He doesn't realize that he is actually playing into the hands of his enemies.

No se da cuenta de que, en realidad, lo que hace redunda en beneficio de sus enemigos.

PLAY IT BY EAR, TO

improvisar.

I hadn't received the books for my first lecture so I had to play it by ear.

Como no había recibido los libros para preparar mi primera clase, tuve que improvisar.

PLAY IT SAFE, TO (sl.)

andar con precaución, actuar con prudencia; no querer correr riesgos; ir sobre seguro.

Play it safe: your competitors are very shrewd.

Ándate con precaución: tus competidores son muy astutos.

PLAY MERRY HELL WITH, TO

(expresión algo más fuerte que TO PLAY HAVOC WITH).

PLAY ONE'S OWN HAND, TO

ir a la suya, obrar solamente en interés propio, buscar la propia conveniencia.

Robert is not the type I would go into business with. He is too used to play his own hand.

Roberto es una de esas personas con las que yo no tendría relaciones comerciales. Está demasiado acostumbrado a ir a la suya.

PLAY SECOND FIDDLE, TO

estar subordinado, ser plato de segunda mesa, desempeñar un papel secundario, estar en segundo plano.

I quit because I didn't like playing second fiddle to my brother.

Me marché porque no me gustaba hacer el papel de segundón.

PLAY THE MAN, TO
portarse como un hombre.

He resolved to play the man and confront his detractors in public.

Decidió portarse como un hombre y enfrentarse con sus detractores en público.

PLAY THE MARKET, TO
jugar a la bolsa.

He has become rich playing the market.

Se ha hecho rico jugando a la bolsa.

PLAY TO THE GALLERY, TO
actuar de cara a la galería.

It was obvious that the Minister was not trying to persuade his fellow ministers but playing to the gallery.

Era evidente que el ministro no trataba de convencer a sus colegas, sino que actuaba de cara a la galería.

PLAY TRUANT, TO. Véase PLAY HOOKEY, TO.

PLAY UP TO SOMEONE, TO
adular, bailarle el agua a uno.

It's disgusting to see how Smith plays up to the boss.

Da asco ver cómo Smith le baila el agua al jefe.

PLAY WITH AN IDEA, TO. Véase TOY WITH AN IDEA, TO.

PLOT THICKENS, THE
la cosa se complica.

And now it appears that Mary had another visitor the night of the crime. The plot thickens.

Ahora resulta que hay otra persona que fue a ver a María la noche del crimen. La cosa se complica.

PLUCK UP ONE'S COURAGE, TO
hacer de tripas corazón, armarse de valor.

Plucking up my courage I fastened my parachute and stepped out into the space.

Haciendo de tripas corazón, me abroché el paracaídas y me arrojé al espacio.

POCKET AN INSULT, TO. Véase SWALLOW AN INSULT, TO.

POINT BLANK
1) a quemarropa, a bocajarro, desde muy cerca.

The anarchist managed to break the police lines and fired at the monarch at point blank range.

El anarquista se las ingenió para atravesar el cordón de policías y disparó a quemarropa contra el monarca.

2) de improviso, inesperado, inopinado.

Please allow me a little more time to answer such a point blank question.

Le ruego que me conceda un poco más de tiempo para contestar a su inesperada pregunta.

3) terminante, tajante, categórico, directo, claro.

Having asked him so politely I did not expect such a point blank refusal.

Habiéndoselo pedido con tanta cortesía, no esperaba una negativa tan tajante.

POKE FUN AT, TO. Véase MAKE FUN OF, TO.

POLISH OFF, TO (sl.)
zamparse, devorar, engullir.

At Thanksgiving he polished off half the turkey himself.

El día de acción de gracias se zampó la mitad del pavo él solito.

POOH-POOH, TO
rechazar, expresar desdén, burlarse, reírse de algo, quitar importancia.

I told Jane it was time for her to get married but she pooh-poohed the idea.

Le dije a Jane que ya era hora de que se casara, pero ella se burló de mí.

POP IN, TO (sl.)
irrumpir, interrumpir.

Excuse me if I pop in, but what I have to tell you is urgent.

Perdonen que les interrumpa, pero lo que tengo que decirles es urgente.

POP THE QUESTION, TO
declararse, pedir en matrimonio.

They had been going together only for a month and it seemed to him that it was too early to pop the question.

Llevaban saliendo juntos tan sólo un mes y le parecía que era demasiado pronto para declararse.

POUR CATS AND DOGS, TO. Véase RAIN CATS, etc.

POUR OIL ON THE FLAME, TO
Echar leña al fuego.

PRACTICAL JOKE, A
broma pesada.

Somebody played a practical joke on him by pouring water into the petrol tank of his car.

Alguien le gastó una broma pesada echándole agua en el depósito de gasolina del coche.

PRAISE THE LORD AND PASS THE AMMUNITION
A Dios rogando y con el mazo dando.

PRESS ONE'S POINT, TO
insistir uno en su argumento, insistir.

I am not going to press my point but I still think that we should adjourn the meeting.

No voy a insistir más, pero sigo creyendo que deberíamos levantar la sesión.

PRETTY PENNY, A

un ojo de la cara, una fortuna, un dineral.

That yacht must have cost him a pretty penny.

Este yate debe de haberle costado un dineral.

PREVENTION IS BETTER THAN CURE

Más vale prevenir que curar.

PROOF OF THE PUDDING IS IN THE EATING, THE

El movimiento se demuestra andando. Al freír será el reír.

PUBLIC HOUSE (or PUB)

nombre que se da a las tabernas en Inglaterra; cervecería, bar.

Old English pubs have a lot of atmosphere.

Las viejas tabernas inglesas tienen mucho ambiente.

PULL A BONER, TO (sl.)

meter la pata, tirarse una plancha, colarse.

I pulled a real boner because she turned out to be his sister.

¡Qué planchazo me tiré! Resultó que era su hermana.

PULL A FAST ONE, TO (sl.)

engañar, estafar, timar.

He pulled a fast one on her by selling her a lot of phony shares.

La estafó vendiéndole un montón de acciones falsas.

PULL A LONG FACE, TO

poner mala cara, poner cara larga, poner cara seria.

The maid pulled a long face when I told her that I had changed her day off.

La criada puso muy mala cara cuando le dije que le había cambiado el día libre.

PULL IN ONE'S HORNS, TO

recoger velas, moderarse.

After so many costly deals Frank will have to pull in his horns for a while.

Después de tantos negocios ruinosos, Frank tendrá que recoger velas durante algún tiempo.

PULL OFF, TO (sl.)

ganar, obtener un premio.

My daughter pulled off the first prize.

Mi hija obtuvo el primer premio.

PULL ONE'S LEG, TO

tomarle el pelo a uno, gastar bromas.

His illed concealed chuckles showed me that he was pulling my leg.

Sus risitas mal reprimidas me hicieron comprender que me estaba tomando el pelo.

PULL ONE'S PUNCHES, TO

actuar con comedimiento, aflojar, moderar los ímpetus, proceder con miramientos.

The opposition didn't pull its punches in attacking the Government's bill.

La oposición no se anduvo con chiquitas al atacar el proyecto de Ley del gobierno.

PULL ONE'S WEIGHT, TO. Véase CARRY ONE'S WEIGHT, TO.

PULL ONESELF TOGETHER, TO.

serenarse, calmarse, recobrar la serenidad de ánimo.

I was so excited that I had to sit down and try to pull myself together.

Me sentía tan excitado, que me tuve que sentar tratando de serenarme.

PULL ONESELF UP BY ONE'S (OWN) BOOTSTRAPS, TO

valerse de las propias fuerzas, valerse por sí mismo, recuperarse sin la ayuda de nadie, contar solamente con los propios recursos.

When the foreign aid was denied the country had to pull itself up by its own bootstraps.

Al negársele la ayuda extranjera, el país tuvo que seguir adelante por sus propios medios.

PULL ONE'S SOCKS UP, TO

redoblar los esfuerzos, esforzarse más.

If you want to pass your final exams you'll have to pull up your socks.

Si quieres aprobar el examen final, tendrás que trabajar más.

PULL SOMEONE'S CHESTNUTS OUT OF THE FIRE, TO

sacarle a uno las castañas del fuego.

Don't do it again, because I won't pull your chestnuts out of the fire another time.

No vuelvas a hacerlo, pues otra vez no te sacaré las castañas del fuego.

PULL STRINGS, TO (sl.)

procurarse influencias, tocar algunos resortes, tocar alguna tecla.

They told me they had given the job to somebody who had pulled some strings.

Me dijeron que le habían dado el puesto a uno que se había buscado influencias.

PULL THE STRINGS, TO

dirigir entre bastidores, mover los hilos.

I think that so far we've only dealt with unimportant people and we haven't found yet the person who pulls the strings.

Creo que hasta ahora sólo hemos tratado con gente poco importante y no hemos conseguido encontrar todavía al cerebro director.

PULL THE WOOL OVER SOMEONE'S EYES, TO

embaucar, engañar como a un chino, hacerle ver a uno lo que no es.

They are pulling the wool over their father's eyes by making him think that the business is prospering.

Están engañando a su padre haciéndole creer que el negocio prospera.

PULL THROUGH, TO (sl.)

salir de una dificultad, superar un contratiempo, salir a flote, salir de apuros.

Life was hard when we first came to this country but we pulled through all right.

Cuando llegamos a este país nos fue difícil ganarnos la vida, pero al fin conseguimos salir adelante.

PULL TO PIECES, TO

hacer trizas, destrozar.

I'm not going to buy you a new toy because you always pull them to pieces.

No te compraré más juguetes: todos los destrozas.

PULL WIRES, TO. Véase PULL STRINGS, TO.

PUSH (PRESS) ONE'S LUCK, TO

abusar uno de su suerte, desafiar (tentar) a la suerte, tentar a la Providencia.

Don't push your luck. Cash in your chips and go home.

No abuses de la suerte. Cobra las fichas y vete a casa.

PUSHING DAISIES

criar malvas.

I prefer to warn you before it's too late. All those who tried to defy the boss are pushing daisies now.

Quiero advertirte antes de que sea demasiado tarde. Todos los que intentaron desafiar al jefe están ya criando malvas.

PUT A BULLET THROUGH ONE, TO

pegarle un tiro a uno.

If you open your mouth again I'll put a bullet through you.

Como vuelvas a abrir la boca, te pego un tiro.

PUT A SPOKE IN SOMEONE'S (or THE) WHEEL, TO

poner trabas, malograr un negocio, poner una zancadilla, desbaratar un plan, fastidiar, aguar la fiesta.

The plans for the excursion were ready when Henry put a spoke in the wheel by refusing to lend us his car.

Ya habíamos hecho los planes para la excursión, pero Enrique nos aguó la fiesta al negarse a prestarnos su coche.

By revealing my plans he put a spoke in my wheel because the element of surprise was lost.

Al revelar mis planes me dejó fastidiado, ya que perdí el factor sorpresa.

PUT A THING DOWN TO, TO

atribuir algo a.

There was no obvious reason for his depression at the time and most of us put it down to drinking.

No había ninguna razón para que estuviera deprimido en aquel momento. Por eso la mayoría de nosotros atribuimos su estado de ánimo a la bebida.

PUT ACROSS AN IDEA, TO

conseguir que se le entienda a uno, hacer comprender.

It is very difficult to put across the idea of democratic government to peasants who have always lived under despotism.

Resulta muy difícil hacer comprender la idea del gobierno democrático a unos campesinos que siempre han vivido bajo el despotismo.

PUT ALL ONE'S EGGS IN ONE BASKET, TO

jugárselo todo a una sola carta.

The company wisely avoided putting all its eggs in one basket and added air and shipping lines to its railroad activities.

La compañía trató prudentemente de no arriesgarlo todo en un solo negocio y a sus actividades ferroviarias añadió la explotación de líneas aéreas y marítimas.

PUT HEADS TOGETHER, TO

estudiar conjuntamente, cambiar ideas, consultarse mutuamente.

We must put our heads together and find a way out the situation.

Tenemos que estudiar la cosa entre todos para ver si encontramos una salida a la situación.

PUT IN A (GOOD) WORD FOR SOMEONE, TO

interceder, intervenir en favor de uno.

I don't think he would have received the promotion had I not put in a good word for him.

No creo que lo hubieran ascendido si no llego a interceder por él.

PUT IN ONE'S OAR, TO

meter baza, entrometerse.

Why do you always have to put your oar in when I am talking to someone else?

¿Por qué has de meter baza siempre que estoy hablando con otra persona?

PUT INTO WORDS, TO

expresar, encontrar palabras para explicar una cosa.

When I realized he had cheated me I experienced a feeling of disgust which I hardly can put into words.

Cuando me di cuenta de que me habían engañado, experimenté un sentimiento de disgusto que no encuentro palabras para explicar.

PUT IT MILDLY, TO

sin exagerar, por no decir otra cosa, y me quedo corto, para utilizar una expresión moderada.

Let's say, to put it mildly, that he might have got better results from such an interesting play.

Digamos, para ser indulgentes, que hubiera podido sacar más partido de una obra tan interesante.

PUT ON AIRS, TO

darse importancia, darse tono, presumir.

She is put on too many airs since her husband made so much money playing the market.

Se da demasiada importancia desde que su marido hizo tanto dinero jugando a la bolsa.

PUT ON AN ACT (or SHOW), TO (sl.)

hacer comedia.

What an act he put on when we told him he had to share the costs!

¡Qué comedia hizo cuando le dijimos que tenía que contribuir al gasto!

PUT ON ONE'S THINKING CAP, TO

ponerse a pensar.

«*Where did you leave my book?*» «*I don't know. Let me put on my thinking cap, and may be I can remember.*»

—¿Dónde has puesto mi libro?

—Lo he olvidado. Déjame pensar a ver si me acuerdo.

PUT ON THE MAP

hacer famoso, dar a conocer.

The organizers of the International Film Show boast that they put our city on the map.

Los organizadores del Festival Internacional de Cine se jactan de haber hecho famosa nuestra ciudad en todo el mundo.

PUT ON WEIGHT, TO

engordar.

You'll have to go on a diet if you want to stop putting on weight.

Tendrás que ponerte a dieta si quieres dejar de engordar.

PUT ONE BESIDE ONESELF, TO

sacar a uno de sus casillas, exasperarle.

Smoking at the table puts my father beside himself.

A mi padre le saca de sus casillas que alguien fume en la mesa.

PUT ONE'S BEST FOOT (or LEG) FORWARD, TO

esmerarse, tratar de hacer algo lo mejor posible, poner uno de su parte todo lo que puede.

If you put your best foot forward I'm sure you can impress him.

Si pones de tu parte todo lo que puedes, estoy seguro de que le causarás excelente impresión.

PUT ONE'S CARDS ON THE TABLE, TO

poner las cartas boca arriba, descubrir las propias intenciones.

We shall get nowhere in the present talks unless we all put our cards on the table.

Nuestras conversaciones no conducirán a nada si no ponemos todos las cartas boca arriba.

PUT ONE'S FOOT DOWN, TO (sl.)

oponerse enérgicamente, poner la proa, cerrarse uno a la banda.

My father put his foot down about my taking the trip.

Mi padre se opuso resueltamente a que hiciera el viaje.

PUT ONE'S FOOT IN IT, TO. Véase PUT THE FOOT IN ONE'S MOUTH, TO.

PUT ONE'S SHOULDER TO THE WHEEL, TO

arrimar el hombro.

We'll achieve nothing if we don't all put our shoulder to the wheel.

No conseguiremos nada a menos que todos arrimemos el hombro.

PUT SOMEONE ON THE SPOT, TO

1) poner a uno en un aprieto, colocar en una situación difícil, poner entre la espada y la pared.

His decision to withdraw from the company put us on the spot.

Su decisión de retirarse de la compañía nos puso en un aprieto.

2) liquidar, matar, dejar en el sitio.

The boss told me to put him on the spot.

El jefe me dijo que lo liquidara.

PUT SOMETHING OVER ON SOMEONE, TO (sl.). Véase PULL A FAST ONE, TO.

PUT THAT IN YOUR PIPE AND SMOKE IT

¡Anda, chúpate ésa! Si no te gusta, te aguantas.

That is the way the business has been managed for years so put that in your pipe and smoke it.

Así es como se han hecho las cosas en la empresa durante años; de modo que empápate bien.

PUT THE BLAME ON SOMEONE, TO

echarle las culpas a otro.

All her life she has been used to put the blame on others.

Esa mujer ha tenido toda la vida la costumbre de echar las culpas a los demás.

PUT THE CART BEFORE THE HORSE, TO

empezar la casa por el tejado, hacer las cosas al revés, invertir el orden de las cosas, poner el carro delante de los bueyes.

Whenever Jane tells a joke she always puts the cart before the horse and, naturally, it doesn't sound funny.

Cuando Jane quiere contar un chiste, siempre lo empieza por el final, y, claro, pierde toda la gracia.

PUT THE FOOT IN ONE'S MOUTH, TO

meter la pata, tirarse una plancha, colarse.

I put the foot in my mouth when I asked if the cake was home-made.

Metí la pata al preguntar si el pastel estaba hecho en casa.

PUT THE TOUCH ON SOME-BODY, TO (sl.)

dar un sablazo.

I think you are the only one that Peter has not put the touch on.

Creo que eres el único al que Pedro no ha dado un sablazo.

PUT TWO AND TWO TO-GETHER, TO

atar cabos, echar cuentas.

Putting two and two together I came to the conclusion that he was lying.

Después de atar cabos, llegué a la conclusión de que aquel hombre mentía.

PUT UP WITH, TO

soportar, aguantar, sufrir, apechugar con.

I admit it is an inconvenience, but we'll have to put up with it.

Reconozco que es una incomodidad, pero tendremos que aguantarnos.

PUT WORDS INTO SOME-ONE'S MOUTH, TO

1) atribuir a alguien algo que no ha dicho.

Jones' way of attacking me consists of putting words into my mouth and then refuting them.

Jones emplea un curioso sistema para atacarme: me atribuye cosas que no he dicho y después se dedica a refutarlas.

2) apuntarle, sugerirle a uno lo que tiene que decir.

The idea is too bright to be his. You can be sure that someone put the words into his mouth.

La idea es demasiado brillante para ser suya. Puedes estar seguro de que habla por boca de ganso.

Q

QUITE A CHARACTER

un tipo original, una persona interesante, todo un tipo.

The old man eating a sandwich over there at the bus stop is our professor. He is quite a character.

Ese vejete que se está comiendo un bocadillo en la parada del autobús es nuestro profesor. Es un tipo de lo más original.

QUITE A FEW

bastantes.

«Were there many people at the party last night?
«Not many but quite a few.»

—¿Había mucha gente en la fiesta de anoche?
—No te diré que mucha, pero sí bastante.

QUITE A PERSON

persona admirable, gran persona, todo un hombre (mujer).

It takes quite a person to be able to forgive such an affront.

Hay que ser todo un hombre para ser capaz de perdonar tamaña afrenta.

QUITE THE THING

de buen tono, elegante, correcto.

In my time it was considered quite the thing to send a thank you note to a person who had invited us to dinner.

En mis tiempos se consideraba de buen tono enviar unas líneas de agradecimiento a la persona que nos había invitado a cenar.

R

RAIN CATS AND DOGS (or PITCHFORKS), TO

diluviar, llover a cántaros, llover a chuzos.

We were about to play tennis when it started raining cats and dogs.

Cuando nos disponíamos a jugar al tenis empezó a diluviar.

RAIN OR SHINE

pase lo que pase, tanto si hace buen tiempo como si no, aunque caigan rayos.

We'll climb up the mountain tomorrow, rain or shine.

Mañana subiremos a la montaña, tanto si hace buen tiempo como si no.

RAIN TICKET (CHECK), A. Véase TO TAKE A RAIN TICKET.

RAISE A TERRIBLE FUSS, TO

poner el grito en el cielo, armar un escándalo.

He raised a terrible fuss when he found out that his daughter had taken the car.

Cuando se enteró de que su hija se había llevado el coche, armó un escándalo tremendo.

RAISE CAIN, TO

armar un alboroto, o un cisco, o una marimorena, armarla.

He'll raise Cain when he sees that his watch has disappeared.

¡La que armará cuando vea que su reloj ha desaparecido!

RAISE EYEBROWS, TO. Véase CAUSE RAISED EYEBROWS, TO.

RAISE HOB, TO. Véase PLAY HOB, TO.

RAISE ONE'S SIGHTS, TO. Véase LOWER ONE'S SIGHTS, TO.

RAKE IT IN, TO (sl.). Véase MAKE A KILLING, TO.

RANDOM SHOT, A

1) bala perdida, disparo al azar.
He was killed by a random shot.
Lo mató una bala perdida.

2) intento a ciegas, intento al azar.

I realized his question was a random shot to discover what my plans were.

Me di cuenta de que me había hecho una pregunta al azar con la esperanza de descubrir mis planes.

RANK AND FILE, THE

la tropa; la masa, el afiliado corriente (que no ostenta ningún cargo).

The success of a leader relies upon the support of the rank and file.

El éxito de un líder depende del apoyo que le preste la masa.

RAT RACE, A

el ajetreo, el frenesí de la vida ciudadana, la carrera de obstáculos (de la vida en las grandes ciudades); actividad agotadora que no deja tiempo para otra cosa, el no parar.

I'm fed up with living in the city. It's a rat race. I'll pack up and go to the country.

Estoy harto de vivir en la ciudad. Es un frenesí. Voy a hacer mis maletas y marcharme al campo.

New York is a rat race.

Vivir en Nueva York es matador.

RAVE ABOUT, TO

comentar con admiración, hacerse lenguas, deshacerse en elogios.

He raved about the dinner they gave us.

Se deshizo en elogios sobre la cena que nos dieron.

RAW DEAL, A (sl.)

malos tratos, injusticia.

She got a very raw deal from her husband and I don't blame her for leaving him.

Su marido la trataba muy mal y no la censuro por haberlo abandonado.

REACH FOR, TO

alcanzar, alargar la mano.

Can you please reach for the salt?

¿Quieres hacer el favor de alcanzarme la sal?

REACH THE END OF ONE'S TETHER, TO

estar a la cuarta pregunta, no resistir más, llegar al límite de las propias fuerzas, agotar los recursos.

After three laps John reached the end of his tether and had to leave the race.

Después del tercer salto, Juan había llegado al límite de sus fuerzas y tuvo que abandonar la carrera.

READ BETWEEN THE LINES, TO

leer entre líneas.

To know what really is going on in politics you must be able to read the daily Parliamentarian between the lines.

Para enterarte de lo que ocurre

en política has de saber leer el «Diario de sesiones» entre líneas.

READ LAW, TO
estudiar derecho.

My friend is reading law at the University of Barcelona.

Mi amigo estudia Derecho en la universidad de Barcelona.

READY-MADE
hecho, de confección.

I always buy ready-made suits.

Siempre me compro los trajes hechos.

REAL ESTATE
la propiedad inmobiliaria, bienes raíces, inmuebles, fincas.

After a very discouraging start as a lawyer, my brother-in-law decided to become a real estate agent and now he's making a killing.

Tras unos principios muy poco prometedores como abogado, mi cuñado decidió hacerse corredor de fincas (agente de la propiedad inmobiliaria) y ahora está ganando un montón de dinero.

REAL THING, THE
1) auténtico, verdadero.

Being a jeweller I'm easily able to distinguish between fake jewels and the real thing.

Como joyero, me resulta fácil distinguir las joyas falsas de las verdaderas.

2) el no va más, excelente, del bueno.

This is one of the oldest brandies in the market. Believe me, it's the real thing.

Aquí tiene uno de los coñacs más viejos que pueden conseguirse. Le aseguro que es el no va más.

RED AS A BEET
rojo como una amapola, rojo como un tomate.

When I asked her if she intended to marry her boyfriend the turned red as a beet.

Cuando le pregunté si pensaba casarse con su amigo se puso roja como una amapola.

RED CARPET TREATMENT
ceremonial de las grandes solemnidades, recibimiento por todo lo alto, con todos los honores oficiales, recibimiento de honor.

Despite his unpopularity he was given the red carpet treatment at his arrival.

A pesar de su impopularidad, se le tributaron todos los honores oficiales a su llegada.

RED HERRING, A
pretexto para desviar la atención, cortina de humo.

My question about the World Fair was just a red herring to get the discussion off politics.

Mi pregunta sobre la feria mundial no fue más que un pretexto para desviar la atención y dejar de hablar de política.

RED-LIGHT DISTRICT, THE

el barrio de mala fama de una ciudad (en el que las prostitutas ejercen su oficio).

In our remodelling plans the red-light districts have been done away with.

En nuestros planes de renovación urbana hemos previsto la desaparición de los barrios de mala nota.

RED TAPE

burocracia, papeleo, trámites administrativos.

It would be easier to set up an industry if it wasn't for this red tape.

Montar una industria sería mucho más fácil si no existiera el papeleo oficial.

REDEEMING FEATURE, A

cualidad (que compensa los defectos de una persona), buena cualidad, punto a su favor, circunstancia atenuante.

He has only one redeeming feature: he is generous.

Hay una sola cosa que lo salva: es generoso.

REFUSE FLATLY, TO

negarse rotundamente.

He refused flatly to carry my luggage in his car.

Se negó rotundamente a llevar mi equipaje en su coche.

REPORT FOR DUTY, TO

acudir al trabajo, o al servicio.

The foreman said we had to report for duty at 7 o'clock.

El capataz dijo que teníamos que acudir al trabajo a las siete.

REST ON ONE'S LAURELS, TO

dormirse en los laureles.

Since his last play 3 years ago he has been resting on his laurels.

Después de escribir su última comedia hace tres años, se durmió en los laureles.

RESULT IN, TO

dar lugar a, terminar en, acasionar, provocar.

His recent article on housing subsidies resulted in a serious political quarrel.

Su reciente artículo sobre las viviendas subvencionadas provocó una gran batalla política.

RETRACE ONE'S STEPS, TO

volver sobre los propios pasos, retroceder, desandar lo andado.

On my way to my friend's I lost my wallet and had to retrace my steps.

Yendo a casa de mi amigo perdí la cartera y tuve que desandar lo andado para buscarla.

RIDE THE HIGH HORSE, TO.
Véase PUT ON AIRS, TO.

RIGHT AWAY (sl.)

en seguida, ahora mismo.

Don't get impatient, I'll be with you right away.

No se impaciente; en seguida le atiendo.

RIGHT BACK (sl.)

1) que regresa inmediatamente, que vuelve en seguida.

Will you please keep my place? I'll be right back.

¿Tendrá la bondad de guardarme el asiento? Vuelvo en seguida.

2) exactamente como antes.

That puts us right back where we started.

Con eso volvemos a estar exactamente en el punto de partida.

RIGHT HERE (sl.)

aquí, aquí mismo, exactamente aquí.

«*Where do I leave this parcel?*» «*Leave it right here, on the table.*»

—¿Dónde dejo este paquete? —Déjelo aquí mismo, en la mesa.

RIGHT NOW (sl.)

ahora mismo, en seguida.

Do you want it right now or can you wait?

¿Lo quiere ahora mismo o puede esperarse?

RIGHT ON

exactamente, eso es, has dado en el clavo, muy bien dicho.

«*And unless the Goverment is capable of curbing the cost of living we've had it.*» «*Right on!*»

—Y como el gobierno no consiga contener el coste de la vida, estamos perdidos. —¡Exactamente!

RIGHT SIDE UP

boca arriba.

Be sure to stand the box right side up or the bottles will burst.

Ten cuidado en colocar la caja boca arriba; de lo contrario, las botellas estallarán.

RING A BELL, TO

recordarle algo, sonarle a uno.

I can't remember his name but his address rings a bell.

No puedo recordar su nombre, pero su dirección me suena a algo conocido.

RING UP (ON THE PHONE), TO

llamar por teléfono.

Should I not be able to come tomorrow I will ring you up.

Si mañana no pudiera venir, te avisaría por teléfono.

RISE TO THE OCCASION, TO

estar a la altura, estar a la altura de las circunstancias.

Usually his speeches are very good but this time I would say that he did not rise to the occasion.

Generalmente sus discursos son muy buenos, pero yo diría que esta vez no estuvo a la altura.

ROAD TO HELL IS PAVED WITH GOOD INTENTIONS, THE

El infierno está lleno de buenos propósitos, y el cielo de buenas obras.

ROB PETER TO PAY PAUL, TO.

Desnudar a un santo para vestir a otro.

ROLLING STONE GATHERS NO MOSS, A

Hombre de muchos oficios, pobre seguro.

ROME WAS NOT BUILT IN A DAY

No se ganó Zamora en una hora. Las cosas de palacio van despacio. Piano, piano, si va lontano.

ROOM AND BOARD

pensión completa.

Most hotels make a reduction for room and board.

La mayoría de hoteles conceden una rebaja si se está a pensión completa.

ROOT OF BITTERNESS, THE.
Véase BONE OF CONTENTION, THE.

ROUND A CORNER, TO

salvar un obstáculo, superar una etapa.

There was a great deal of opposition to the new road at first but we have rounded that corner now.

Al principio hubo mucha oposición contra la nueva carretera, pero ya hemos salvado este obstáculo.

ROUND TRIP

ida y vuelta.

We'll take a round trip ticket because it's cheaper.

Tomaremos un billete de ida y vuelta, ya que resulta más barato.

RUB, THE

lo malo, la pega, el pero, el inconveniente.

The house is so large it's hard to heat. That is the rub.

La casa es tan grande, que resulta difícil calentarla con la calefacción. Ése es su inconveniente.

RUB AGAINST, TO

codearse, mezclarse, tratar con.

Laura doesn't like rubbing against people more intelligent than herself.

A Laura no le gusta tratar con personas más inteligentes que ella.

RUB IT IN, TO

retraer, restregar, refregar; refregar (refrotar) una cosa a alguien por las narices; echar en cara constantemente, repetir con insistencia algo que molesta a otra persona.

I know I did a silly thing, but you don't have to keep rubbing it in.

Ya sé que cometí una tontería, pero no tiene por qué estar echándomelo en cara constantemente.

RUB SHOULDERS WITH, TO

codearse, tratarse, hacerse con.

Nothing could make her happier than to rub shoulders with important people.

No hay nada que la haga tan feliz como codearse con gente importante.

RUB SOMEONE THE WRONG WAY, TO

sentarle mal, hacerle poca gracia una cosa a una persona.

I think your remarks about the Conservative party rubbed your uncle the wrong way.

Creo que tus observaciones sobre el partido conservador no le han hecho mucha gracia a tu tío.

RUBBER STAMP, TO

aprobar pasiva, automáticamente, sin detenerse a pensar.

Kings in modern Europe are no longer rulers in the true sense, but rubber stamps in the hands of parliaments.

En la Europa de hoy los reyes ya no gobiernan, en el sentido auténtico de la palabra, sino que se limitan a sancionar lo que los parlamentos les ponen a la vista.

RUBBER - STAMP PARLIAMENT, A

parlamento incondicional, sumiso, al servicio del Gobierno, que lo aprueba todo sistemáticamente.

The Government can legislate at whim because it has a rubber-stamp Parliament.

El Gobierno puede legislar a su antojo porque dispone de un Parlamento a su servicio.

RULE OF LAW, THE

el imperio del derecho, la observancia de la ley, la supremacía del derecho (por encima de cualquier otra consideración), las normas jurídicas, régimen de derecho.

No man is above the law, ana whatever his rank or condition is subject to the rule of law.

Ningún hombre es superior a la ley: cualquiera que sea su dignidad o condición, está sujeto a la observancia de las disposiciones legales.

RULE OUT, TO

1) descartar, desechar.

The position of the body ruled out the possibility of suicide.

La posición del cadáver descartaba la posibilidad de suicidio.

2) anular.

The visiting team scored three goals but the referee ruled out one of them.

El equipo visitante marcó tres goles, pero el árbitro anuló uno.

RUMOR HAS IT. Véase LEGEND HAS IT.

RUN ACROSS, TO

encontrarse, dar con, tropezarse con.

I ran across John in the supermarket.

Me encontré con Juan en el supermercado.

RUN AFTER, TO

perseguir, ir detrás de.

He has been running after chorus girls ever since he entered college.

Desde que empezó a ir a la universidad, no ha parado de perseguir a las coristas.

RUN AROUND WITH SOMEONE, TO (sl.)

ir frecuentemente, ser el inseparable de.

Albert used to run around with Suzanne before she went abroad.

Alberto era el inseparable de Susana antes de que ella se fuese al extranjero.

RUN DOWN, TO

1) cansar, extenuar, agotar.

She was so run down after the examination that her parents sent her to the country for some time.

Estaba tan agotada después de los exámenes, que sus padres la enviaron a pasar una temporada en el campo.

2) atropellar, derribar.

The old lady was run down by a taxi while she was trying to cross the street.

La anciana fue atropellada por un taxi cuando intentaba cruzar la calle.

3) ir en un salto, acercarse rápidamente a.

Run down to the grocery and buy a loaf of bread before your father comes home for lunch.

Ve en un salto a la panadería y compra una barra de pan antes de que llegue tu padre para el almuerzo.

4) criticar, hablar mal de una persona, ponerle a uno de vuelta y media.

Alice has run us down to all her friends.

Alicia nos ha puesto de vuelta y media ante todos sus amigos.

5) pararse (un reloj o mecanismo de cuerda), acabarse la cuerda.

My watch must be run down. It can't be that early.

Mi reloj debe de haberse parado. No es posible que sea tan temprano.

6) repasar.

Let's run down the inventory to see if anything is missing.

Repasemos el inventario para ver si falta algo.

7) encontrar, dar caza, dar con uno.

Sooner or later the police will run him down.

Más tarde o más temprano, la policía dará con él.

RUN INTO, TO. Véase RUN ACROSS, TO.

RUN OVER, TO

1) atropellar, derribar.

The bus run over an old lady.

El autobús atropelló a una anciana.

2) repasar, releer.

I ran over the letters you wrote to see if there were any mistakes.

Releí lo que escribiste para ver si había algún error.

RUN SHORT OF, TO

escasear, estar acabándose.

I can give you only five packets because I am running short of them.

Sólo le puedo dar cinco paquetes, porque se me están acabando.

RUN SMOOTHLY, TO

ir como una seda, funcionar perfectamente.

I understand that in her marriage everything runs smoothly.

Tengo entendido que su matrimonio va como una seda.

RUN THE SHOW, TO

llevar la voz cantante, cortar el bacalao, llevar la batuta, ser el dueño del cotarro.

James is very ambitious and will not be happy unless he runs the show himself.

Jaime es muy ambicioso. No estará satisfecho como no lleve la voz cantante en el asunto.

RUN THE STREETS, TO

callejear, vagabundear, vagar.

It would be nice if you spent more of your time helping your mother instead of running the streets.

Deberías ayudar a tu madre en vez de perder el tiempo callejeando.

RUN TO EARTH, TO

dar caza, dar con uno, encontrar, capturar.

I spent all day looking for John and finally ran him to earth in a cafe in Soho.

Estuve todo el día buscando a Juan y al fin lo encontré en un café de Soho.

RUN WITH THE HARE AND HOLD (HUNT) WITH THE HOUNDS, TO

Encender una vela a Dios y otra al diablo. Nadar entre dos aguas. Nadar y guardar la ropa.

RUNNER-UP

colocado, finalista, clasificado en segundo lugar.

The picture shows Miss Universe accompanied by four runners-up.

En la fotografía puede verse a Miss Universo acompañada de cuatro finalistas.

RUN-OF-THE-MILL

ordinario, muy corriente, vulgar, adocenado, mediocre.

In spite of the good actors in the cast it was just a run-of-the-mill performance.

A pesar de los buenos actores que figuraban en el reparto, fue una interpretación muy corrientita.

RUSH HOURS

horas de aglomeración.

Try to avoid the rush hours when you come back home.

Procura evitar las horas de aglomeración para volver a casa.

RUSH THINGS, TO

ir con prisas, precipitar las cosas.

Please don't try to rush things. I need time to think them over.

No me vengas con prisas. Necesito tiempo para reflexionar.

S

SAFE AND SOUND
sano y salvo.

Try to reduce the speed. The important thing for us is to arrive safe and sound.

Modera la marcha. Lo importante es que lleguemos sanos y salvos.

SAFETY FIRST
Prudencia ante todo.

We'll start our campaign handing to all motorists stickers with the inscription «Safety first».

Iniciaremos nuestra campaña repartiendo a los conductores unas etiquetas con la inscripción «Prudencia ante todo».

SALAD DAYS
los tiempos de juventud.

In his new job John soon showed that he had outlived the follies of salad days.

En su nuevo empleo, Juan demostró que había superado ya las locuras de su juventud.

SAME TO YOU, THE
lo mismo digo, igualmente.

«It was nice meeting you.»
«The same to you.»
—He tenido mucho gusto.
—Lo mismo digo.

SAVE FACE, TO
quedar en buen lugar, salir airoso de una situación, cubrir las apariencias, salvar el prestigio personal, quedar bien.

My only concern is to solve this dispute in a way that will save you face.

Mi única preocupación es que resolvamos esta querella de modo que no quedes en una situación desairada.

SAY THE LEAST, TO
como mínimo, por lo menos, cuando menos, y me quedo corto, por no decir otra cosa peor, por no aplicar otro adjetivo.

After all I have done for your family their behaviour is ungrateful to say the least.

Después de lo mucho que he hecho por tu familia, bien puedo decir que son unos desagradecidos, y me quedo corto.

SAY WHEN, TO (sl.)

decir «basta» (cuando le llenan a uno el vaso).

Would you like a scotch? Just say when.

¿Quieres un whisky? Ya dirás «basta».

SCARE THE DAYLIGHTS OUT OF SOMEONE, TO

dar un susto de muerte, dar un gran susto a una persona.

You scared the daylights out of me when you came in. I thought you were in town.

Me diste un susto terrible cuando entraste. Creí que te habías ido a la ciudad.

SCORE A POINT, TO

apuntarse un tanto.

The Chairman was impressed about the loss on television advertising and I think you scored a point there.

El presidente quedó impresionado ante las pérdidas sufridas en la publicidad por televisión. Creo que en este asunto te has apuntado un tanto a tu favor.

SCRAPE ALONG, TO (sl.)

ir tirando, ir pasando, arreglárselas, componérselas.

«How has Peter managed to live so long without a job?»

«He scrapes along on the allowance paid him by his grandmother.»

—¿Cómo se las arregla Pedro

para vivir tanto tiempo sin empleo?
—Va tirando con lo que le pasa su abuela.

SCRAPE TOGETHER, TO

ahorrar, reunir cierta cantidad de dinero, con un poco de aquí y otro poco de allá.

Only by selling his clothes and borrowing from friends was he able to scrape together the return fare.

El único modo de reunir el dinero para el billete de regreso fue vendiendo sus ropas y pidiendo prestado a los amigos.

SCHOOLS OF THOUGHT

doctrinas, teorías, escuelas, corrientes ideológicas, corrientes de opinión.

There are several schools of thought on this subject ranging from those who give wine to babies to those who forbid their children alcohol until they are twenty-one.

Hay varias teorías sobre esta cuestión, que van desde los que dan vino a los niños a los que no les dejan probar el alcohol hasta los veintiún años.

SEARCH ME!

no tengo ni idea, yo no sé nada.

«Do you know where daddy left the ladder?»
«Search me.»

—¿Sabes dónde dejó papá la escalera?
—Ni idea.

SECOND BEST

el segundo, en segundo lugar (en orden de preferencia).

Our team came off second best in the tournament.

Nuestro equipo se clasificó en segundo lugar en el campeonato.

SECOND HAND

1) usado, de segunda mano, de ocasión.

Some second hand cars are real bargains.

Algunos coches de segunda mano son verdaderas gangas.

2) segundero (del reloj).

I took my watch to repair when I realized that the second hand had stopped.

Cuando vi que el segundero se había parado, llevé el reloj a arreglar.

SECOND RATE

de segunda categoría.

Judging by the standards of the New York ballet last night's performance was second rate.

Si nos atenemos a los cánones del ballet de Nueva York, la actuación de anoche fue de segunda clase.

SECOND TO NONE

sin rival, insuperable.

As a wit he is second to none.

En cuanto a ingenio, no le aventaja nadie.

SEE ABOUT, TO

1) ocuparse en, encargarse de, procurar, tratar de, preocuparse de.

It is time you saw about getting a new battery for the car.

Ya es hora de que procures conseguir una batería nueva para el coche.

2) pensar, reflexionar.

«May I take the car to-night, daddy?»
«I'll see about that and let you know at dinner.»

—¿Puedo llevarme el coche esta noche, papá?
—Ya lo pensaré y te diré algo a la hora de cenar.

3) ver.

«You're not going to get away with it.»
«We'll see about that!»

—No te saldrás con la tuya.
—¡Ya lo veremos!

SEE DAYLIGHT, TO

verle el final a alguna cosa.

It was a moment when I thought I was never to finish my book but now I begin to see daylight.

Hubo un momento en que creí que nunca terminaría el libro, pero ahora ya empiezo a vislumbrar el final.

SEE EYE TO EYE, TO

estar de acuerdo, considerar del mismo modo, ver con los mismos ojos, coincidir.

My partners do not see eye to eye on the question of floating a new loan.

Mis socios no están de acuerdo sobre la cuestión de emitir un nuevo empréstito.

SEE FIT TO, TO

estimar pertinente, creer conveniente, considerar oportuno.

For reasons unknown to me the board saw fit to reject my proposal.

Por motivos que desconozco, la junta juzgó conveniente rechazar mi propuesta.

SEE MILITARY SERVICE, TO

hacer el servicio militar.

I know all this places very well because I saw military service in Africa.

Conozco muy bien todos estos lugares, porque hice el servicio militar en África.

SEE ONE HOME (TO THE DOOR, etc.), TO

acompañar a casa (hasta la puerta, etc.).

You may stay late because I'll see you home.

Puedes quedarte hasta tarde, porque luego te acompañaré a casa.

SEE ONE'S WAY TO, TO

ver el modo de.

I can't see my way to giving you another loan at present.

Por ahora no veo el modo de poderte hacer otro préstamo.

SEE RED, TO (sl.)

sulfurarse, encolerizarse, enfurecerse.

It makes me see red to hear the disrespectful way these children talk to their parents.

Estos niños son tan poco respetuosos con sus padres, que me sacan de quicio.

SEE SOMEONE OFF, TO

ir a despedir.

All his friends went to see him off at the airport.

Todos sus amigos fueron a despedirle al aeropuerto.

SEE THE LIGHT, TO

comprender, convencerse.

The waiter had trouble in understanding my French but when I sketched a bottle of wine on a piece of paper he immediately saw the light.

Al camarero le costaba entender mi francés, pero cuando le dibujé una botella de vino en un pedazo de papel me comprendió inmediatamente.

SEE THE POINT, TO

saber lo que se pretende, ver la finalidad, comprender un argumento, caer en la cuenta.

I don't see the point of going out in that rain.

No veo el objeto de salir con esta lluvia.

SEE TO IT THAT, TO

ocuparse, encargarse de que.

See to it that we are not disturbed until the meeting is over.

Encárgate de que no nos molesten hasta que haya terminado la junta.

SEE WHICH WAY THE CAT WILL JUMP, TO

mantenerse a la expectativa, esperar a ver de qué lado vienen los tiros, ver por dónde sopla el viento, ver qué cariz toma el asunto.

Let's not invest one cent more in this business until we see which way the cat will jump.

No dediquemos un céntimo más a este negocio hasta ver cómo se presentan las cosas.

SEEING IS BELIEVING

entre amigos con verlo basta, cuando lo vea te lo diré.

Alice has vowed to stay on a diet but seeing is believing.

Alicia ha prometido ponerse a régimen, pero hasta que lo vea no lo creeré.

SELF-APPOINTED (or STYLED)

que se las da de, que se hace pasar por, que actúa sin la competencia o los títulos necesarios; aficionado, espontáneo.

He is a self-appointed authority on the stock exchange but his qualifications are quite questionable.

Pretende ser una autoridad en cuestiones de bolsa, pero su competencia es bastante discutible.

The self-styled pilgrim had gathered a tidy sum, exploiting the good faith of the community.

El supuesto peregrino había reunido una bonita cantidad explotando la buena fe de la gente.

SELF-CONTAINED

completo, con todos los accesorios, que forma un todo armónico, que constituye una unidad, que tiene todo lo necesario, autónomo.

Commercial tariffs are based on the outdated idea that each country should be a self-contained economic unit.

Los aranceles se basan en la idea anticuada de que cada país debe constituir una unidad económica independiente.

SELF-STYLED. Véase SELF-APPOINTED.

SELL DOWN THE RIVER, TO (sl.)

engañar, traicionar, abandonar sin ningún miramiento.

I'm afraid that in this deal we've been sold down the river.

Creo que en este asunto nos han engañado de mala manera.

SELL LIKE HOT CAKES, TO

venderse como rosquillas, como si los regalaran, como pan bendito.

The new portable television sets are selling like hot cakes.

Los nuevos aparatos de televisión portátiles se venden como agua.

SELL OUT, TO

liquidar, agotar, vender todas las existencias.

When we got to the cinema we found the sold out sign.

Al llegar al cine, nos encontramos con el cartel de «Agotadas las localidades».

SELL SHORT, TO

subestimar el valor de alguien o de alguna cosa; jugar a la baja.

Don't sell this country short. I have a suspicion the people can pull themselves out of the current economic mess.

No desprecies la capacidad de este país. Tengo la impresión de que la gente encontrará la manera de superar el actual marasmo económico.

SEND ONE PACKING, TO

mandar a paseo, enviar a freír espárragos.

He became so insolent that I had to send him packing.

Se puso tan insolente, que tuve que mandarlo a paseo.

SEND OUT, TO

despachar, enviar, cursar.

There is only a week left before the party. Have you sent out the invitations?

Sólo falta una semana para la fiesta. ¿Has enviado ya las invitaciones?

SEND-OFF, A

despedida.

The actress was given a rousing send-off.

La artista fue objeto de una despedida clamorosa.

I would never have expected such a rude send-off.

Nunca me hubiera imaginado que me echara con cajas destempladas.

SENIOR CITIZEN, A

(eufemismo para personas de edad).

persona de edad, anciano, persona de la tercera edad.

Senior citizens have much to contribute to society.

Las personas de edad pueden hacer una gran aportación a la sociedad.

SERVE A TERM, TO

cumplir condena, estar en la cárcel.

I did not realize when I employed him that he had served a term in gaol for larceny.

Cuando le contraté, no sabía que había cumplido una condena por hurto.

SERVE A USEFUL PURPOSE, TO

tener alguna utilidad, ser útil.

You may discard the old lists because they don't serve any useful purpose.

Puedes prescindir de las listas antiguas, porque ya no tienen ninguna utilidad.

SERVE NOTICE ON, TO

notificar, avisar, advertir, anunciar.

I have served notice on all my tenants to quit by 1st. January.

Les he notificado a todos mis arrendatarios que para el primero de enero tendrán que haberse marchado.

SERVE ONE RIGHT, TO

1) estarle a uno bien empleado, habérsela ganado, tenerlo bien merecido.

So George hasn't invited you for Christmas? It serves you right for speaking badly about him.

¿De modo que Jorge no te ha invitado para las Navidades? Te está bien empleado por hablar mal de él.

2) ser fiel a uno, no fallarle.

If my memory serves me right this is the same hotel we stayed at five years ago.

Si la memoria no me falla, éste es el mismo hotel en que estuvimos hace cinco años.

SET ABOUT, TO

1) comenzar, ponerse a, disponerse a.

I set about writing a new novel yesterday, but couldn't get beyond the first chapter.

Ayer comencé a escribir una nueva novela, pero no conseguí pasar del primer capítulo.

2) atacar.

The farmer set about me with a whip thinking I was going to steal his fruit.

El campesino me atacó con un látigo, creyendo que iba a robarle la fruta.

SET AN EXAMPLE, TO

dar ejemplo.

Now that you are a partner in the business you will be expected to set an example of hard work and moral living.

Ahora que tienes parte en el negocio esperamos que des ejemplo trabajando de verdad y llevando una vida decorosa.

SET BY THE EARS, TO

malquistar, causar desavenencias, sembrar la discordia.

Te new law has set the country by the ears.

La nueva ley ha dividido la opinión del país.

SET FOOT IN, TO

pisar, hollar, poner los pies en.

He swore he would never set foot in England again until the tax laws are reformed.

Juró que no volvería a pisar suelo inglés hasta que reformaran las leyes fiscales.

SET FREE, TO

poner en libertad.

We will set him free if he promises to abstain from political activity.

Lo pondremos en libertad si promete abstenerse de toda actividad política.

SET OF TEETH, A

dentadura, dientes.

When she smiled she showed a perfect set of teeth.

Al sonreír dejó al descubierto una dentadura perfecta.

SET OFF, TO

1) salir, ponerse en camino.

We set off at the crack of dawn.

Salimos al despuntar el día.

2) hacer estallar, desencadenar, poner en marcha, disparar.

The fuse was timed to set off a bomb as the train crossed the bridge.

La espoleta se reguló de modo que la bomba hiciera explosión cuando el tren cruzase el puente.

3) realzar, destacar.

The dark background was designed to set off the red and yellow costumes of the actors.

Se puso un fondo negro para que destacaran los trajes rojos y amarillos de los actores.

SET ONE BACK, TO

costar, hacer bajar la cuenta corriente de uno en..., ser... más pobre.

It's a beautiful carpet but it has set me back 500 bucks.

Es una hermosa alfombra, pero me ha costado quinientos dólares.

SET ONE'S HAND TO THE PLOUGH (or TASK), TO

poner manos a la obra, empezar a trabajar.

Once you set your hand to the task you will find it easier than you expected.

Una vez hayas empezado, trabajar te será más fácil de lo que creías.

SET ONE'S HEART ON, TO

desear ardientemente, hacerse la ilusión de algo.

Charles was terribly disappointed as he had set his heart on going to Madrid.

Carlos tuvo un gran disgusto, pues ya se había hecho la ilusión de ir a Madrid.

SET OUT, TO

1) pretender, tratar de.

I don't set out to be a good speaker, so I hope you'll forgive my defaults of expression.

No tengo la pretensión de ser un buen orador, por lo que espero que perdonarán mis defectos de expresión.

2) exponer, explicar, desarrollar, indicar.

The operation of the set is set out in page 10.

El manejo del aparato se explica en la página 10.

3) marcharse, salir (de viaje), ponerse en camino.

What day will you set out?

¿Qué día os marcháis?

4) adornar, presentar.

I like the way these boxes are set out.

Me gusta cómo están presentadas estas cajas.

SET OUT FOR, TO

salir para, dirigirse a.

We shall set out for London as soon as the fog clears.

Saldremos para Londres en cuanto se levante la niebla.

SET THE PACE, TO

1) imponer la marcha, llevar la delantera, ir en cabeza, ir a la vanguardia.

The only foreign-made car set the pace all through the race.

El único coche de fabricación extranjera se mantuvo en cabeza durante toda la carrera.

2) marcar la pauta, dar ejemplo, imponer la moda.

Even though the fashion was invented in Paris the English girls are setting the pace.

Si bien esta moda es una creación parisiense, son las chicas inglesas las que la están imponiendo.

The teacher has set too fast a pace. The weaker pupils cannot keep up with the rest of the class.

El maestro nos hace ir demasiado de prisa. Los alumnos más retrasados no pueden seguir al resto de la clase.

SET THE RECORD STRAIGHT, TO

poner las cosas en su lugar, aclarar las cosas, en honor a la verdad.

I have been told that in my intervention of yesterday I gave the impression that I was for the bill and to set the record straight I must say that I am not.

Me han dicho que en mi intervención de ayer parecía que era

partidario del proyecto de ley, y para poner las cosas en su sitio debo decir que no lo soy.

SET THE THAMES ON FIRE, TO

hacer algo grande, realizar algo extraordinario, hacerse famoso; descubrir la pólvora (en sentido irónico).

John has written a lot of books but as an author he will never set the Thames on fire.

Juan ha escrito muchos libros, pero no pasará a la historia como escritor.

SET THE WORLD ON FIRE (or ABLAZE), TO. Véase SET THE THAMES ON FIRE, TO.

SET UP, TO

1) formar, crear, constituir, organizar, establecer.

A special agency was set up to assist immigrants.

Se creó un organismo especial para ayudar a los emigrantes.

2) establecerse, montar (un negocio, casa, etc.).

His father gave him enough money to set him up in the furniture business.

Su padre le dio dinero suficiente para montar un negocio de muebles.

3) restablecerse, ponerse bien.

Albert needs a holiday to set him up after his serious illness.

Alberto necesita unas vacaciones

para restablecerse de su grave enfermedad.

SETTLE DOWN, TO

1) sentar la cabeza.

I'm worried about my son Jack. It's time he settled down and had a family.

Me preocupa mi hijo Jack. Ya es hora de que siente la cabeza y funde un hogar.

2) instalarse, afincarse, aposentarse; organizarse; quedarse a vivir, dejar de andar de un lado para otro, domiciliarse en algún lugar, aclimatarse a un lugar; llevar una vida normal, echar raíces.

So far I have no intention whatsoever to settle down in this country.

Por el momento no tengo la menor intención de quedarme a vivir en este país.

I was surprised to hear Al talking about going back on the road when just only a few days ago he'd been talking about settling down.

Me sorprendió que Al hablara de lanzarse a viajar de nuevo cuando tan sólo unos días atrás me había hablado de afincarse definitivamente en algún sitio.

3) ponerse a, dedicarse.

After retiring he settled down to write plays.

Al retirarse, se dedicó a escribir obras de teatro.

4) hundirse.

After striking the mine the ship began to settle down by the stern.

Después de chocar con la mina, el buque empezó a hundirse por la parte de popa.

SETTLE FOR, TO

conformarse con, contentarse con, darlo por.

«How much would you sell the car for?»

«I wouldn't settle for less than $ 2,000.»

—¿Por cuánto venderías el coche?
—No lo daría por menos de dos mil dólares.

SHADE OF MEANING, A

matiz.

If you don't master the language you'll miss many shades of meaning.

Si no dominas el idioma, se te escaparán muchos matices.

SHAMBLES, A (sl.)

gran desorden, campo de Agramante, desastre.

He was forced to admit that the attempt to change the accounting system had been a shambles.

Se vio obligado a admitir que su intento de cambiar el sistema de contabilidad había sido un verdadero desastre.

SHAPE OF THINGS TO COME, THE

el mundo del mañana, la vida futura.

Higher wages, lower taxes, longer holidays all this, said the Minister, was the shape of things to come in the new welfare era.

«Salarios más altos, menos impuestos y más días de vacaciones: esto es lo que nos depara el futuro —dijo el ministro— dentro de la nueva era de promoción social.»

SHEEP AND THE GOATS, THE

los buenos y los malos, los justos y los pecadores.

We've hired an efficiency expert to separate the sheep from the goats.

Hemos contratado a un especialista en organización de empresas para que nos diga cuáles son los empleados que valen y los que no sirven.

SHIFT FOR ONESELF, TO

componérselas uno solo.

George turned his son out of the house and told him to shift for himself.

Jorge echó a su hijo de casa y le dijo que se las arreglara por sí solo.

SHIFT THE BLAME, TO

echar la culpa a otro, escurrir el bulto.

Arthur wrote a long letter to the papers in which he shifted the blame for the failure of the negotiations on to me.

Arturo escribió una larga carta a los periódicos en la que me echaba a mí la culpa del fracaso de las negociaciones.

SHINING HOUR, ONE'S

el momento cumbre, culminante, más brillante, más glorioso, de la vida de una persona.

He realized that his shining hour had arrived: the Queen dropped a glove in front of him.

Se dio cuenta de que se le presentaba la oportunidad de lucirse mayor de su vida: el guante de la Reina había caído frente a él.

SHIRK DUTY, TO

escurrir el bulto, eludir un deber.

George was never one to shirk an unpleasant duty.

Jorge nunca fue persona que tratara de eludir un deber desagradable.

SHOCK WAVES

1) onda expansiva, onda sísmica.

The lethal action of this grenade is not the shrapnel but the shock waves.

Esta bomba de mano resulta mortal, no por la metralla, sino por la onda expansiva.

2) repercusión, conmoción.

The Prime Minister's speech has sent shock waves through all Foreign Departments in the world.

El discurso del primer ministro ha causado conmoción en todas las cancillerías del mundo.

The senseless murder sent a shock wave of anger around the world.

Aquel asesinato estúpido provocó

una oleada de indignación en todo el mundo.

SHOOT A LINE, TO

tirarse un farol.

By the way he bids, I am sure that he was shooting a line when he said that he had been a bridge champion in his country.

Por su manera de subastar estoy seguro de que se tiró un farol cuando dijo que había sido campeón de *bridge* de su país.

SHOOT THE BREEZE, TO

charlar, estar de charla.

It was one of those nights when one felt like sitting out in the veranda shooting the breeze with a neighbour.

Era una de esas noches que apetecía sentarse fuera en la veranda a charlar tranquilamente con algún vecino.

SHOOT-OUT, A

tiroteo.

One of the gunmen who participated in the hold-up of the bank was fatally wounded in a shoot-out with the police.

Uno de los pistoleros que participó en el asalto del banco resultó mortalmente herido en un tiroteo con la policía.

SHORT AND LONG OF IT, THE

en resumidas cuentas, en una palabra, en definitiva.

The short and long of it is that Mary doesn't want to buy that house because she doesn't like to live in the country.

En definitiva, lo que ocurre es que María no quiere comprar la casa, porque no le gusta vivir en el campo.

SHORT CHANGE SOMEONE, TO

1) darle a uno cambio de menos.

I'm afraid you've short changed me. I should have five more dollars.

Creo que me da dinero de menos. Tendría que tener cinco dólares más.

2) no dar a uno lo que se le debe, estafar, defraudar, perjudicar.

Seeing how happy her friends are she has the feeling that life has short changed her.

Viendo lo felices que son sus amigos, tiene la impresión de que la vida no le ha dado lo que le debía.

SHORT CUT, A

atajo, modo más fácil, simplificación, fórmula mágica, camino más corto.

Many people believe that gambling is a short-cut to wealth, and not as is usually the case... a short-cut to poverty.

No pocos consideran el juego como una fórmula mágica para enriquecerse, en vez de lo que suele ser: el camino más corto para arruinarse.

SHOT IN THE ARM, A

inyección de optimismo, que da nuevas energías, estímulo, buena ayuda, refuerzo, «balón de oxígeno».

The country's road program has just been given a shot in the arm by a $20 million loan from the World Bank.

El plan de carreteras del país ha recibido un nuevo impulso con un préstamo de veinte millones de dólares concedido por el Banco Mundial.

SHOT IN THE DARK, A. Véase RANDOM SHOT, A.

SHOTGUN WEDDING, A

(Boda provocada por el embarazo de la novia. La imagen es fácil de advertir: la boda se celebra, probablemente en un ambiente rural, bajo la amenaza de la escopeta del padre de la novia.)

boda impuesta por las circunstancias, matrimonio a la fuerza.

From the hasty plans I would say it's a shotgun wedding.

Por lo apresurado de los preparativos diría que se trata de un casamiento a la fuerza.

SHOW A CLEAN PAIR OF HEELS, TO. Véase TAKE TO ONE'S HEELS, TO.

SHOW A LOT OF PROMISE, TO. Véase HAVE A LOT OF PROMISE, TO.

SHOW BUSINESS

el mundo (la industria) del espectáculo, el mundo de los artistas, el trabajo de artista.

The singer said to the press that he was quitting show business to devote more time to his family.

El cantante manifestó a la prensa que abandonaba su carrera artística para poder dedicar más tiempo a su familia.

SHOW IN, TO

hacer pasar.

I showed my friend into the living room.

Hice pasar a mi amigo al cuarto de estar.

SHOW OFF, TO

presumir, dárselas de, exhibirse, lucirse, hacer ostentación, hacer alarde, querer distinguirse.

Children like to show off when visitors are around.

A los niños les gusta hacer sus gracias cuando hay visitas.

SHOW SOMEONE ROUND (or OVER IT), TO

enseñar un lugar a alguien.

We can talk the matter over while I show you round the office.

Podemos seguir discutiendo el

asunto mientras te enseño la oficina.

SHOW THE WHITE FEATHER, TO

mostrar cobardía, echarse atrás.

After travelling so far to meet my brother's murderer I could not show the white feather and return home with my case still undecided.

Después de un viaje tan largo para encontrar al asesino de mi hermano no podía quedar como un cobarde volviéndome a casa sin haber solucionado el asunto.

SHOW UP, TO

comparecer, presentarse.

It's seven o'clock and she hasn't showed up yet.

Son las siete y no se ha presentado todavía.

SHUT DOWN, TO

cerrar, parar, apagar, cesar.

The factory was forced to shut down for lack of orders.

Hubo que cerrar la fábrica por falta de pedidos.

SHUT UP, TO

cerrar el pico, callarse la boca, «achantar la mui».

Shut up and keep trying to open that safe or we'll have the police here before we know it.

«Achanta la mui» y trata de abrir esta caja fuerte o tendremos aquí a la policía sin darnos cuenta.

SIDE-STEPPING AN ISSUE

salirse por la tangente.

It's difficult to reach an agreement with him because he always side-steps the issue.

Es difícil llegar a un acuerdo con él, porque siempre se sale por la tangente.

SIGN ON THE DOTTED LINE, TO

hacer uno todo lo que le dicen.

When I saw him pulling a gun on me I told him I would sign on the dotted line.

Cuando vi que me encañonaba con una pistola, le dije que haría todo lo que me dijera.

SILENCE IS CONSENT

Quien calla otorga.

SIT BACK, TO

1) arrellanarse, recostarse.

Before answering, John sat back in his chair and lit a cigarette.

Antes de contestar, Juan se arrellanó en su sillón y encendió un cigarrillo.

2) adoptar una actitud pasiva, inhibirse, quedarse al margen.

It is easy for you to sit back and criticise other people's actions.

A ti te resulta muy cómodo adoptar una actitud pasiva y ponerte a criticar la conducta ajena.

SIT-IN

sentada, encierro, ocupación.

The students staged a sit-in in front of the Faculty to protest the appointment of the new Chairman.

Los estudiantes organizaron una sentada frente a la facultad para protestar contra el nombramiento del nuevo decano.

SIT ON THE FENCE, TO

no decidirse por ningún bando, no tomar partido, ver los toros desde la barrera, mantenerse neutral.

In this quarrel I prefer to sit on the fence.

En esta disputa prefiero mante- nerme neutral.

SIT ON TOP OF THE WORLD, TO

sentirse la persona más feliz del mundo, sentirse el rey del mundo, ser muy feliz.

Now that they've paid off the mortgage they are sitting on top of the world.

Ahora que han terminado de pa- gar la hipoteca son la gente más feliz del mundo.

SIT PRETTY, TO

haber alcanzado finalmente una buena situación, poderse reír del resto del mundo.

Don't be discouraged. I'll bet you that in a couple of weeks you'll have a very good job and sit- ting pretty.

No te desanimes. Ya verás como en un par de semanas consigues un buen empleo y estarás muy bien.

SIT TIGHT, TO

1) mantenerse uno en sus trece, no ceder en su argumento.

I tried to convince him but he sat tight all along.

Traté de convencerlo, pero se mantuvo inflexible desde el pri- mer momento.

2) esperar, mantenerse a la expec- tativa; esconderse, intentar pasar inadvertido.

Let's sit tight and see whether these shares rise or not.

No hagamos nada por el momen- to y veamos si suben las acciones.

SIT UP, TO

incorporarse.

I was lying down in bed and the doctor asked me to sit up.

Estaba tendido en la cama y el médico me pidió que me incor- porase.

SIT UP AND TAKE NOTICE, TO

prestar atención, hacer caso, darse por aludido, reaccionar, despabi- larse, espabilarse.

Your son has better sit up and take notice if he wishes to be promoted to the next grade.

Su hijo tendrá que despabilarse si quiere pasar a la clase siguiente.

SITTING DUCK, A

blanco seguro, presa fácil.

Our plane was so slow that it was a sitting duck for the enemy antiaircraft.

Nuestro avión era tan lento, que resultaba una presa fácil para la artillería antiaérea enemiga.

SIX OF ONE AND HALF A DOZEN OF THE OTHER

lo mismo da una cosa que otra, olivo y aceituno, es todo uno.

It's six of one and half a dozen of the other to choose between the two.

Lo mismo da que elijas una cosa que otra.

SIXTY FOUR THOUSAND (SIXTY FOUR) DOLLAR QUESTION, THE

(Alusión a un antiguo concurso de televisión norteamericano de carácter cultural cuyo premio se fijó al principio en 64 dólares y posteriormente se elevó a 64.000, adjudicándose al concursante que, tras eliminar a todos sus rivales, consiguiera contestar la última pregunta, como es de suponer, muy difícil.)

pregunta muy difícil, como si le preguntaran a uno qué número de la lotería saldrá premiado.

What you are asking me is the sixty four thousand dollar question.

Lo que me preguntas es como si me preguntaras qué número de la lotería saldrá premiado.

SIZE UP, TO

comprender, hacerse cargo, hacerse una idea, formar juicio; encasillar, catalogar.

He kept his eye on me the whole interview, sizing me up.

Durante la entrevista no dejó un solo instante de estudiarme con la mirada.

He is the kind of person who has the ability to size up a situation with a glimpse.

Es una de esas personas capaces de hacerse cargo de la situación con una sola ojeada.

SKATE ON THIN ICE, TO

pisar terreno peligroso, encontrarse en una situación comprometida.

The rebels knew that in defying the Government with neither the support of the army or the unions they would be skating on very thin ice.

Los rebeldes sabían que, al desafiar al gobierno sin contar con el apoyo del ejército ni de los sindicatos, se encontrarían en una situación muy comprometida.

SKIM THE CREAM, TO

escoger lo mejor, llevarse la parte más valiosa de alguna cosa.

The cream of the German officer corps was skimmed for the Russian campaign.

Para la campaña de Rusia se escogió lo más florido de la oficialidad alemana.

SLEEP ON IT, TO

consultar con la almohada, reflexionar detenidamente sobre un asunto, pensarlo bien.

Well, sleep on it and give me your answer to-morrow.

Bueno, consúltalo con la almohada y mañana me darás la respuesta.

SLIP OF THE TONGUE, A

lapsus linguae, trabársele a uno la lengua.

By a stupid slip of the tongue I adressed the cardinal as «Your Excellency» instead of «Your Eminence».

Se me trabó la lengua tontamente y, en vez de llamar al cardenal «Su Eminencia», le llamé «Su Excelencia».

SLIP OUT OF ONE'S MIND, TO

olvidársele algo a uno, írsele de la cabeza, írsele a uno el santo al cielo.

Excuse me for not buying your paper: it just slipped out of my mind.

Perdóname que no te haya comprado el periódico. Se me olvidó el asunto.

SLIP THROUGH ONE'S FINGERS, TO

escapársele a uno, írsele a uno de las manos.

He'll never have a cent. Money just slips through his fingers.

Nunca tendrá un céntimo. El dinero se le va de las manos.

SLOW DOWN, TO

aminorar la marcha.

When entering the town you should slow down.

Al entrar en la ciudad, procura aminorar la marcha.

SLOW MOTION

movimiento retardado, a cámara lenta.

I had a curious dream: everything looked in slow motion.

He tenido un sueño chocante: todo parecía moverse a cámara lenta.

SMALL FRY

1) niños, chiquillería, gente menuda.

Come on, small fry, and help me unload the car!

¡Ayudadme a descargar el coche, niños!

2) gentecilla, gente de poca monta.

The other members of the Committee were small fry, in comparison to the Party leader and his assistant.

Comparados con el jefe del partido y su ayudante, los demás miembros del comité eran gente de poca monta.

SMALL HOURS, THE

las primeras horas de la mañana, la alta madrugada.

When a book really interests me I usually read until the small hours.

Cuando un libro me interesa de verdad suelo quedarme leyendo hasta la madrugada.

SMALL TALK

cháchara, conversación intrascendente, trivialidades.

Well, let's set aside the small talk and let's discurss the business at hand.

Bueno, dejémonos de trivialidades y hablemos de nuestro asunto.

SMALL-TIME

de poca monta, poco importante.

Police thought they had caught the gang boss but he turned out to be only a small-time hoodlum.

La policía creía que había aprehendido al jefe de la banda, pero resultó ser tan sólo un malhechor de poca monta.

SKY-HIGH

por las nubes, altísimo.

Out of season mango prices have been driven sky-high.

Fuera de temporada, el precio de los mangos se pone por las nubes.

SMELL A RAT, TO

oler a chamusquina, dar mala espina, tener la impresión de que hay gato encerrado, sospechar, temerse una mala jugada.

Everything in the house was to my liking but when they quoted me such a low price I smelled a rat.

La casa me gustaba en todos sus detalles, pero cuando me dieron un precio tan bajo no pude menos de sospechar.

SNEAK AWAY, TO. Véase SNEAK OFF, TO.

SNEAK IN, TO

entrar sigilosamente, colarse, pasar algo furtivamente.

The thief sneaked in through the back door while I was talking to the postman.

El ladrón se coló por la puerta trasera mientras yo hablaba con el cartero.

SNEAK OFF (or OUT), TO

escabullirse, irse a hurtadillas.

The boy sneaked off before I had time to ask him where he had hidden my wallet.

El muchacho se escabulló sin darme tiempo a preguntarle dónde había escondido mi cartera.

SO AM I (or DO I, DID I)

yo también.

Do you like sea food? So do I.

¿Te gusta el pescado? A mí también.

SO FAR

hasta ahora, por ahora.

So far is no sign that any of our children have caught the disease.

Por ahora no hay indicios de que nuestros hijos hayan contraído la enfermedad.

SO FAR SO GOOD

por ahora todo va bien; hasta aquí, santo y bueno.

By two o'clock he had broken into the house undetected. So far so good. Now it was just a question of finding the safe.

A las dos ya había conseguido penetrar en la casa sin ser visto. Hasta el momento todo iba bien. Ya sólo le faltaba encontrar la caja de caudales.

SO LONG (sl.)

adiós, hasta la vista, hasta otro rato.

So long! I'll see you at lunch to-morrow.

¡Adiós! Hasta mañana a la hora del almuerzo.

SO MUCH FOR THAT

dejemos ya este asunto, asunto concluido, basta ya de eso.

The chief of personnel tells me that he paid off the doorman yesterday. So much for that, then. Now we can engage a new one.

El jefe de personal me dice que ayer despidió al portero, indemnizándole. Así, pues, asunto concluido. Ya podemos tomar otro.

SO MUCH SO

tanto es así.

He was very angry. So much so that he even forgot his dinner.

Estaba muy enfadado. Tanto es así que incluso se olvidó de cenar.

SO MUCH THE BETTER (or WORSE)

tanto mejor (o peor).

I still have some, but if you bring yours so much the better.

Todavía me quedan algunos, pero si traes los tuyos, tanto mejor.

SO TO SPEAK

por decirlo así, como si dijéramos, es decir, digamos que.

His ways are a bit tortuous, so to speak.

Sus procedimientos son un poco tortuosos, por decirlo así.

SO WHAT?

bueno ¿y qué?, ¿y qué me importa?, ¿a mí qué?

So what if you tell mummy that I stayed up past my bed time. She is not going to punish me.

Me importa un bledo que le digas a mamá que no me fui a la cama a la hora. No me castigará por eso.

SOAKING WET

calado hasta los huesos, hecho una sopa, chorreando.

My sister forgot her umbrella and came home soaking wet.

Mi hermana olvidó el paraguas y llegó a casa calada hasta los huesos.

SO-AND-SO

fulano de tal, como se llame.

A Mr. so-and-so came to see you this afternoon.

Un señor, cuyo nombre no consigo recordar, vino a verte esta tarde.

SOAP OPERA

serial, folletín radiofónico o de televisión.

This soap opera has been playing

*every afternoon for the past ten
years and people never tire of it.*

Hace diez años que dan este serial todas las tardes y la gente no
se ha cansado todavía.

SOB STORY, A

el cuento de la lágrima, melodra-
ma, dramón, drama (en sentido
irónico).

*After the sob story he told me I
had to give him a couple of dollars and I suppose that's the way
he intended it.*

Después del drama que me contó
tuve que darle un par de dólares.
Creo que era eso lo que pretendía.

SOCIAL CALL, A

visita de cortesía, visita de cumplido.

*This is not a business call but a
social visit.*

No vengo para hablarle de negocios, sino para hacerle una visita.

SOCK IT TO SOMEONE, TO

sacudir a una persona, darle su
merecido, cantárselas claras; soltar, espetar, endilgar.

Sock it to him!

¡Dale su merecido!

Sock it to them!

¡Duro con ellos!

*«Do you know the latest joke?»
«Sock it to me!»*

—¿Conoces el último chiste?
—Suéltalo.

SOFT DRINK

refresco, bebida no alcohólica,
bebida carbónica, limonada, ga-
seosa, algo fresco.

*The waiter told me that soft
drinks were the most common
orders on the terrace.*

El camarero me dijo que la limonada era la consumición más
corriente en la terraza.

SOFT SOAP, TO (sl.)

adular, halagar, lisonjear, cepillar.

*Don't try to soft soap me. It will
get you nowhere.*

No trates de adularme. No te servirá de nada.

SOFT-PEDAL, TO (sl.)

atenuar, aminorar, amortiguar,
suavizar, poner sordina.

*He tried to soft-pedal his expres-
sions but everybody got the real
meaning.*

Él trató de dulcificar sus expresiones, pero todo el mundo comprendió el verdadero sentido.

SOMEWHERE ALONG THE WAY

1) por el camino.

*You won't regret having taken
this road. Somewhere along the
way you'll find a good restaurant.*

No te arrepentirás de haber tomado esta carretera. Por el camino encontrarás un buen restaurante.

2) en algo, por algún lado.

Somewhere along the way we have miscalculated: with these prices we cannot cover costs.

Debemos habernos equivocado por algún lado: con estos precios no podemos cubrir gastos.

SONG AND DANCE

la historia de siempre, la consabida historia, excusa archiconocida, grandes explicaciones, grandes excusas, deshacerse en mil excusas.

As an excuse for not bringing the money he gave me the usual song and dance about a business deal he was about to close and that he would pay me back soon.

Como excusa por no haber traído el dinero me contó la consabida historia de que estaba a punto de hacer un negocio y que me pagaría pronto.

SORT OF (sl.)

algo, un poco; más o menos.

I didn't come because I was sort of tired.

No vine porque estaba un poco cansado.

SO-SO

tal cual, regular, así así, medianamente.

«*How do you feel to-day?*»
«*So-so.*»

—¿Cómo te sientes hoy?
—Así así.

SOUL-SEARCHING

meditación, recapacitación, labor de introspección, examen de la propia conducta.

It's going to require considerable soul-searching before a decision can be reached.

Habrá que meditarlo mucho antes de tomar una decisión.

SOUR GRAPES

(Alusión a la fábula de la zorra y las uvas.)

envidia, «están verdes», algo que está fuera de nuestro alcance.

The sour-grape criticism of his work did not affect him to the slightest degree.

Las envidiosas críticas de que fue objeto su obra no le afectaron lo más mínimo.

SOW ONE'S WILD OATS, TO

ir de jarana, correrla.

In those days every young Dane with money went to Paris to sow his wild oats.

En aquellos tiempos, todos los jóvenes daneses que tenían un poco de dinero se iban a París a correrla.

SOW THE WIND AND REAP THE WHIRLWIND, TO

Sembrar vientos y cosechar tempestades.

SPANIARDS (FRENCH, etc.) HAVE A WORD FOR IT, THE

en español (francés, etc.) se dice...

You may call it a splendid gesture if you like but the Spaniards have a word for it: quijotada.

Llámalo acto generoso si tú quieres, pero en español esto se llama una quijotada.

Why is the weekend so widely celebrated in Britain when some other countries don't even have a word for it?

¿A qué se debe que el fin de semana esté tan generalizado en Inglaterra, cuando hay algunos países que ni siquiera tienen una expresión propia para designarlo?

SPARE TIME

ratos libres, ratos de ocio.

I like to paint in my spare time.
Me gusta pintar en mis ratos libres.

SPEAK FOR ONESELF, TO

1) decirlo por uno mismo, hablar a título personal, personalmente.

So you think everybody here is lying? You speak for yourself!

¿Crees, pues, que todos los presentes mentimos? ¡Eso lo dirás por ti!

Speaking for myself I think we have spent too long on this matter already.

Personalmente, creo que ya hemos dedicado demasiado tiempo a este asunto.

2) hablar en defensa propia.

Please do not interrupt: you will have a chance to speak for yourself.

Haga el favor de no interrumpir: ya tendrá ocasión de hablar en defensa propia.

3) decir uno lo que piensa, hablar con franqueza, decir las cosas claras.

«I'm fed up with the way my child is treated by his teacher.» «Well, speak for yourself. Tell him to change or we'll find another school.»

—Ya estoy cansada de que el maestro trate al niño de ese modo.
—Pues díselo claramente. Dile que si no cambia lo llevaremos a otro colegio.

SPEAK HIGHLY OF, TO

1) alabar, poner por las nubes.

Mr. Brown spoke highly of him.
El señor Brown lo puso por las nubes.

2) dar una buena idea, ser prueba elocuente de, decir mucho en favor de uno.

His last book speaks highly of his possibilities.

Su último libro es una prueba elocuente de sus posibilidades.

SPEAK ONE'S MIND FREELY, TO

hablar sin reservas, sin reticencia, con toda franqueza, sin pelos en la lengua.

I want to take this opportunity to speak my mind freely on all the topics which are troubling us.

Quiero aprovechar esta ocasión para hablar con toda franqueza de los asuntos que nos preocupan.

SPEAK OUT, TO

hablar claro, explicarse.

If Charles knows who is responsible, why does he not speak out?

Si Carlos sabe quién es el responsable, ¿por qué no lo dice claramente?

SPEAK OUT OF TURN, TO

meter uno su cuchara, inmiscuirse.

This subject has nothing to do with you. Why must you always speak out of turn?

Este asunto no tiene nada que ver contigo. ¿Por qué has de meter siempre tu cuchara?

SPEAK UP, TO

1) hablar más alto.

Will you please speak up? I can't hear you.

¿Quiere hacer el favor de hablar más alto? No le oigo.

2) Véase SPEAK OUT, TO.

SPEAK UP FOR, TO

interceder por, defender a, salir en defensa de.

I remember that in our school days I always spoke up for him.

Recuerdo que cuando íbamos al colegio, yo siempre lo defendía.

SPECIAL DRAWING RIGHTS

derechos especiales de giro.

The Special Drawing Rights were established in 1969 as a substitute for gold in international transactions.

Los «derechos especiales de giro» fueron creados en 1969 para sustituir al oro en las transacciones internacionales.

SPICK-AND-SPAN

limpio y ordenado, inmaculado, limpio como una patena.

She is a very good housewife; she always has the house spick and span.

Es muy buena ama de casa; siempre tiene la casa limpia como una patena.

SPILL THE BEANS, TO (sl.).
Véase LET THE CAT OUT OF THE BAG, TO.

SPLICE THE MAINBRACE, TO

repartir bebidas a la tripulación de un barco, abrir el bar, beber.

After the news of the birth of the new prince the captain wanted to have a little celebration and gave the order to splice the mainbrace.

Al recibir la noticia del nacimiento del nuevo príncipe, el capitán quiso celebrarlo y dio orden de que se distribuyeran bebidas a la tripulación.

SPLIT HAIRS, TO

detenerse en minucias, ser un tiquismiquis, perder el tiempo en nimiedades.

Let's stop splitting hairs and get to the point.

No perdamos el tiempo en bizantinismos y vayamos al grano.

SPOT CASH

al contado, dinero en mano.

I paid spot cash for the car.

Pagué el automóvil al contado.

SPREAD LIKE WILDFIRE, TO

correr como la pólvora, propagarse rápidamente.

The news of his marriage spread like wildfire.

La noticia de su boda corrió como la pólvora.

SQUARE DEAL, A (sl.)

trato justo, condiciones equitativas.

No government has ever given the farmer a square deal in this country.

No ha habido nunca un gobierno en este país que haya tratado debidamente al agricultor.

«*What would you think of paying me back in eight months?*»
«*That's a square deal.*»

—¿Te parece bien pagarme a plazos en ocho meses?
—Me parece justo.

SQUARE MEAL, A

comida completa, abundante, suficiente, debidamente servida.

I haven't had a square meal in five days.

Hace cinco días que no he comido como Dios manda.

SQUARE PEG IN A ROUND ROLE, A. Véase TO FEEL LIKE...

SQUEAKY WHEEL GETS THE GREASE, THE

El que no llora no mama.

STAB IN THE BACK, A

puñalada trapera, ataque a traición, golpe por la espalda.

Asking me to produce the papers he knew I had burned was a stab in the back.

Pedirme que presentara los documentos sabiendo que yo los había quemado fue una puñalada trapera.

STAND A CHANCE, TO

tener alguna posibilidad.

The aircraft struck the building head-on. The occupants never stood a chance of escaping.

El avión chocó de frente con el edificio. Sus ocupantes no tuvieron la menor posibilidad de salvarse.

STAND AND BE COUNTED, TO

tener la valentía de manifestar los propios principios, proclamar los ideales de uno; dar la cara, jugarse el tipo, dar el pecho.

There comes a time in a man's life when he must stand and be counted.

En la vida de todo hombre llega un momento en el que debe salir en defensa de sus ideales.

STAND ASIDE, TO

apartarse, dejar pasar, dejar sitio, ceder el puesto a otro.

It is time we older executives stood aside and give the younger men a chance to get on.

Ya es hora de que nosotros, los directivos más antiguos, cedamos el puesto a los jóvenes para que tengan la oportunidad de hacer carrera.

STAND BACK, TO

retroceder, retirarse.

Please stand back and let the people get into the elevator.

Por favor, retírense al fondo del ascensor para que los demás puedan entrar.

STAND FOR, TO

1) representar, significar, querer decir, simbolizar.

What does S.P.Q.R. stand for?

¿Qué significa S.P.Q.R.?

2) tolerar, soportar, aguantar.

In our mission I will not stand for any weakness.

En nuestra misión no toleraré ninguna debilidad

3) presentarse, presentarse como candidato.

Robert said he would stand for President if we supported him.

Roberto dijo que se presentaría a las elecciones presidenciales si lo apoyábamos.

STAND IN GOOD STEAD, TO

venir bien, ser útil.

Your knowledge of French will stand you in good stead if you are ever sent to Paris.

Tus conocimientos de francés te serán muy útiles si alguna vez te envían a París.

STAND IN ONE'S (OWN) LIGHT, TO

perjudicarse a sí mismo.

By refusing to work overtime Brown is standing in his own light.

Al negarse a hacer horas extraordinarias, Brown se perjudica a sí mismo.

STAND ONE'S GROUND, TO

mantenerse firme, seguir en sus trece, no ceder terreno, no dar el brazo a torcer.

I tried to dissuade him but he stood his ground.

Traté de disuadirle, pero él siguió en sus trece.

STAND OUT, TO

destacarse, sobresalir, alzarse.

The silhouette of a rider stood out against the dark blue sky.

La silueta de un jinete se destacaba sobre el cielo azul oscuro.

STAND TO REASON, TO

ser lógico.

After what you told him it stands to reason that he had to throw you out.

Después de lo que le dijiste, es lógico que te echara.

STAND UP FOR, TO

salir en defensa de.

When everybody was accusing me John stood up for me.

Cuando todo el mundo me acusaba, Juan salió en mi defensa.

STAND UP TO, TO

enfrentarse, resistir, oponerse.

Charles was too weak to stand up to his opponents.

Carlos era demasiado débil para enfrentarse con sus contrarios.

STAND-STILL, A

paro, marasmo, paralización, punto muerto.

All work at the docks has come to a stand-still.

El trabajo en los muelles ha quedado paralizado.

START FROM SCRATCH, TO

empezar sin nada, desde el principio, a cero.

They started this prosperous business from scratch.

Empezaron sin nada este floreciente negocio.

START WITH A CLEAN SLATE, TO

hacer borrón y cuenta nueva.

The custom to make resolutions, to start with a clean slate, is as old as the world.

La costumbre de hacerse buenos propósitos, de hacer borrón y cuenta nueva, es tan vieja como el mundo.

STATE OF AFFAIRS, A

situación, estado de cosas.

This is a real account of the state of affairs in countless universities across the country.

He aquí un relato auténtico de cómo van las cosas en innumerables universidades del país.

In view of the grim state of affairs in the village the young people are begining to leave.

La gente joven empieza a marcharse del pueblo en vista de lo mal que están las cosas.

STATUS SYMBOL, A

Manifestación (auténtica o artificial) de una posición social determinada y, especialmente, signo de riqueza: signo externo, signo de distinción, forma de ostentación, que da categoría, que denota o da prestigio; objeto de lujo, lujo.

An annual trip to Europe is considered by many Americans as the first status symbol.

Hacer un viaje a Europa todos los años está considerado por muchos norteamericanos como el máximo exponente de la prosperidad personal.

Many people serve caviar at parties because they believe it a status symbol rather than from fondness of it.

Mucha gente ofrece caviar en sus fiestas, más por considerar que da categoría que porque realmente les guste.

The automobile has become a status symbol in our country.

En nuestro país el automóvil se

ha convertido en un índice de la posición social de su propietario.

The fifty-dollar hair-do by the new Italian hairdresser has become the latest status symbol for the jet-set of our town.

Los peinados a cincuenta dólares que hace el nuevo peluquero italiano se han convertido en la última forma de ostentación entre las elegantes de nuestra ciudad.

The hot-line between the two countries is believed to be more of a status symbol than to fulfill a real need.

La instalación de una línea telefónica directa entre ambos países se considera que obedece a razones de prestigio más que a una auténtica necesidad.

STAY IN, TO

1) quedarse en (casa, cama, etc.), no salir.

We stayed in all day yesterday because of the rain.

Ayer nos quedamos todo el día en casa a causa de la lluvia.

2) continuar, conservar.

You'll have to work harder if you want to stay in business.

Tendrás que trabajar más si quieres conservar tu negocio.

STAY OUT, TO

1) quedarse fuera, no entrar.

I decided to stay out until she left home.

Decidí no entrar en casa hasta que ella hubiese salido.

2) quedarse al margen, no intervenir en un asunto.

Take my advice and stay out of trouble.

Sigue mi consejo y no te metas en líos.

STEAL A MARCH ON SOMEONE, TO

anticiparse, tomar la delantera, ganar a uno por la mano.

My friends were interested in renting the house, but I stole a march on them.

Mis amigos estaban interesados en alquilar la casa, pero yo les tomé la delantera.

STEAL THE SHOW, TO

ser el éxito de la fiesta, llevarse la palma, monopolizar la atención, ser el héroe de la jornada.

All the girls looked very cute, but Mary stole the show.

Todas las niñas estaban muy monas, pero Mary se llevó la palma.

STEP DOWN, TO

1) bajar, dejar.

The general stepped down from the saluting base to shake hands with him.

El general bajó de la tribuna para estrecharle la mano.

2) retirarse, ceder el puesto a otro, renunciar.

We are asking you to step down in favour of the new candidate.

Te pedimos que cedas el puesto al nuevo candidato.

3) disminuir.

Owing to the new regulations we have had to step down production.

Debido a las nuevas disposiciones, hemos tenido que disminuir la producción.

STEP LIVELY ON IT, TO (sl.)

darse prisa, con brío, ¡ánimo!

Step on it or you'll be late for the ceremony!

¡Daos prisa! ¡Vamos a llegar tarde a la ceremonia!

STEP ON SOMEONE'S CORNS, TO. Véase TREAD ON SOMEONE'S, etc.

STEP ON THE GAS (or JUICE), TO

acelerar la marcha, pisar el acelerador.

If we want to get there in time we'll have to step on the gas.

Si queremos llegar a tiempo, tendremos que darle al acelerador.

STEP UP, TO

1) subir.

They just called your name. Step up and get your prize.

Acaban de nombrarte. Sube a recoger el premio.

2) aumentar, acelerar, intensificar, incrementar.

The Minister said no effort would be spared to step up the production of consumer goods.

El ministro dijo que no se regatearía ningún esfuerzo para incre-

mentar la producción de bienes de consumo.

STEW IN ONE'S OWN JUICE, TO

arrostrar las consecuencias de los propios actos, purgar los propios errores.

Why should you apologize to him? It was all his own fault, he brought the whole situation upon himself, so just leave him to stew in his own juice.

No vayas a ofrecerle tus excusas. La culpa fue enteramente suya; él mismo se creó esta situación, conque allá se las componga.

STICK OUT, TO

notarse, sobresalir, sacar.

The doctor told the child to stick his tongue out.

El médico ordenó al niño que sacara la lengua.

STICK OUT ONE'S NECK, TO (sl.)

jugarse el tipo, jugárselo todo, arriesgarse.

You can be sure he is not going to stick out his neck for you.

No se lo jugará todo por ti: te lo aseguro.

STICK THEM UP!

¡arriba las manos!, ¡manos arriba!

My last recollection before fainting was thas of a masked man entering the bank and shouting «Stick them up!».

Mi último recuerdo antes de desmayarme es que un hombre enmascarado entró en el banco y gritó: «¡Manos arriba!»

STICK TO, TO

1) pegarse, seguir a uno a todas partes, no dejar a uno ni a sol ni a sombra.

You should begin to know your way about town and not to stick to me all the time.

Deberías aprender a ir por la ciudad por tu cuenta en vez de seguirme a todas partes.

2) perseverar, persistir, quedarse con.

Stick to your resolutions if you want to get somewhere.

Si quieres llegar a ser algo, persevera en tus propósitos.

3) ser fiel, no abandonar.

I know she will stick to me through thick and thin.

Sé que ella estará a mi lado pase lo que pase.

4) ceñirse estrictamente, atenerse, limitarse a.

Don't expect any mercy. He is the type of man who sticks to the regulations.

No esperes que tenga contigo ninguna consideración. Es el tipo de hombre que se ciñe estrictamente al reglamento.

STICK TO ONE'S GUNS, TO. Véase STAND ONE'S GROUND, TO.

STICK-IN-THE-MUD, A

inmovilista, persona que se opone a las novedades.

His stick-in-the-mud attitude has made his industry lag behind that of the competitors.

Su actitud inmovilista ha hecho que su industria haya sido superada por la competencia.

STICK-UP, TO (sl.)

atracar, asaltar.

There was a stick-up at the bank yesterday and $ 20.000 were stolen.

Ayer hubo un atraco en el banco y se llevaron veinte mil dólares.

STILL LIFE

bodegón, naturaleza muerta.

I prefer a portrait to a still life.

Me gusta más la figura que los bodegones.

STILL WATERS RUN DEEP

Del agua mansa me libre Dios (que de la brava me libro yo).

STIR UP, TO

instigar, provocar.

Your decisions are going to stir up a lot of protests.

Tus decisiones provocarán muchas protestas.

STIR UP A HORNET'S NEST, TO. Véase BRING A HORNET'S NEST..., etc.

STONE DEAF

sordo como una tapia.

Talk louder to him because he is stone deaf.

Háblale más alto, porque está sordo como una tapia.

STONE-WALL SOMETHING, TO

oponerse firmemente a algo, no ceder ni un milímetro.

The boss ordered me to stonewall any intents of investigation from the central office.

El jefe me ordenó que me opusiera resueltamente a todo intento de investigación por parte de la oficina central.

STOP AT NOTHING, TO. Véase GO ANY LENGTHS, TO.

STOP OVER, TO

hacer escala, detenerse.

On our way to New York we'll stop over in Paris for a couple of days.

De camino para Nueva York, nos detendremos un par de días en París.

STOP-GAP, A

para salir del paso, circunstancial, provisional, solución momentánea.

I will use John's car as a stopgap until I get my new Chevrolet.

Utilizaré el coche de Juan para salir del paso hasta que me entreguen un «Chevrolet» nuevo.

STORE IS NO SORE

Por mucho pan, nunca mal año.

STORM IN A TEAPOT, A. Véase TEMPEST IN A TEAPOT, A.

STRAIGHT FROM THE HORSE'S MOUTH

de buena tinta, de primera mano, noticia directa.

You may believe me: I have it straight from the horse's mouth.

Puedes creerme: lo sé de buena tinta.

STRAIGHT FROM THE SHOULDER

sin rodeos, sin ambages, hablando en plata, con toda franqueza.

He asked for the truth and I let him have it straight from the shoulder.

Me pidió que le dijera la verdad y se la expuse sin rodeos.

STRAIT-LACED PERSON, A

rígido, severo, chapado a la antigua, puritano.

He is too strait-laced to allow any card playing in his house.

Es demasiado severo para permitir que se juegue a las cartas en su casa.

STRANGE BEDFELLOWS

rara pareja, extraña asociación, combinación desusada, extraño contubernio.

The bank manager and the chimney sweeper made strange bedfellows as co-chairmen of the Association for the Protection of Birds but they were elected unanimously.

El director del banco y el deshollinador hacían una rara pareja como copresidentes de la Asociación para la protección de las aves, pero fueron elegidos por unanimidad.

STRENGTH OF ONE'S CONVICTIONS, THE

la valentía (el valor) de sostener (defender) los propios principios (ideas, ideales, creencias), de comportarse según exigen sus ideas.

I always have admired a person who had the strength of his convictions.

Siempre he admirado a la persona capaz de comportarse de conformidad con sus ideas.

STRETCH A POINT, TO

hacer una excepción, hacer la vista gorda, saltarse el reglamento, forzar un argumento, forzar las cosas, ser un poco indulgente.

Considering her practical experience I think the Hospital should stretch a point and allow her to work even though she doesn't hold a certificate.

Teniendo en cuenta su experiencia, creo que el hospital podría hacer un poco la vista gorda y dejarla trabajar aunque no tenga el título.

STRIKE A BLOW FOR SOMEONE, TO

romper una lanza por alguien.

I couldn't let the opportunity pass without striking a blow for our unduly blamed friends.

No podía dejar pasar esta oportunidad sin romper una lanza por nuestros amigos, tan injustamente acusados.

STRIKE A SNAG, TO. Véase HIT A SNAG, TO.

STRIKE BACK, TO

devolver golpe por golpe, defenderse, contestar.

The Government has made it known that if our country is attacked we'll strike back.

El gobierno ha anunciado que si nuestro país es atacado, devolveremos golpe por golpe.

STRIKE HOME, TO

poner el dedo en la llaga, dar en blanco, tocar un punto sensible.

From his expression I could easily tell that my question struck home.

De su expresión deduje fácilmente que mi pregunta había tocado un punto sensible.

STRIKE OFF THE ROLLS, TO. Véase ERASE FROM THE ROLLS, TO.

STRIKE ONE FUNNY, TO (sl.)

chocar, parecer raro.

It struck me funny to see Jane with her mother-in-law knowing that they avoid each other systematically.

Me extrañó ver a Jane con su suegra, cuando sé que se rehúyen sistemáticamente.

STRIKE ONE'S FANCY, TO

antojársele a uno, darle por ahí, encapricharse (de, con).

The hat struck my wife's fancy and I had to buy it.

Mi mujer se encaprichó del sombrero y tuve que comprárselo.

STRIKE OUT, TO

1) tachar, borrar, suprimir.

The paragraph would be more clear if we struck out the last sentence.

El párrafo quedaría más claro si suprimiéramos la última oración.

2) dirigirse, encaminarse, irse.

It was such a pleasant day that I decided to strike out for the country.

Hacía un día tan bueno, que decidí marcharme al campo.

STRIKE UP, TO

empezar a tocar, atacar los primeros compases.

As soon as the bride appeared at the end of the aisle the organ struk up the wedding march.

Apenas apareció la novia en el extremo del pasillo central, el órgano atacó los primeros compases de la marcha nupcial.

STRIKE WHILE THE IRON IS HOT, TO

aprovechar la oportunidad.

As they were signs of confusion in the enemy army Caesar decided to strike while the iron was hot.

Al observar indicios de que en el ejército enemigo reinaba la confusión, César decidió aprovechar la oportunidad.

STRUGGLE FOR LIFE, THE

la lucha por la vida, la lucha cotidiana.

You don't have to be a darwinnist to believe in the struggle for life.

No hay que ser darwinista para creer en la lucha por la vida.

STUCK-UP (sl.)

presuntuoso, orgulloso, fatuo.

He is too stuck-up to mix with ordinary people like you and me.

Es demasiado orgulloso para tratarse con personas corrientes como tú y yo.

SUGAR THE PILL, TO

dorar la píldora.

It's no use trying to sugar the pill: I know I have to go.

Es inútil que trates de dorarme la píldora: ya sé que tengo que marcharme.

SUIT YOURSELF

lo que tú quieras, haz como gustes, lo que tú digas, haz como te plazca.

«I think tomorrow I won't come on the excursion».

«Suit yourself».

—Creo que mañana no iré a la excursión.

—Como quieras.

SUM UP, TO

resumir.

To sum up, the Convention was a success.

Para resumir, el congreso fue un éxito.

SURE ENOUGH

efectivamente.

He said he would come at twelve o'clock and sure enough, at the last strike of the clock his car was pulling up in front of my house.

Dijo que vendría a las doce y, efectivamente, al dar el reloj la última campanada, su coche se detenía frente a mi casa.

SURE THING

pierde cuidado, no te preocupes.

«And be sure to switch off the light when you go out».
«Sure thing».

—Y no te olvides de apagar la luz al salir.
—Pierde cuidado.

SWALLOW AN INSULT, TO

tragarse un insulto, tragar saliva.

For your sake I swallowed the insult and said nothing.

Por ti me tragué el insulto y no dije nada.

SWALLOW UP, TO

absorber, hacer desaparecer, llevarse, tragarse.

The repairs to the car swallowed up all our holiday savings.

La reparación del coche se llevó todos los ahorros que habíamos hecho para las vacaciones.

SWAN-SONG, THE

el canto del cisne.

This performance is his swan song. He has decided to retire from the stage.

Esta actuación es su canto del cisne. Ha decidido retirarse definitivamente del teatro.

SWEAR BY, TO

poner toda la confianza en, tener una fe ciega en.

Alice swears by cataplasms to cure the children's colds.

Alicia tiene una fe ciega en las cataplasmas para curar los resfriados de los niños.

SWITCH OFF, TO

apagar, cerrar.

Please switch off the light as you go out.

Apaga la luz al salir, haz el favor.

SWITCH ON, TO

encender, poner en marcha.

I beg you not to switch on the radio while I am reading.

Te ruego que no pongas en marcha la radio mientras estoy leyendo.

SWORN FOES

enemigos declarados, jurados.

I am sure he is not going to invite the Joneses: he and they are sworn foes.

Estoy seguro de que no invitará a los Jones: son sus enemigos mortales.

T

TAIL END

extremo, final, lo último, la cola.

No mention of Charles' services was made except for a few formal words at the tail end of the report.

Los servicios prestados por Carlos sólo se mencionaron en unas palabras protocolarias al final del informe.

TAKE A BACK SEAT, TO

quedar en segundo plano, pasar a segundo término.

Albert knew that if he wasn't reelected President of the company he would have to take a back seat and would be assigned to some obscure department.

Alberto sabía que, si no era reelegido presidente de la compañía, tendría que pasar a segundo término y le destinarían a cualquier sección sin importancia.

TAKE A BREAK, TO (sl.)

tomarse un descanso, hacer un alto en la tarea.

John looks tired. He should take a break and go to some beach in the Mediterranean.

Juan parece fatigado. Debería tomarse una temporada de descanso en una playa del Mediterráneo.

TAKE A CRACK AT, TO (sl.)

intentar, probar, probar suerte, medir sus armas.

With this play our actor takes a crack at comedy for the first time, but we like him better in his usual dramatic roles.

En esta obra, nuestro actor hace sus primeros pinitos en el campo de la comedia, aunque a nosotros nos gusta más en los papeles dramáticos a que nos tiene acostumbrados.

TAKE A DIM VIEW, TO

1) ser escéptico, mostrarse pesimista.

The Minister took a dim view of the chances of ending the strike before Christmas.

El ministro se mostró pesimista sobre las perspectivas de que la huelga terminara antes de Navidad.

2) censurar, condenar, parecerá a uno mal.

I take a dim view of your going away on holiday when your wife is ill.

Me parece mal que te vayas de vacaciones estando tu mujer enferma.

TAKE A FANCY TO, TO

encapricharse, prendarse, enamorarse.

My wife took a fancy to that necklace so I finally had to buy it to her.

Mi mujer se enamoró del collar y tuve que comprárselo.

TAKE A HINT, TO

comprender una indirecta, darse por aludido.

When Mary said she was tired I took the hint and went home.

Cuando María dijo que estaba cansada, comprendí la indirecta y me marché a casa.

TAKE A JOKE, TO

saber soportar una broma.

James looked offended and I realized he couldn't take a joke.

Jaime pareció ofenderse, lo que me hizo comprender que no era capaz de soportar una broma.

TAKE A LEAF OUT OF SOMEONE'S BOOK, TO

imitar a alguien, seguir el ejemplo de otro.

I think I'm going to take a leaf out of your book and buy a house in the suburbs.

Creo que seguiré tu ejemplo y me compraré una casa en las afueras.

TAKE A LONG HARD LOOK, TO

reflexionar con toda seriedad, pensar bien una cosa.

I suggest you take a long hard look at it before deciding anything.

Te aconsejo que te lo pienses bien antes de decidirte.

TAKE A RAIN TICKET, TO

(Alusión a los espectáculos al aire libre, que, caso de tener que suspenderlos o verse interrumpidos por la lluvia, la empresa reparte al público un billete para otra función.)

apuntarse para la próxima invitación, reservarse la invitación para la próxima ocasión, quedar una invitación en pie, guardarse uno una invitación para la próxima vez.

«*We would like you to come to the party we are giving on Thursday*».

«*I am terribly sorry because I already have an engagement but I'll take a rain ticket*».

—Nos gustaría que vinieras a la fiesta que damos el jueves.

—Lo siento horrores, porque tengo otro compromiso. Pero acepto encantado para la próxima vez.

«*Won't you come in for a cup of coffee?*»

«*I'll take a rain ticket on it. I have an appointment with the dentist in half an hour*».

—¿Quieres entrar a tomarte un café?

—Otro día. Tengo que estar en el dentista dentro de media hora.

TAKE A STAND, TO

pronunciarse, adoptar una actitud clara, definirse.

He realized that silence was not the answer — he had to take a stand to stop this injustice.

Comprendió que el silencio no era ninguna solución: tenía que adoptar una actitud clara para poner fin a aquella injusticia.

TAKE A TURN FOR THE BETTER, TO

mejorar, tomar un giro favorable.

After your representations I hope that things will take a turn for the better.

Después de tus gestiones, espero que las cosas tomen un giro favorable.

TAKE AFTER, TO

parecerse, salir a.

Everybody says that the boy has taken after his father.

Todo el mundo dice que el niño ha salido a su padre.

TAKE ALL THE GILT OFF THE GINGERBREAD, TO

quitarle toda la gracia a algo, aguarle la fiesta a uno, perder una cosa todo su aliciente.

The idea of a transfer to a warm climate with higher pay was fine, but the fact I should have to part with my family took all the gilt off the gingerbread.

La idea de que me trasladaran a un país de clima cálido y con más sueldo estaba muy bien, pero tener que separarme de mi familia le quitaba al asunto todo atractivo.

TAKE ALL THE PLUMS, TO

quedarse con lo mejor, llevarse todo lo bueno, llevarse todas las brevas.

In the struggle for jobs after the war the civilians took all the plums and the ex-servicemen had to put up with bad pay and poor prospects.

En la carrera que hubo después de la guerra para conseguir un empleo, los civiles se llevaron todas las gangas. Los desmovilizados tuvieron que conformarse con puestos mal pagados y de poco porvenir.

TAKE AMISS, TO

ofenderse.

Don't take his criticism amiss. He is only trying to help you.

No te ofendas por sus críticas. Sólo quiere ayudarte.

TAKE AN EXAMINATION, TO.
Véase WRITE AN EXAMINATION, TO.

TAKE AT A DISADVANTAGE, TO

coger desprevenido.

His sudden question took me at a disadvantage and I didn't know how to answer.

Su pregunta repentina me cogió desprevenido y no supe qué contestar.

TAKE AWAY ONE'S BREATH, TO

asombrar, sorprender, dejar boquiabierto.

The speed at which he counted the figures in the balance fairly took my breath away.

La velocidad con que repasó el balance me dejó boquiabierto.

TAKE BY STORM, TO

1) asaltar.

Prices were so low that the shop was taken literally by storm by the crowd.

Los precios eran tan bajos, que la tienda fue literalmente asaltada por la multitud.

2) arrebatar, desencadenar el entusiasmo, cautivar, conquistar de entrada, tener un éxito fulminante.

His concert took the audience by storm.

Su concierto cautivó al auditorio desde el primer momento.

TAKE CARE OF, TO

1) cuidar, encargarse de.

He needs to be taken care of after such a serious operation.

Después de una operación tan importante, necesita que lo cuiden.

2) pagar, liquidar.

Forget about the grocer's bill. I'll take care of that.

No te preocupes por la cuenta de la tienda de comestibles. Yo la pagaré.

TAKE CHANCES, TO

arriesgarse, aventurarse, probar suerte.

You cannot afford to take chances speculating. You have too much to lose.

No puedes permitirte el riesgo de especular con tu dinero. Tienes demasiado que perder.

TAKE DOWN, TO

1) descolgar, bajar, desmontar.

It is customary to take down the Christmas decorations twelve days after Christmas day.

Es costumbre descolgar los ornamentos navideños doce días después de Navidad.

2) anotar, apuntar.

Please take down everything he says.

Haz el favor de anotar todo lo que él diga.

TAKE FIRST PLACE, TO

quedar primero, salir vencedor, ganar.

My horse took first place in the race.

Mi caballo ganó la carrera.

TAKE FIVE (TEN)

cinco (diez) minutos de descanso.

You've been practicing for an hour now, so you may take five.

Lleváis ya una hora practicando, o sea que podéis descansar cinco minutos.

TAKE FOR A RIDE, TO

1) darle a uno el «paseo».

The gangster knew perfectly well that being awakened by the boss' bodyguards early in the morning it meant that he would be taken for a ride.

El gangster sabía perfectamente que cuando los guardaespaldas del jefe lo despertaban de madrugada, era para darle el «paseo».

2) engañar, burlarse de uno, gastar una broma, tomar el pelo.

Don't be excited for what he says about Laura being in love with you because he's just trying to take you for a ride.

No te emociones por lo que te dice de que Laura está enamorada de ti, porque no trata más que de tomarte el pelo.

TAKE FOR GRANTED, TO

1) dar por sentado (por descontado, por cierto, por bueno, por hecho), tener por seguro, contar con algo, partir de la base.

I took for granted that he would come to-day as he's been coming every Friday.

Di por sentado que hoy también

vendría, ya que ha estado viniendo todos los viernes.

As years go by we learn to reconsider many of the thoughts that we formerly took for granted.

Con los años aprendemos a replanteamos muchas de las ideas que antes teníamos por buenas.

I would have gone out with Albert Saturday when he called because I didn't have a date. But apart from my feminine dignity I don't want him to take me for granted.

Habría salido con Alberto el sábado, cuando me llamó, porque no había quedado con nadie. Pero, prescindiendo de mi dignidad femenina, no quiero que se crea que me tiene a su disposición en cualquier momento.

2) no dar importancia a algo, considerar una cosa como lo más natural del mundo, no hacer caso, no prestar la debida atención a algo, no apreciar debidamente.

She takes all the good things of life for granted, as though she had a right to them, and is always discontented as a result.

Para ella el gozar de las cosas buenas de la vida es algo perfectamente natural, como si tuviera derecho a ellas; por eso nunca está satisfecha.

If you feel that your husband takes you for granted you should try to appear a little mysterious.

Si crees que tu marido no te hace caso, prueba de adoptar un aire algo misterioso.

TAKE FRENCH LEAVE, TO

despedirse a la francesa.

«*It's a long time I don't see the children.*»

«*They must have taken French leave.*»

—Hace rato que no veo a los niños.

—Se habrán marchado despidiéndose a la francesa.

TAKE HEART, TO

animarse, cobrar ánimos.

Take heart! After all, this situation can't last forever.

¡Animaos! Al fin y al cabo, esta situación no puede durar eternamente.

TAKE HEED, TO

hacer caso, cumplir, acatar.

The children are obedient to their mother but do not take much heed of what their father tells them.

Los niños obedecen a su madre, pero hacen poco caso de lo que les dice su padre.

TAKE HOLD OF, TO

1) agarrar, asir.

I took hold of the child by the wrist and pulled him out of the water.

Agarré al chiquillo por la muñeca y lo saqué del agua.

2) dominarse, controlarse.

If you don't hold of yourself you will be a nervous wreck.

Como no consigas dominarte, caerás en un estado de nervios insufrible.

TAKE IN ONE'S STRIDE, TO

resolver, actuar, proceder con toda naturalidad, sin el menor problema, con la mayor facilidad, como si nada, como si tal cosa; tomarse algo con serenidad, con tranquilidad.

The financial loss from the fire of Chicago was tremendous but the English insurance companies took it in their stride.

Las pérdidas económicas ocasionadas por el incendio de Chicago fueron enormes, pero las compañías de seguros inglesas se hicieron cargo de ellas sin especial dificultad.

TAKE IN TOW, TO

1) remolcar, llevar a remolque.

My car broke down and had to be taken in tow to the next garage.

Mi coche sufrió una avería y tuvo que ser llevado a remolque hasta el garaje más próximo.

2) llevar a alguna parte, acompañar, encargarse de.

The new teacher was charged with the task of taking the children in tow to the movies.

La nueva maestra recibió el encargo de llevar a los niños al cine.

A friend of mine who works at the Fair offered to take me in tow and show me the place.

Un amigo mío que trabaja en la feria se ofreció a ser mi guía para enseñarme el recinto.

TAKE INTO ACCOUNT, TO

tener en cuenta, considerar.

The rent is not so high if you take into account what you'll save on transportation.

El alquiler no es tan elevado si tienes en cuenta lo que te ahorrarás al no tener que tomar tranvías ni autobuses.

TAKE IT EASY, TO

tomar las cosas con calma, no matarse, no atolondrarse, ir despacio; hasta la vista.

Take it easy and you will find your troubles will disappear.

Toma las cosas con calma, y verás como tus problemas desaparecen.

TAKE IT FROM ME

1) haga como yo, fíjese en mí.

Do you feel discouraged? Take it from me, in a situation like this I would go to the hairdresser and get a new hairstyle.

¿Estás desalentada? Haz como yo. En un caso así, yo me iría a la peluquería y me haría un peinado nuevo.

2) créeme, tenlo por seguro, hazme caso.

Take it from me, blue colours suit you better than red.

Hazme caso, los tonos azules te sientan mejor que los rojos.

TAKE IT HARD, TO

tomar una cosa en serio, tomar a pecho.

Don't take it so hard: to-morrow is another day.

No lo tomes tan en serio: mañana será otro día.

TAKE IT LYING DOWN, TO

quedarse con los brazos cruzados, aceptar sin resistencia.

The Government may rob us of our savings but we will not take it laying down.

El gobierno podrá apoderarse de nuestros ahorros, pero nosotros no nos quedaremos con los brazos cruzados.

TAKE IT OUT OF ONE, TO

agotar, fatigar, extenuar.

This cold is taking it out of me.

Este resfriado me está agotando.

TAKE IT OUT ON SOMEONE, TO

hacer pagar a uno nuestro malhumor, descargar nuestra indignación en otra persona, tomarla con uno.

The dinner is all right. The thing is that you are taking it out on me because you had a hard day at the office.

La cena está perfectamente. Lo que pasa es que has tenido un mal día en la oficina y por eso me estás haciendo pagar a mí tu mal humor.

TAKE LEAVE, TO

1) despedirse, decir adiós.

I took leave of her at the entrance to the theater.

Me despedí de ella a la entrada del teatro.

2) perder, dejar.

Have you taken leave of your senses?

¿Has perdido el juicio?

TAKE MY WORD FOR IT

recuerde lo que le digo, puede estar seguro, créame.

Take my word for it: the Giants are going to win.

Fíjese en lo que le digo: van a ganar los «Gigantes».

TAKE OATH, TO

prestar juramento, jurar un cargo.

The new judge took oath yesterday.

El nuevo juez juró su cargo ayer.

TAKE OFF, TO

1) despegar.

A hundred planes take off from this aerodrome every day.

De este aeropuerto despegan diariamente cien aviones.

2) marcharse (sl.).

Be sure and give me some money before you take off for town.

No te olvides de darme dinero antes de marcharte a la ciudad.

3) imitar.

John did a wonderful take-off of an angry politician.

Juan nos hizo una imitación estupenda de un político enfadado.

4) quitarse (una prenda de vestir).

Take off your jacket and start working.

Quítate la chaqueta y empieza a trabajar.

TAKE OFF ONE'S HAT, TO

descubrirse, inclinarse, saludar.

You might not like him personally, but one must certainly take one's hat off to his paintings.

Podrá no gustarte personalmente, pero reconoce que, ante sus cuadros, no hay más remedio que descubrirse.

TAKE OFFENCE, TO

sentirse ofendido, molestarse, picarse.

He certainly will take offence if you say that he sent his son to the wrong school.

Desde luego, se molestará si le dices que no debió haber enviado a su hijo a ese colegio.

TAKE OFFICE, TO

tomar posesión de un cargo.

The new secretary will take office next month.

El nuevo secretario tomará posesión de su cargo el mes próximo.

TAKE ON, TO

1) emplear, contratar.

The increased demand for cars has forced the factory to take on more workers.

El aumento de la demanda de automóviles ha obligado a la fábrica a admitir más trabajadores.

2) encargarse de, tomar, aceptar, hacer.

I have more work than I can take on at the moment.

Por el momento, tengo más trabajo del que puedo hacer.

3) desafiar, luchar.

He would never dare to take me on single-handed!

¡No se atreverá a luchar conmigo mano a mano!

4) afectarse, emocionarse, excitarse.

He took on terribly his brother's death.

La muerte de su hermano le afectó muchísimo.

TAKE ONE WRONG, TO

interpretarle, entenderle mal a uno.

Don't take me wrong, I would lend you the car but I promised to take my wife to the movies to-night.

Entiéndeme bien, no me importaría prestarte el coche, pero le prometí a mi mujer que la llevaría al cine esta noche, y lo necesito.

TAKE ONE'S BREATH AWAY, TO

dejar atónito, dejar boquiabierto, asombrar a uno, quitar la respiración.

She has a collection of jewels that take your breath away.

Tiene una colección de joyas que quitan la respiración.

TAKE ONE'S OWN LIFE, TO

suicidarse.

When the police arrived they discovered that the suspect had taken his own life.

Cuando llegó la policía, se encontró con que el sospechoso se había suicidado.

TAKE ONE'S TIME, TO

ir despacio, no tener prisa.

Take your time. We shan't be leaving until five.

Tómese el tiempo que necesite. No nos vamos hasta las cinco.

TAKE OVER, TO

asumir, hacerse cargo, tomar posesión, quedarse con, ocupar, apoderarse, subrogarse, sustituir, relevar, empezar a extenderse o a prevalecer.

I have given instructions to my alternate in order he may take over my duties in my absence.

He dado instrucciones a mi suplente para que pueda sustituirme durante mi ausencia.

TAKE PAINS, TO

esmerarse, poner mucho cuidado, preocuparse por hacer bien las cosas.

George takes pains with whatever he does.

Jorge es un hombre que pone mucho cuidado en todo lo que hace.

TAKE PLACE, TO

celebrarse, tener lugar, ocurrir.

The conference will take place in Paris.

La conferencia se celebrará en París.

TAKE SIDES, TO

pronunciarse, tomar partido, ir a favor de uno; dividirse en bandos (contrarios).

It would be wrong for me to take sides in a personal quarrel of this sort.

No sería correcto que tomara partido por uno u otro en una disputa personal de este tipo.

TAKE SOMEONE AT HIS WORD, TO

creer a una persona, confiar en su palabra, tomar en serio lo que uno dice.

Don't worry, if she said she would come you can take her at her word.

No te preocupes. Si dijo que vendría, puedes confiar en su palabra.

TAKE SOMEONE DOWN A PEG (or TWO), TO

bajar los humos a alguien.

He behaved so arrogantly in our last meeting that I decided to take him down a peg or two.

En la última reunión estuvo tan arrogante que decidí bajarle los humos un poco.

TAKE STOCK, TO

1) hacer inventario.

After taking stock this winter we decided there were too few surplus goods to justify having a sale.

Después de hacer el inventario de invierno, vimos que no había suficiente mercancía sobrante para realizar una liquidación.

2) examinar, recapacitar acerca de, sopesar, ponderar.

Before applying for the job try to take stock of your possibilities.

Antes de solicitar el puesto, procura sopesar tus posibilidades.

TAKE STOCK IN, TO

dar crédito, hacer caso, creer.

Don't take any stock in those rumors. I have evidence that they are wrong.

No hagas caso de esos rumores. Me consta que son falsos.

We always took stock in his advise and have never regretted it.

Siempre hemos confiado en sus consejos y nunca nos ha pesado.

TAKE THE BULL BY THE HORNS, TO

agarrar al toro por los cuernos, atacar un problema de frente, afrontar un peligro con resolución.

We won't solve this problem unless we take the bull by the horns.

Como no ataquemos el problema de frente no conseguiremos resolverlo.

TAKE THE CAKE, TO

1) ser el colmo.

If that doesn't take the cake!

¡Si será el colmo!

2) llevarse la palma, ganar el premio.

All costumes were very good but Susana's took the cake.

Todos los disfraces eran muy buenos, pero el de Susana se llevó la palma.

Liqueurs take the cake with the ladies.

Los licores dulces son los preferidos de las damas.

TAKE THE FLOOR, TO

hacer uso de la palabra, intervenir en un debate.

In taking the floor for the first time in our discussion I want to congratulate the President for his election.

Al hacer uso de la palabra por primera vez en este debate, quiero felicitar al presidente por su elección.

TAKE THE LAW INTO ONE'S (OWN) HANDS, TO

tomarse la justicia por su mano.

In a civilized society the individual can't take the law into his hands.

En una sociedad civilizada, el individuo no puede tomarse la justicia por su mano.

TAKE THE RAP, TO (sl.)

cargársela, pagar el pato.

My brother broke the lamp but I took the rap for it.

Mi hermano rompió la lámpara, pero el que se las cargó fui yo.

TAKE THE ROUGH WITH THE SMOOTH, TO

El que esté a las verdes ha de estar a las maduras.

I admit that our profits this year have been offset by the failure of certain projects but one has to take the rough with the smooth.

Reconozco que este año nuestros beneficios se han visto contrarrestados por el fracaso de algunos proyectos, pero el que está a las verdes ha de estar a las maduras.

TAKE THE SALUTE, TO

presidir un desfile.

The marshal took the salute from the main stand.

El mariscal pasó revista a las tropas desde la tribuna de honor.

TAKE THE WIND OUT OF A PERSONS SAILS, TO

pararle los pies a uno, desarmar, desbaratar los planes.

Being aware of the purpose of his visit I took the wind out of his sails by reminding him that his last loan had not been paid yet.

Como conocía el objeto de su visita, le paré los pies recordándole que todavía no me había pagado el último préstamo.

TAKE THE WORDS OUT OF ONE'S MOUTH, TO

quitarle a uno las palabras de la boca, decir lo que uno iba a decir.

I was going to say exactly the same thing but Mr. Brown took the words out of my mouth.

Yo iba a decir exactamente lo mismo, pero el señor Brown se me ha adelantado.

TAKE TO, TO

1) darse, dedicarse, entregarse.

He was very depressed and took to drink.

Estaba muy deprimido y se entregó a la bebida.

2) hacerse a.

The fishermen took to sea at dawn.

Los pescadores se hicieron a la mar al amanecer.

3) simpatizar.

I took to her at once.

Simpaticé con ella desde el primer momento.

4) lanzarse a.

When the news of the assassination of the leader of the opposition reached the capital the people took to the streets.

Cuando llegó a la capital la noticia del asesinato del jefe de la oposición, la gente se lanzó a la calle.

TAKE TO HEART, TO

tomar a pecho, tomar demasiado en serio, sentirse profundamente herido.

The criticism was meant kindly but she took it to heart.

Las críticas estaban hechas con la mejor intención, pero ella se sintió profundamente herida.

TAKE TO ONE'S HEELS, TO

echar a correr, tomar las de Villadiego, poner pies en polvorosa, darse a la fuga.

As soon as he saw the policeman he took to his heels.

Apenas vio al policía, puso pies en polvorosa.

TAKE TO TASK, TO

reprender.

My father took me to task for not doing my homework.

Mi padre me reprendió por no haber hecho los deberes.

TAKE TURNS, TO

turnarse, alternarse.

My mother and my sister take turns in looking after my father.

Mi madre y mi hermana se turnan para cuidar a mi padre.

TAKE UMBRAGE AT, TO

ofenderse, molestarse, picarse.

If you don't invite Mary to the party you can be sure that she'll take umbrage at it.

Si no invitas a María a la fiesta, puedes estar segura de que se molestará.

TAKE UNDER ONE'S WING, TO

amparar, proteger.

He was left an orphan at an early
age but my uncle took him under
his wing.

Se quedó huérfano muy joven,
pero mi tío lo tomó bajo su protección.

TAKE UP, TO

1) estudiar, emprender el estudio
de, abordar.

*He is not quite decided yet but
probably will take up engineering.*

Todavía no está decidido del todo,
pero probablemente estudiará para ingeniero.

2) dedicarse, empezar a.

After retiring I'll take up golf.

Cuando me retire, empezaré a
jugar al golf.

3) acortar, levantar.

*If you take up the skirt a little
bit the rest will be perfect.*

Si acortas la falda un poquitín,
lo demás te quedará perfecto.

4) ocupar espacio, requerir tiempo.

*Leaving aside its price, a grand
piano would take up too much
room in the living.*

Aparte del precio, un piano de
cola ocuparía demasiado espacio
en la salita.

5) detener.

*The police took up the robbers
right away.*

La policía detuvo a los ladrones
en seguida.

6) reanudar, continuar.

We'll take up our discussion at

the point where we left off yesterday.

Vamos a reanudar nuestro debate, empezando en el punto en
que ayer lo interrumpimos.

7) recoger, tomar, admitir.

*We can't take up any more pas-
sangers. The bus is too crowded.*

Ya no podemos admitir más pasajeros. El autobús va demasiado
lleno.

8) hacerse cargo, asumir, ocuparse.

When is he taking up his duties?

¿Cuándo va a hacerse cargo del
puesto?

TAKE UP THE CUDGELS FOR
   ONE, TO

salir en defensa de uno.

*When it was clear that his lawyers
could do nothing more, his Government took up the cudgels for
him and secured his quick release.*

Cuando se puso de manifiesto
que los abogados no podían hacer nada más, su gobierno inter-
vino en su defensa y consiguió
que lo pusieran en libertad rápidamente.

TAKE UP WITH, TO

1) consultar, discutir, elevar, acudir a.

*John is determined to take up
his complaint with the Director.*

Juan está decidido a llevar su
queja al director.

2) juntarse, ir con, hacerse amigo de.

She recently has taken up with a group I don't like very much.

Últimamente va con un grupo que me gusta muy poco.

TAKE WITH A GRAIN OF SALT, TO

acoger con reserva o escepticismo, *cum grano salis,* poner en cuarentena.

He doesn't mean to exaggerate but everything he says has to be taken with a grain of salt.

No es que él pretenda exagerar, pero todo lo que dice debe acogerse con cierta reserva.

TAKE YOUR PICK

escoge, elige (el que te guste más).

It's an excellent pastry and I have lots more in the kitchen, so take your pick.

Son unos pasteles estupendos y tengo muchos más en la cocina, de manera que elegid los que os gusten más.

TAKE-HOME PAY

sueldo neto, paga limpia.

When this promised tax reduction comes into effect my take-home pay will increase.

Cuando entre en vigor la prometida reducción de los impuestos, mi sueldo neto aumentará.

TALK ABOUT LUCK!

¡vaya suerte!, ¡los hay con suerte!

I've had five winners in a row to-day. Talk about luck!

Hoy acerté cinco ganadores seguidos. ¡Vaya suerte!

TALK AT CROSS-PURPOSES, TO

hablar partiendo de una idea equivocada de lo que está diciendo el otro, disentir por un error de interpretación, hablar cada uno de cosas distintas.

It's useless to carry on with this meeting because we are talking at cross-purposes.

Es inútil continuar esta reunión porque parece que estamos jugando al juego de los despropósitos.

TALK BIG, TO

presumir, exagerar, hacerse el grande.

Anyone listening to his big talk would say he is an important person.

Cualquiera que escuchara las grandezas que cuenta le tendría por una personalidad.

TALK BUSINESS, TO. Véase TALK SHOP, TO.

TALK INTO, TO

convencer, persuadir, animar, embarcar.

He was very reluctant at first, but finally I could talk him into accepting our proposal.

Al principio se mostró muy reacio, pero al fin pude convencerlo de que aceptara nuestra propuesta.

TALK NINETEEN TO THE DOZEN, TO.

Véase TONGUE TO GO NINETEEN TO THE DOZEN, THE.

TALK OF... (sl.)

y aún dicen que, ríete de.

My husband is on the telephone all the time. Talk of women gossiping.

Mi marido está siempre hablando por teléfono. Y aún dicen que las mujeres son chismosas.

TALK OF THE DEVIL!

Hablando del ruin de Roma, por la puerta asoma.

TALK OF THE TOWN, THE

la comidilla general, tema de actualidad, todo el mundo habla de lo mismo.

Have you seen his last exhibition? It is the talk of the town.

¿Has visto su última exposición? No se habla de otra cosa.

I am sure that your book is going to be the talk of the town.

Estoy seguro de que tu libro dará mucho que hablar.

TALK OUT, TO

disuadir.

Convinced that it was for her own good, I tried to talk her out of her project.

Traté de disuadirla de su proyecto, convencido de que lo hacía por su bien.

TALK OVER, TO

1) examinar, discutir.

Come to-morrow to my office and we'll talk the whole thing over.

Ven mañana a mi despacho y hablaremos detenidamente del asunto.

2) convencer, persuadir, hacer cambiar de opinión.

I knew I could talk him over to my way of thinking.

Sabía que le podría convencer de que aceptase mi modo de pensar.

TALK SHOP, TO

hablar del trabajo (en los ratos libres), hablar de negocios.

I hate people who always talk shop.

Me revienta la gente que siempre está hablando de su trabajo.

TALK SOMEBODY BLUE IN THE FACE, TO

aturdir a uno a fuerza de hablar.

The landlady will talk you deaf and dumb if you give her a chance.

Como le des ocasión, la patrona te aturdirá con su charlatanería.

TALK SOMEBODY DEAF AND DUMB, TO.

Véase TALK SOMEBODY BLUE IN THE FACE, TO.

TALK THE HIND LEG OFF A DONKEY (or HORSE), TO.

Véase TALK SOMEBODY BLUE IN THE FACE, TO.

TALK THROUGH ONE'S HAT, TO

decir tonterías, hablar por hablar, hablar sin ninguna base.

Don't take any notice of all his talk about inflation. He is talking through his hat.

No hagas caso de lo que dice sobre la inflación. Es hablar por hablar.

TALK WITH ONE'S TONGUE IN ONE'S CHEEK, TO

no hablar en serio, hablar en un tono de pretendida seriedad, hablar en tono zumbón.

They were alarmed at first but then they realized that he was talking with his tongue in his cheek.

Al principio se alarmaron, pero después se dieron cuenta de que no hablaba en serio.

TALL ORDER, A

petición difícil de cumplir.

Requesting the painting by Christmas it was certainly a tall order and I declined the commission.

Que el cuadro estuviera terminado para Navidad era mucho pedir y rechacé el encargo.

TALL STORY, A. Véase COCK-AND-BULL STORY, A.

TALL TALK

grandezas, exageraciones.

John forced us to listen to a lot of tall talk about his business activities in New York.

Juan nos obligó a escuchar no sé cuántas grandezas respecto a sus actividades comerciales en Nueva York.

TARGET DATE, A

término, plazo, fecha tope.

The target date for completing the new road has been set for August 1st. next.

Para la terminación de la nueva carretera se ha fijado un plazo que expira el 1.º de agosto próximo.

TARRED WITH THE SAME BRUSH

cortados por el mismo patrón.

You say Albert is better than Edward but to me they are tarred with the same brush.

Dices que Alberto es mejor que Eduardo, pero yo creo que los dos están cortados por el mismo patrón.

TASK FORCE

(Agrupación temporal de fuerzas y recursos, especialmente de unidades militares, para conseguir un objetivo determinado.)

unidad mixta, comando combinado, contingente mixto especial, unidad especial; comisión técnica, comisión.

The mayor has appointed a task force for the preservation of the museum. It consists of a historian, a chemist, an arquitect and an economist.

El alcalde ha nombrado una comisión técnica para la conserva-

ción del museo. Está integrada
por un historiador, un químico,
un arquitecto y un economista.

TAX HAVEN
paraíso (refugio) fiscal.

*Tax havens are usually found
in countries with a budding eco-
nomy.*

Los paraísos fiscales suelen encontrarse en los países de economía incipiente.

TAX HOLIDAY
moratoria fiscal.

*The Government will grant a tax
holiday to the industries which
have suffered from the floods.*

El gobierno concederá una moratoria fiscal a las industrias afectadas por las inundaciones.

TAX PAYER
contribuyente.

*As a long suffering tax payer, I
think that at least a brick of this
bridge belongs to me.*

Como sufrido contribuyente, creo
que por lo menos un ladrillo de
este puente es mío.

TEACH SOMEONE A LESSON, TO
dar una lección, enseñarle a uno,
hacer que aprenda.

That will teach you a lesson.

Así aprenderás.

TEAM UP WITH, TO
juntarse, unirse, asociarse, aliar-
se con.

*Albert teamed up with another
doctor who already had a flour-
ishing practice.*

Alberto se asoció con otro médico que ya tenía una clientela
numerosa.

TEAR-JERKER, A
dramón.

*You could hear the sobs of the
women in the theatre. The play
was a real tear-jerker.*

Podían oírse los sollozos de las
mujeres que estaban en el teatro.
La obra era un verdadero dramón.

TEEN-AGERS
adolescentes, jovencitos.

*Teen-agers are the darlings of
commerce nowadays as they re-
present an enormous potential
market.*

Los adolescentes son hoy día los
niños mimados del comercio,
puesto que representan un enor-
me mercado potencial.

TELL APART, TO
distinguir, reconocer.

*These twins are so alike it is im-
possible to tell them apart.*

Estos mellizos se parecen tanto
que es imposible distinguirlos.

TELL IT TO THE MARINES (sl.)
a otro perro con ese hueso, no
me vengas con historias, eso
cuéntaselo a otro.

You mean that you talked to the President yesterday? Well, tell it to the marines!

¿Que ayer hablaste con el Presidente? Mira, a otro perro con ese hueso.

TELL ME ANOTHER! Véase GO ON!

TELL ON ONE, TO

descubrir, acusar a uno, delatar, revelar.

If you don't give me a piece of your cake I'm going to tell on you that you smoked one of daddy's cigarettes.

Si no me das un trozo de pastel, voy a chivarme de que te has fumado uno de los cigarrillos de papá.

TELL TALES OUT OF SCHOOL, TO

írsele a uno la lengua, cometer una indiscreción, revelar un secreto.

Our competitors have come up whit a model so similar to ours that I'm afraid that someone in this company has been telling tales out of school.

Nuestros competidores han presentado un modelo tan parecido al nuestro que me temo que a alguno de nuestros empleados se le ha ido la lengua.

TEMPEST IN A TEAPOT, A

una tempestad en un vaso de agua.

In spite of the alarming reports from the press the affair is just a tempest in a teapot.

A pesar de los alarmantes relatos de la prensa, el asunto no es más que una tempestad en un vaso de agua.

TERM OF OFFICE

plazo señalado para el ejercicio de un cargo.

The term of office of the President of the U.S.A. is four years.

El mandato presidencial en los Estados Unidos dura cuatro años.

TERMS AND CONDITIONS

condiciones, modalidades.

The terms and conditions of the contract struck me as grossly unfair.

Las condiciones del contrato me parecieron de lo más injusto.

THAT BEATS ME (sl.)

eso está fuera de mis alcances, es superior a mis entendederas, no tengo ni idea.

It beats me how she can trust him after he has deceived her so many times.

No alcanzo a comprender como ella puede tener confianza en él, habiéndola engañado tantas veces.

THAT DOES IT

yo tengo bastante, no aguanto más, eso es la puntilla, no necesito más, eso es lo último, se acabó.

That does it. You're going to bed right away.

Se acabó. Os vais a la cama ahora mismo.

THAT IS

1) es decir.

And then we took one of those horrible public vehicles, that is, a bus.

Y entonces tomamos uno de esos horribles vehículos públicos, es decir, un autobús.

2) se entiende, quiero decir, por supuesto.

I'll take you to the movies this afternoon. If you are good, that is.

Esta tarde te llevaré al cine. Si eres bueno, se entiende.

THAT IS ALL WELL AND GOOD, BUT...

todo eso está muy bien, pero...

That is all well and good, but you still owe me one hundred dollars.

Todo eso está muy bien, pero sigues debiéndome cien dólares.

THAT IS NOTHING TO ME

eso no me afecta, eso no es de mi incumbencia, eso no me importa.

«Have you read the new regulations about going out time?» «That is nothing to me.»

—¿Has leído las nuevas disposiciones sobre la hora de salida?
—Eso a mí no me afecta.

THAT IS THAT (or IT)

no hablemos más, no se hable más del asunto, eso es todo, así es, sanseacabó, asunto concluido.

You are not going out to-night and that is that.

Esta noche no sales, y no se hable más del asunto.

THAT MAKES TWO OF US

pues ya somos dos, otro que tal.

«Last night I couldn't keep an eye closed because our baby kept waking up every two minutes.» «That makes two of us. Ours did exactly the same.»

—Anoche no pude pegar los ojos porque el niño se despertaba a cada momento.
—Pues ya somos dos. El nuestro hizo exactamente lo mismo.

THAT TAKES CARE OF THAT

eso es todo, todo arreglado, asunto terminado.

The house is sold and the money paid over, so I guess that takes care of that.

Hemos vendido la casa y nos han pagado, conque creo que podemos dar por terminado el asunto.

THAT WILL BE THE DAY!

me gustaría verlo, habría que verlo, mucho me sorprendería, si no lo veo no lo creo, no hay peligro, no caerá esa breva.

You say she offered you the use of her car-that will be the day!

¿Y dices que se ofreció a prestarte el coche? Si no lo veo, no lo creo.

THAT WILL DO!

¡basta ya!, ¡se acabó!, ¡bueno!, ¡ya está bien!

That will do, Johnny! Either you let your cousin play with his toys or we're going home right away.

¡Basta ya, Juanito! Como no dejes jugar a tu primo con sus juguetes nos vamos a casa ahora mismo.

THAT WILL DO THE TRICK

todo solucionado, asunto concluido, estamos al cabo de la calle, problema resuelto, eso lo arreglará.

If he isn't better by evening give him an aspirin dissolved in a cup of tea. That will do the trick.

Si esta noche no se siente mejor, déle una aspirina disuelta en una taza de té y todo solucionado.

A coat of paint should do the trick.

Eso se arregla con una capa de pintura.

THAT'S ALL ONE TO ME

me es indiferente, lo mismo me da.

We can go to the theatre first and eat afterwards or vice-versa... it's all one to me.

Podemos ir primero al teatro y comer a la salida o hacerlo al revés. Lo mismo me da.

THAT'S ALL TALK

puras palabras.

He said he would help us, but that was all talk.

Dijo que nos ayudaría, pero fueron puras palabras.

THAT'S ANOTHER PAIR OF SHOES

Eso es harina de otro costal. Ése es otro cantar. Eso ya es otra cosa.

THAT'S NEITHER HERE OR THERE

eso no viene al caso, eso no tiene nada que ver.

What you are saying is neither here or there.

Lo que dices no tiene nada que ver con el asunto.

THAT'S RIGHT

así es, eso es, en efecto.

«Is that the train for Philadelphia?»

«That's right.»

—¿Es éste el tren de Filadelfia?
—En efecto.

THAT'S THE LIMIT!

es el colmo, el acabóse, el no va más.

Now that the cost of living has risen they are going to reduce our wages. That's the limit!

Ahora que ha subido el coste de la vida, nos van a bajar el sueldo. ¡Es el colmo!

THAT'S THE TALK

así se habla, muy bien dicho.

«*... and if our demands are not met we'll go on a strike.*»
«*Yes, sir, that's the talk!*»

—... y si nuestras peticiones no son atendidas nos declararemos en huelga.
—¡Sí, señor! ¡Muy bien dicho!

THAT'S THE TROUBLE

ahí está lo malo, ése es el inconveniente.

That's the trouble with not having a person to help you; one never seems to have time for oneself.

El inconveniente de no tener ayuda de nadie es que nunca dispone una de tiempo para sus cosas.

THAT'S THE WAY THE BALL BOUNCES

así son (están, van) las cosas, así es, así es la vida, por ahí van los tiros.

Valerie asked the new boss for a week off but he told her that no one is going on leave before Christmas. That's the way the ball bounces now at the office.

Valerie le pidió al nuevo jefe una semana de vacaciones, pero éste le dijo que nadie se va antes de Navidades. Así están las cosas ahora en la oficina.

THAT'S THE WAY THE COOKY CRUMBLES

(Igual que el anterior.)

THAT'S TOUGH (LUCK)

mala suerte, peor para ti.

I can say whatever I want and if people do not like it, that's tough.

Puedo decir lo que me venga en gana, y si a la gente no le gusta, peor para ella.

THAT'S YOUR PRIVILEGE

está usted en su derecho, es usted muy dueño.

That's your privilege if you want to go out without a coat but you're going to catch a whale of a cold.

Eres muy dueño de salir sin abrigo, pero te aseguro que vas a coger un resfriado como una casa.

THAT'S YOUR PROBLEM

eso es cosa suya, usted verá, allá usted, ya te las arreglarás.

I can provide the office and the capital but I cannot hire the staff. That is your problem.

Yo pondré la oficina y el capital, pero no puedo contratar al personal: de eso se encargará usted.

If you don't want to report in time that's your problem but I'll have to inform the boss.

Si no quieres entrar a la hora, allá tú; pero tendré que dar parte al jefe.

THEN THE BAND PLAYED

y allí fue Troya, y se armó la gorda.

When the bartender told the teen-age group that the bar war closed, then the band played.

Cuando el camarero dijo al grupo de jovencitos que el bar estaba cerrado, se armó la gorda.

THERE ARE MORE WAYS THAN ONE TO KILL (SKIN) A CAT

Hay muchos modos de matar pulgas.

THERE'S ALWAYS ROOM FOR ONE MORE

Donde comen seis, comen siete.

THERE IS A TIME FOR ALL THINGS

Cada cosa a su tiempo.

THERE IS METHOD IN HIS MADNESS

su proceder no es tan descabellado como parece, no es tan tonto como parece.

When Albert turned down the Paris job we all thought he was a fool but when he was appointed chief of section we saw that there had been method in his madness.

Cuando Alberto rechazó el puesto de París, todos creímos que había hecho un disparate; pero cuando le nombraron jefe de sección, nos dimos cuenta de que sabía muy bien a lo que iba.

THERE IS MORE TO IT THAN MEETS THE EYE

la cosa no es tan sencilla, no está tan clara como parece a primera vista, lo que se ve no es más que una parte.

Don't imagine that skiing is so easy. There's more to it than meets the eye.

No creas que esquiar es tan fácil. La cosa tiene más miga de lo que parece.

THERE IS NO LOVE LOST BETWEEN THEM

la antipatía es mutua.

The way they look at each other you can tell there is no love lost between them.

Por el modo que tienen de mirarse, se adivina fácilmente que la antipatía es mutua.

THERE IS NO SHORT CUT TO SUCCESS

No hay atajo sin trabajo. Lo que algo vale, algo cuesta.

THERE WE ARE

eso es, ya está; ahí está, ya lo tenemos.

Now help me lift the trunk on to the table... up!... There we are!

Ahora ayúdame a poner el baúl sobre la mesa. ¡Upa! ¡Ya está!

THERE YOU ARE

1) aquí tiene usted, servidor de usted; eso es todo.

I was half asleep waiting for my dinner, when the waiter's «there you are» woke me up.

Estaba medio dormido, esperando que me trajeran la cena, cuando el «aquí tiene usted» del camarero me despertó.

2) ya ven ustedes.

We had expected that the statement would reveal further information on the situation, but there you are — facts are sacred.

Esperábamos que el comunicado revelara nuevos detalles sobre la situación, pero ya lo ven ustedes: los hechos son sagrados.

3) Véase HERE YOU ARE.

THERE'S MANY A SLIP TWIXT THE CUP AND THE LIP

Del dicho al hecho, hay un buen trecho. De la mano a la boca, se pierde la sopa.

THERE'S NO GETTING AWAY FROM IT

la cosa es clara, no hay vuelta de hoja, no tiene escapatoria.

There's no getting away from it: Roberta is a perfect neurotic.

No hay vuelta de hoja: Roberta es una neurótica rematada.

THERE'S NO SMOKE WITHOUT FIRE

Cuando el río suena, agua lleva.

THERE'S NOTHING TO IT

1) no cuesta nada, es sencillísimo, la cosa no tiene ningún secreto.

You should learn how to drive. There's nothing to it.

Debes aprender a conducir. Es sencillísimo.

2) no hay nada de eso, la cosa carece de fundamento.

I have asked my boss whether it is true that we are going to get a salary raise and he has told me that there is nothing to it.

Le he preguntado a mi jefe si es cierto que van a subirnos el sueldo y me ha contestado que no hay nada del asunto.

THEY NEVER HAD IT SO GOOD

nunca habían estado tan bien, nunca les había ido tan bien como ahora.

They may complain about the government but the truth is that they never had it so good.

Podrán quejarse del gobierno, pero lo cierto es que nunca habían estado tan bien.

THEY SAID IT COULDN'T BE DONE

se tenía por imposible, contra todas las predicciones.

They said it couldn't be done but she amazed medical science and learned to walk again.

Contra todas las predicciones, y con gran asombro del mundo médico, consiguió volver a andar.

THEY'LL DO IT EVERY TIME

lo seguirán haciendo.

It makes no difference what you say, they'll do it every time.

Por mucho que les digas, lo seguirán haciendo.

THIN OUT, TO

aclarar, reducir el número de algo, diezmar.

The depression has thinned out the ranks of the millionaires.

La depresión ha diezmado las filas de los millonarios.

THING OR TWO, A

unas cuantas cosas, muchas cosas, mucho.

When it comes to cheating the tax-collector Albert can teach you a thing or two!

En materia de eludir los impuestos, Alberto podría enseñarte un montón de cosas.

THINGS ARE NOT WHAT THEY USED TO BE

hoy no es como ayer, los tiempos han cambiado, ya no es como antes, las cosas no son lo que fueron.

The director only tipped me a dime this morning. Things are not what they used to be.

Esta mañana el director me ha dado sólo diez centavos de propina. Los tiempos han cambiado.

THINGS SPANISH (FRENCH, etc.)

lo español (francés, etc.), cosas, temas (españoles, franceses, etc.).

She is so crazy about things Spanish that she is even learning to play the castagnettes.

Se ha entusiasmado tanto con todo lo español que incluso está aprendiendo a tocar las castañuelas.

He is a famous hunter and an authority in things African.

Es un cazador famoso y una autoridad en temas africanos.

THINK A LOT OF ONESELF, TO

estar muy pagado de sí mismo, ser muy fatuo.

He certainly is intelligent but he also thinks a lot of himself.

Desde luego, es inteligente, pero también es muy fatuo.

THINK BETTER OF, TO

no creer oportuno, no parecerle a uno prudente, cambiar de opinión, pensarlo mejor.

The mother was very angry with her son's mischieviousness in the shop but thought better of spanking him at that moment.

La madre se enfadó mucho al ver las diabluras que su hijo cometió en la tienda, pero no le pareció prudente darle una zurra en aquel momento.

THINK BIG, TO

tener grandes proyectos, hacer las cosas en grande.

The trouble with him is that he thinks big but acts small.

Lo malo de él es que pretende hacer las cosas en grande, pero a la hora de realizarlas se anda con pequeñeces.

THINK HIGHLY OF, TO

tener gran aprecio, tener un alto concepto de.

I have always thought highly of you and would like to give you a chance to prove your ability.

Siempre he tenido un alto concepto de ti y quisiera darte una ocasión de demostrar tu capacidad.

THINK MUCH OF, TO. Véase NOT TO THINK MUCH OF.

THINK OF, TO

1) opinar de, parecerle a uno.

What do you think of Peter's new house?

¿Qué te ha parecido la nueva casa de Pedro?

2) recordar.

I can't think of his telephone number.

No consigo recordar su número de teléfono.

3) tener el proyecto de, tener la intención de, pensar en.

I'm thinking of spending my holidays in Bermuda.

Tengo el proyecto de pasar las vacaciones en las Bermudas.

4) pasarle a uno por la imaginación, ocurrírsele a uno.

I wouldn't think of asking for another advance after having asked for three times in the past.

No se me ocurrirá pedir otro anticipo cuando ya llevo pedidos tres.

THINK OVER, TO

reflexionar, pensarlo.

Think it over and give me your answer to-morrow.

Piénsalo y ya me darás la respuesta mañana.

THIS IS MORE LIKE IT

eso ya está mejor, esto ya es otra cosa, eso ya es más aproximado.

«*Then, should we try to hang the picture over the fireplace instead of in the bedroom?*»

«*Yes, this is more like it.*»

—Entonces, ¿colgamos el cuadro sobre la chimenea en vez de ponerlo en el dormitorio?

—Sí, esto ya está mejor.

«*Don't you think that John looked a bit ridiculous in tails?*»

«*Ridiculous! A clown is more like it.*»

—¿No te parece que Juan estaba un poco ridículo con su frac?

—¿Ridículo? Yo más bien diría que parecía un payaso.

THIS WAY, PLEASE

por aquí, haga el favor de seguirme.

«*Can you tell me the way to the dining room?*»

«*This way, please.*»

—¿Quiere decirme por dónde se va al comedor?

—Haga el favor de seguirme.

THROUGH AND THROUGH

a toda prueba, a machamartillo, de pies a cabeza, integral.

You may put him to the test if you wish, but you'll find that he is a patriot through and through.

Hazle una prueba si quieres, pero ya verás como es un patriota de pies a cabeza.

THROUGH CHANNELS

por conducto reglamentario.

You just cannot write to the Minister like this. Your application must be processed through proper channels.

No puedes escribirle al ministro por las buenas. Tu solicitud debe tramitarse por conducto reglamentario.

THROUGH THE GRAPEVINE

de fuentes oficiosas, por rumores que corren, radio «macuto».

I hear through the grapevine that Martha and Peter have become engaged.

He oído rumores de que Marta y Pedro se han prometido.

THROUGH THICK AND THIN

en la fortuna y en la adversidad, tanto en los buenos como en los malos tiempos, por toda suerte de circunstancias.

A real friend is one who sticks to you through thick and thin.

El verdadero amigo es el que no te abandona en ninguna circunstancia de la vida.

John and I have been friends for many years through thick and thin.

Juan y yo hemos sido compañeros de fatigas durante muchos años.

THROW A FIT, TO (sl.)

montar en cólera, poner el grito en el cielo.

If my father knew I was going to Monte Carlo to gamble you can be sure he would throw a fit.

Si mi padre supiera que me voy a Montecarlo a jugarme el dinero, puedes estar seguro de que pondría el grito en el cielo.

THROW A GAME OR RACE, TO

dejarse ganar, perder intencionadamente (un partido o una carrera), venderse.

They say the team was paid a tidy sum to throw the match.

Dicen que el equipo cobró una bonita suma por dejarse ganar.

THROW (OUT) A HINT, TO

lanzar una indirecta, hacer una alusión.

No matter how many hints you throw to her she'll never take them.

Por muchas indirectas que le lances, ella nunca se da por aludida.

THROW A MONKEY-WRENCH INTO SOMEONE'S PLANS, TO (sl.). Véase PUT A SPOKE IN SOMEONE'S WHEEL, TO.

THROW A PARTY, TO (sl.)

dar una fiesta.

The Millers are throwing a party to celebrate the return of their son.

Los Miller van a dar una fiesta para celebrar el regreso de su hijo.

THROW A SPRAT TO CATCH A MACKEREL, TO. Véase CAST A SPRAT, etc.

THROW COLD WATER ON, TO

echar un jarro de agua fría, tratar de disuadir, intentar desanimar.

Peter tried to throw cold water on our enthusiasm by dwelling on the probable difficulties.

Pedro trató de enfriar nuestro entusiasmo hablando de las dificultades que probablemente encontraríamos.

THROW GOOD MONEY AFTER BAD, TO

gastar dinero en vano, tirar el dinero, hacer un gasto inútil.

This is an old home. Tear it down and don't throw good money after bad trying to remodel it.

La casa es vieja. Derríbala y no gastes dinero en vano haciendo reformas.

THROW IN ONE'S LOT WITH, TO

decidir correr la misma suerte que, unir la propia suerte a la de.

The venture seemed risky but a debt of gratitude compelled me to throw in my lot with his.

La empresa parecía arriesgada, pero una deuda de gratitud me obligaba a unir mi suerte a la suya.

THROW IN THE SPONGE, TO

darse por vencido, abandonar la lucha, arrojar la esponja.

It would be silly to throw in the sponge when success is so near.

Sería absurdo abandonar la lucha, teniendo el éxito tan cerca.

THROW ONESELF AT SOMEONE, TO

tratar de captarse a una persona sin disimularlo, ir detrás de una persona descaradamente.

It is most undignified for you to throw yourself at the new boss like that.

Es vergonzoso que trates tan descaradamente de conquistarte al nuevo jefe.

THROW OUT A HINT, TO. Véase THROW A HINT, TO.

THROW OUT THE BABY WITH THE BATH WATER, TO

actuar con un exceso de celo, exagerar, pecar por carta de más, pasarse.

Clean the room but please don't throw the baby with the bath water. Daddy is still reading those magazines you see around.

Limpia la sala, pero no te extralimites. Tu padre todavía no ha terminado de leer las revistas que hay por aquí.

THROW THE BOOK AT SOMEONE, TO

aplicar la máxima sanción, castigar con todo rigor.

The captain says that he's been lenient in the past but that this time is going to throw the book at you.

El capitán dice que ha sido benigno en otras ocasiones, pero que esta vez te castigará con todo rigor.

THUMB THROUGH, TO

hojear.

I didn't have time to read the book properly, I only thumbed through it.

No he tenido tiempo de leer el libro; sólo lo he hojeado.

THUMB-NAIL SKETCH, A

descripción breve, resumen.

Henry gave us a thumb-nail description of the position and then asked us what we should do about it.

Enrique nos hizo un resumen de la situación y luego nos preguntó qué debíamos hacer.

TICKLISH JOB, A

tarea delicada, difícil, incierta, que exige tacto.

It will be a ticklish job persuading Jones to withdraw his candidature to the directorship.

No va a ser tarea fácil convencer a Jones de que no se presente para el puesto de director.

TIED TO ONE'S MOTHER'S APRON STRINGS

pegado a las faldas de su madre.

He is too old to be still tied to his mother's apron strings.

Ya es demasiado crecidito para seguir pegado a las faldas de su madre.

TIGHT-MONEY POLICY

política de restricción de créditos.

Tight-money policies are one of the first weapons to fight inflation.

La restricción de créditos es una de las principales armas para combatir la inflación.

TILL HELL FREEZES (OVER)

hasta el día del Juicio.

You'll have to wait till hell freezes if you want your money back from John.

Para que Juan te devuelva el dinero tendrás que esperar hasta el día del Juicio.

TIME AND TIDE

tiempo y sazón, oportunidad.

Time and tide wait for no man.

Tiempo ni hora no se ata con soga.

TIME IS A GREAT HEALER

El tiempo todo lo cura. El tiempo todo lo puede.

TIME IS MONEY

El tiempo es oro.

TIME IS UP

ha llegado la hora, es la hora.

Time is up: the examination papers must be handed in now.

Es la hora. Hagan el favor de ir entregando el ejercicio.

TIME WILL SHOW

El tiempo lo dirá.

TIME-CONSUMING

que exige mucho tiempo, que hace perder mucho tiempo, muy largo.

This procedure is cumbersome and time-consuming.

Este trámite es un engorro y hace perder mucho tiempo.

TIME-HONOURED CUSTOM, A

vieja tradición, costumbre antigua.

According to a time-honoured custom the mayor will hand over the keys of the city to the governor.

Siguiendo una vieja tradición, el alcalde entregará las llaves de la ciudad al gobernador.

TIN PAN ALLEY

el mundo de la música ligera (compositores, editores, músicos, etcétera) y, por extensión, todo lo relacionado con dicha música.

The score of the new musical is within the purest Tin Pan Alley tradition and we predict that everybody is going to sing the songs very soon.

La partitura de la nueva revista encaja en la más pura tradición de la música ligera. Pronostica-

mos que dentro de poco todo el mundo cantará sus canciones.

TIP OFF, TO

prevenir, avisar, informar confidencialmente, dar el soplo.

The gamblers had obviously been tipped off, because they had cleared out when the police arrived.

Evidentemente, alguien había dado el soplo a los jugadores, porque cuando llegó la policía ya habían desaparecido.

TIP-TOP

excelente, del mejor, de primera clase.

The rooms at this hotel are just good but its cuisine is tip-top.

Las habitaciones de este hotel son simplemente buenas, pero la cocina es de primera clase.

TIT FOR TAT

pagar a uno en la misma moneda; ojo por ojo, diente por diente; donde las dan las toman, devolver golpe por golpe.

Even though she's been mean to me I don't want to give her tit for tat.

A pesar de lo ruin que ha sido conmigo no quiero pagarle en la misma moneda.

TO A DEGREE

1) véase TO SOME EXTENT.

2) extremadamente, en sumo grado.

Arthur is jealous to a degree. His wife is not allowed to go anywhere without him.

Arturo es extremadamente celoso. Su mujer no puede ir a ningún sitio sin él.

TO A MAN

como un solo hombre, unánimemente, todos a una, en bloque, desde el primero hasta el último, todos.

The soldiers responded to a man to the colonel's request for volunteers.

Cuando el coronel pidió voluntarios, los soldados se ofrecieron en bloque.

The passangers were all killed to a man in the accident.

Todos los pasajeros murieron en el accidente.

TO A «T» (sl.)

exactamente, a la perfección, a las mil maravillas, hasta el menor detalle, de perlas, de perilla, que ni pintado, clavado.

My mother's dresses suit me to a T.

Los vestidos de mi madre me sientan a las mil maravillas.

Your plans suit me to a T.

Tus planes me vienen de perlas.

-TO-BE. Véase FATHER-TO-BE.

TO NO AVAIL. Véase OF NO AVAIL.

TO SOME EXTENT

hasta cierto punto, en cierto modo.

To some extent I feel responsible for him as he is the closest living member of my family.

Hasta cierto punto, me considero obligado a ocuparme de él: es el pariente más próximo que tengo.

TO THE BITTER END

hasta el final, hasta las últimas consecuencias, hasta la muerte.

We found that the soldier had been chained to his machine-gun, to make sure that he would fight to the bitter end.

Vimos que habían encadenado al soldado a la ametralladora, para tener la seguridad de que lucharía hasta la muerte.

TO THE CORE

hasta la médula, de pura cepa, de pies a cabeza.

He likes tea, cricket and to talk about the weather. He is English to the core.

Le gusta el té, el cricquet y hablar del tiempo. Es un inglés de pura cepa.

TO THE TUNE OF

a razón de, por la friolera de.

I doubt he has any money left after having bought a house to the tune of two hundred thousand dollars.

No creo que le quede ya dinero después de haberse comprado una casa por la friolera de doscientos mil dólares.

TOE THE LINE (MARK), TO

cumplir escrupulosamente los reglamentos, aceptar órdenes sin chistar, acatar lo dispuesto; cumplir con su deber.

Being new in the job and wanting to keep it, he did everything possible to toe the line.

Como era nuevo en el puesto y quería conservarlo, hizo todo lo posible para cumplir fielmente lo mandado.

TOGETHERNESS AT ALL COSTS

(Alusión irónica al irreprimible instinto gregario del hombre, al limitado espacio de las viviendas modernas, a las aglomeraciones que se producen en las grandes ciudades, etc.)

no importa la incomodidad, la cuestión es estar juntos; amontonarse o morir; juntos a todo trance; cuanto más juntos, mejor; no hay nada como la intimidad.

The principle behind the new housing schemes seems to be togetherness at all costs.

Los nuevos programas de construcción de viviendas parecen estar inspirados en el principio de que no hay nada como la intimidad: cuanto más juntos, mejor.

TOM THUMB

Pulgarcito.

If you are good I will read you the story of Tom Thumb.

Si sois buenos, os leeré el cuento de Pulgarcito.

TONGUE TO GO NINETEEN TO THE DOZEN

hablar por los codos, hablar como una cotorra.

She is the right person for a party because her tongue goes nineteen to the dozen.

Es la persona ideal para las fiestas porque nunca para de hablar.

TONGUE-TWISTER, A

trabalenguas.

This language is very hard to pronounce and some words are real tongue-twisters.

Este idioma es muy difícil de pronunciar; algunas palabras son verdaderos trabalenguas.

TOO GOOD TO BE TRUE

eso sería demasiado, no tendré tanta suerte, no será verdad tanta belleza.

It seemed too good to be true when I learned that I held a winning ticket.

Cuando me enteré de que mi número había salido premiado me pareció que no podía ser verdad tanta belleza.

TOO MANY COOKS SPOIL THE BROTH

Tres al saco, y el saco en tierra. Tres pies para un banco y el banco cojo. No cantan bien dos gallos en un gallinero.

TOOTH AND NAIL

denodadamente, encarnizadamente, a sangre y fuego, a brazo partido.

When public hearings on the construction of the new dam were announced, the villagers fought tooth and nail against it.

Cuando se abrió el período de información pública para la construcción de la nueva presa, los lugareños se defendieron como gato panza arriba.

TOP NOTCH (or FLIGHT, DRAWER, etc.). Véase TIP-TOP.

TOP-LESS

desnudo de cintura para arriba, nada por arriba, a pecho descubierto.

Charles appeared in the room in his top-less pyjamas looking for his shirt.

Carlos entró en la habitación vestido con el pantalón del pijama únicamente, buscando su camisa.

TOPSY-TURVY

cabeza abajo, del revés, revuelto, en desorden, desquiciado.

We are in a topsy-turvy world in which moral values are not always appreciated as they should be.

Vivimos en un mundo desquiciado en el que no siempre se da la debida importancia a los valores morales.

TOSS A PARTY, TO. Véase THROW A PARTY, TO.

TOUCH A SORE SPOT, TO

poner el dedo en la llaga, tocar un punto débil, tocar una cuestión delicada.

You touched a sore spot when you talked about Charles success as an actor. His father always

wanted him to take over his legal practice.

Tocaste un punto sensible cuando hablaste del éxito de Carlos como actor. Su padre siempre quiso que continuase su bufete.

TOUCH AND GO

situación precaria o delicada.

It's touch and go whether he'll survive.

Su vida pende de un hilo.

TOUCH HEAVEN WITH ONE FINGER, TO

sentirse en la gloria, estar en el séptimo cielo, rebosar felicidad.

James touched heaven with one finger when he gave us the news of his daughter's marriage.

Jaime rebosaba felicidad cuando nos dio la noticia del casamiento de su hija.

TOUCH OFF, TO

disparar, desencadenar, soltar.

Intervention in this country could touch off a world conflict.

La intervención en ese país podría desencadenar un conflicto mundial.

TOUCH WOOD

¡toca madera!, ¡lagarto, lagarto!

Twice I have missed the New Year's ball. I hope, touch wood, I will be able to go this year.

Ya van dos veces que me pierdo el baile de Nochevieja. Este año, déjame tocar madera, espero poder ir.

TOY WITH AN IDEA, TO

acariciar una idea.

My husband is toying with the idea of building a summer house in the mountains.

Mi marido está pensando en construir una casa de verano en la montaña.

TREAD ON SOMEONE'S CORNS (TOES), TO

ofender, molestar a alguien.

I hope it will be possible to change this decision without treading on anyone's corns.

Espero que podamos modificar este acuerdo sin ofender a nadie.

TREAD SOFTLY, TO

tantear el terreno, ir con pies de plomo, proceder con prudencia.

It is best to tread softly until you know them well.

Hasta que los conozcas bien, conviene que vayas con pies de plomo.

TRIM ONE'S SAILS, TO

reducirse, economizar.

After he had seen his bank statement he realized he would have to trim his sails in future.

Después de ver el estado de cuentas del banco, comprendió que en el futuro tenía que economizar.

TRY AS HE MIGHT

por más que hizo.

Try as he might he couldn't get the job.

Por más que hizo, no consiguió que le dieran el empleo.

TRY AS I WOULD

por más que hice.

Try as I would I couldn't convince him.

Por más que hice, no pude convencerlo.

TRY HARD, TO

esforzarse, hacer todo lo posible.

If you try hard you will reach the top of the class next summer.

Si pones en ello todo tu empeño, el próximo verano puedes llegar a ser el primero de la clase.

TRY ON (FOR SIZE), TO

1) probarse una prenda de vestir.

Try on this hat (for size).

Pruébate este sombrero para ver si te va bien (de tamaño).

2) sondear.

I realized he was trying me on to see if I would pay his fare back home.

Advertí que me estaba sondeando para saber si le pagaría el viaje de regreso.

TRY OUT, TO

practicar, ejercitarse.

If you go to Paris you'll be able to try out your college French.

Si vas a París, podrás practicar el francés que aprendiste en la universidad.

TRY SOMEONE'S PATIENCE, TO

poner a prueba, apurar la paciencia de alguien.

The children really try my patience.

Los niños ponen mi paciencia verdaderamente a prueba.

TRY TO SAVE THE WORLD, TO

meterse a redentor, tratar de salvar el mundo.

The trouble with many politicians is that they try to save the world.

Lo malo de muchos políticos es que se meten a redentores.

TRY TO STEM THE TIDE WITH A FINGER, TO

Poner puertas al campo.

TUNE IN TO, TO

sintonizar, captar.

With my new set I'm able to tune in to all short wave stations.

Con mi nuevo receptor puedo captar todas las emisoras de onda corta.

TURN A BLIND EYE, TO

hacer la vista gorda, fingir no ver una cosa.

Sometimes I get to the office late but my boss turns a blind eye.

A veces llego tarde a la oficina, pero el jefe hace la vista gorda.

TURN A DEAF EAR, TO

hacerse el sordo, no escuchar, no hacer caso, tener oídos de mercader.

I begged him several times but he turned a deaf ear to all my arguments.

Se lo pedí varias veces, pero él no quiso escuchar mis razones.

TURN A PRETTY PENNY, TO

ganar la primera peseta, hacer uno su agosto, ponerse las botas.

He must have turned a pretty penny in this business to be able to afford such an expensive car.

Habrá hecho su agosto con este negocio para poder comprarse un coche tan caro.

TURN DOWN, TO

1) rechazar, denegar, desestimar.

His application was turned down.

Su solicitud fue rechazada.

2) reducir, bajar (el volumen de la radio, el cuello del abrigo, etc.).

You should turn down your collar; it's getting warm now.

Deberías bajarte el cuello; empieza a hacer calor.

TURN IN, TO

1) presentar, entregar.

Be sure and turn in your report before de meeting on Friday.

No dejes de presentar tu informe antes de la reunión del viernes.

2) irse a la cama.

I turned in just after midnight.

Me fui a la cama en cuanto hubieron dado las doce.

3) guarecerse, refugiarse.

It started raining and I had to look for a place to turn in.

Empezó a llover y tuve que buscar donde refugiarme.

TURN OFF, TO

1) cerrar, apagar.

Don't forget to turn off the gas when you finish cooking.

No te olvides de cerrar la llave del gas cuando termines con tus guisos.

2) desviar, doblar, apartar.

After following the highway for an hour we turned off to New York.

Después de seguir la carretera general por espacio de una hora, doblamos en dirección a Nueva York.

TURN ON, TO

1) encender, dar la luz.

Please turn on the light. I can't see anything.

Haz el favor de dar la luz. No veo nada.

2) versar sobre, centrarse en, girar en torno de.

The dispute turned on whether or not the accused was an American subject.

La discusión giró en torno de si el acusado era súbdito norteamericano o no.

3) depender de.

Everything turns on him wanting to do it.

Todo depende de que él quiera hacerlo.

4) revolverse contra alguien.

He turned on me like a beast.

Se revolvió contra mí como una fiera.

5) causar un gran placer (que puede oscilar entre el provocado por una obra de arte y la excitación sexual), entusiasmar, excitar, hacer tilín.

Antiques turn me on.

Las antigüedades me chiflan.

6) fumarse un cigarrillo de marijuana, tomar drogas; hallarse bajo los efectos de una droga.

I have turned on once in my life only and it was a very bad trip.

Me he drogado una sola vez en mi vida y fue una experiencia muy desagradable.

TURN OUT, TO

1) presentarse, acudir.

The workers turned out en masse to vote for the government.

Los trabajadores acudieron en masa a votar por el gobierno.

2) producir, fabricar.

The firm has been turning out bad goods ever since we appointed the new manager.

La empresa ha venido fabricando artículos defectuosos desde que nombramos al nuevo director.

3) echar, expulsar.

Michael was turned out of the class for bad behaviour.

A Miguel lo expulsaron de la clase por su mal comportamiento.

4) resultar, ser.

The show turned out to be a success.

La función fue un éxito.

5) apagar, cerrar.

Will you please turn out the light.
I have a headache.

¿Me haces el favor de apagar la luz? Tengo dolor de cabeza.

TURN OVER, TO

1) entregar, confiar.

We had no choice but to turn him over to the police.

No tuvimos más remedio que entregarlo a la policía.

2) volver, girar, dar vuelta.

Then he turned over his last card and it was an ace.

Entonces descubrió su última carta. Era un as.

TURN OVER A NEW LEAF, TO

corregirse, enmendarse, cambiar de vida, empezar una vida nueva.

I told him I forgave him and he promised to turn over a new leaf.

Le dije que lo perdonaba y me prometió enmendarse.

TURN THE SCALES, TO

inclinar la balanza a favor (o en contra) de alguien.

I am familiar with his feelings on that subject and I am sure that his vote will turn the scales in our favour.

Conozco muy bien su modo de pensar en este asunto y estoy seguro de que su voto inclinará la balanza a nuestro favor.

TURN THE TABLES, TO

(hacer) cambiar la suerte, cambiar las tornas, volverse la tortilla, invertirse los papeles; devolver la pelota, vencer en el mismo terreno o con las mismas armas.

When Albert first began to play the market he made much money but then the tables turned on him and he lost everything he had.

Cuando Alberto empezó a jugar a la bolsa hizo mucho dinero, pero después la fortuna empezó a volverse contra él y perdió cuanto tenía.

TURN TO, TO

1) dirigirse a, recurrir a.

I have nobody to turn to for help.

No tengo a nadie a quien recurrir para que me ayude.

2) darse, dedicarse, entregarse a.

When his business failed he turned to drink.

Cuando el negocio le fue mal, se entregó a la bebida.

TURN UP, TO

1) aparecer, comparecer, presentarse.

Daniel has a strange faculty for always turning up at the wrong moment.

Daniel tiene la rara habilidad de presentarse siempre en el momento más inoportuno.

2) levantarse, subirse.

Turn up the collar of your coat, it's getting cold.

Levántate el cuello del gabán, que hace frío.

3) subir, aumentar el volumen, poner más fuerte.

Please turn the radio up. I can't hear the news for the noise the children are making.

Haz el favor de poner la radio más fuerte. Con el ruido que hacen los niños, no puedo oír las noticias.

TURN UP ONE'S NOSE, TO

mirar con desprecio, desdeñar, hacer ascos.

You can't afford to turn your nose up at an offer like that.

No estás en situación de desdeñar una oferta como ésa.

TURN-KEY

llaves en mano, dispuesto para funcionar, perfectamente instalado; a precio fijo.

Under a turn-key contract a contractor agrees to construct a factory and make it ready for operation.

En los contratos «llaves en mano», el contratista se compromete a construir la fábrica y entregarla en situación de funcionar inmediatamente.

TURNING POINT, A

1) punto decisivo, etapa crucial, momento crítico.

The President realized that the events had reached a turning point and a new policy was needed.

El Presidente se percató de que los acontecimientos habían llegado a un punto decisivo y era preciso adoptar una nueva política.

2) cambio, cambio de rumbo, nueva orientación, cambio de signo.

The last mutual aid treaty has been hailed as a turning point in the relations between the two old rivals of Europe.

El último tratado de ayuda mutua se considera el principio de una nueva etapa de las relaciones entre los dos viejos rivales europeos.

It seems that we have reached a turning point.

Parece ser que la situación empieza a cambiar de signo.

TURN-OVER, THE

1) giro, volumen de ventas.

This year's turn-over has been disappointing.

El volumen de ventas de este año ha sido decepcionante.

2) movimiento de altas y bajas, fluctuación, trasiego del personal.

There is no continuity in the firm owing to the high rate of turn-over in the staff.

La compañía padece de falta de continuidad, debido al intenso movimiento de altas y bajas del personal.

TWIDLE ONE'S THUMBS, TO

estar mano sobre mano.

Stop twiddling your fingers and come to help daddy.

No estés mano sobre mano y ven a ayudar a papá.

TWIST A PERSON'S ARM

forzar, obligar, presionar, apretarle las clavijas a uno.

If we want him to pay us back soon I'm afraid we'll have to do a bit of arm-twisting.

Si queremos que nos devuelvan el dinero pronto, me temo que tendremos que apretarle las clavijas.

TWIST SOMEONE AROUND ONE'S LITTLE FINGER, TO

manejar a una persona al antojo de uno, hacer bailar a otro al son que uno quiere.

Being such an adorable child, she has little trouble in twisting her father around her little finger.

Como es una criatura encantadora, le cuesta muy poco llevar a su padre por donde ella quiere.

TWO BITS

veinticinco centavos (de dólar).

I guess he expected a bigger tip than two bits, but that was all the change I had on me.

Me imagino que esperaba que le diera más de veinticinco centavos de propina, pero no llevaba más suelto.

TWO HEADS ARE BETTER THAN ONE

Cuatro ojos ven más que dos.

TWO-BIT

de pacotilla, de tres al cuarto, insignificante, barato.

Playing at Carnegie Hall! He is just a two-bit pianist.

¿Que va a tocar en el «Carnegie Hall»? ¡Si no es más que un pianista de pacotilla!

U

UNDER ONE'S BREATH

en voz baja, a media voz.

I can't hear you if you talk under your breath.

Si hablas en voz tan baja, no puedo oírte.

UNDER ONE'S OWN STEAM

por los propios medios, con las propias fuerzas.

I found that students who came under their own steam studied harder than those who had been granted a scholarship.

Comprobé que los estudiantes que se costeaban la carrera trabajando estudiaban más que los que tenían beca.

UNDER THE COUNTER

bajo mano, clandestinamente, en secreto.

Tea was rationed during the war, but the grocer sold me a pound now and then under the counter.

El té estaba racionado durante la guerra, pero de vez en cuando el tendero me vendía una libra de estraperlo.

UNDER THE TABLE

1) embriagado, bebido, como una cuba.

He was beginning to drink when I left and when I came back he was under the table.

Empezaba a beber cuando me marché y, al regresar, lo encontré como una cuba.

2) véase UNDER THE COUNTER.

UNDER THE WEATHER, TO BE

no sentirse muy bien, encontrarse destemplado; algo bebido.

I think I will not go to the theater to-night. I am a bit under the weather.

Creo que no voy a ir al teatro esta noche. No me encuentro muy bien.

UNTIMELY END, AN

final inesperado, desenlace repentino.

Death has put an untimely end to Mr. Clark's brilliant career.

La muerte ha puesto un final inesperado a la brillante carrera del señor Clark.

UP FOR GRABS

para quien lo quiera, a disposición de cualquiera.

There was a time when everybody wanted to go to Bangkok but apparently the post is now up for grabs.

Hubo un tiempo en que todo el mundo quería ir a Bangkok, pero ahora darán el puesto al primero que lo pida.

UP IN ARMS

furioso, encolerizado, que está que trina, dispuesto a ir a las malas.

Farmers are up in arms against the Minister after the new law reducing subsidies.

Los agricultores están que trinan contra el ministro después de la nueva ley que les rebaja las subvenciones.

UPON THORNS. Véase BE ON TENTERHOOKS, TO.

UPSET THE APPLE CAR, TO

desbaratar los planes, aguar la fiesta, echarlo todo a perder, fastidiarla.

Paul hoped to be elected mayor last year but his wife upset the apple car by getting involved in a society scandal.

Pablo esperaba que lo eligieran alcalde el año pasado, pero su mujer lo echó todo a perder al verse mezclada en un escándalo de sociedad.

UP-TO-DATE

moderno, actual, al día.

This is an up-to-date report of the situation.

He aquí un informe al día de la situación.

USE ONE'S WITS, TO

aguzar el ingenio, utilizar el cerebro, pensar con la cabeza.

Can't you see it? Come on, use your wits!

¿No comprendes? ¡Vamos, piensa un poco!

USE STRONG LANGUAGE, TO

expresarse en términos muy duros u ofensivos.

The Minister used strong language in his denunciation of the agreement.

El ministro se expresó en términos muy duros al denunciar el acuerdo.

V

VALUE JUDGMENT
(La traducción literal de esta expresión resulta redundante porque en español la palabra «juicio» ya implica la facultad de distinguir los «valores» de las cosas.)

apreciación personal, opinión (personal, subjetiva), calificación, calificación moral, juicio.

I only watch and comment but I am not making any value judment.

Yo me limito a observar y comentar, pero no juzgo.

VARIETY IS THE SPICE OF LIFE
En la variedad está el gusto.

VERY THOUGHT OF, THE
la simple idea de, sólo pensarlo.
The very thought of having to go back to school made me shiver.

La mera idea de tener que volver al colegio me hacía temblar.

VICIOUS CIRCLE, A
círculo vicioso.

You smoke because you are nervous and you are nervous because you smoke: it's a vicious circle.

Fumas porque estás nervioso y estás nervioso porque fumas: es un círculo vicioso.

VOCATIONAL TRAINING
formación profesional, enseñanza de artes y oficios.

Although I should like my children to attend university it would be less expensive if they chose to follow a vocational training programme.

Aunque me gustaría que mis hijos fueran a la universidad, me resultaría menos costoso que prefirieran seguir algún curso de formación profesional.

VOUCH FOR SOMEONE, TO
responder de una persona, hacerse responsable por ella, avalar, salir fiador.

I'm sure you'll let my friend in. I'll vouch for him.

Estoy seguro de que dejará usted entrar a mi amigo. Respondo de él.

W

WAIT A MINUTE!

¡Un momento!, ¡eh, espera!

Wait a minute! What are you saying?

¡Un momento! ¿Qué dices?

WAIT AND SEE

ver venir, esperar el curso de los acontecimientos, adoptar una prudente actitud de espera, mantenerse a la expectativa, dar tiempo al tiempo; ya lo verá usted.

«Wait and see» has been the standing policy of British governments ever since Lord Asquith invented the phrase.

«Esperemos a ver qué pasa»: ha sido el lema de la política inglesa desde que lord Asquith lanzó la frase.

WAIT IN THE WINGS, TO

esperar la entrada en escena, esperar el momento de intervenir en un asunto, seguir muy de cerca los acontecimientos.

While the two rival factions are fighting each other the general is waiting in the wings for the outcome of the struggle and a possible comeback to the country.

Mientras los dos bandos rivales luchan entre sí, el general contempla los toros desde la barrera esperando el resultado de la contienda y tal vez regresar al país.

WAIT ON SOMEONE HAND AND FOOT, TO

cuidar a cuerpo de rey, llevar en palmas.

For ten years I've been waiting on my husband hand and foot and now he has deserted me!

¡He estado cuidando a mi marido a cuerpo de rey durante diez años, y ahora resulta que me deja!

WALK OF LIFE

estamento, clase social, actividad, profesión.

The ceremony was attended by people from all walks of life.

A la ceremonia asistió gente de todos los estamentos sociales.

WALK OFF WITH, TO
llevarse, robar.

If you keep leaving your toys in the garden someone is going to walk off with them some day.

Como sigas dejando los juguetes en el jardín, algún día te los robarán.

WALK OUT, TO
declararse en huelga, abandonar el trabajo, abandonar una reunión o retirarse de una organización en señal de protesta.

Union officials have stated that the workers will stage a walk-out next week if their demands are not met in full.

Los jefes del sindicato han manifestado que los obreros se declararán en huelga la próxima semana en caso de que sus reivindicaciones no sean atendidas en su totalidad.

WALKING ENCYCLOPEDIA, A
enciclopedia viviente, pozo de ciencia.

I don't remember the year of Alexander the Great's birth, but ask your uncle who is a walking encyclopedia.

No recuerdo en qué año nació Alejandro el Magno, pero pregúntaselo a tu tío, que es una enciclopedia.

WALL-TO-WALL CARPET, A
moqueta.

Wall-to-wall carpets give you a feeling of comfort and are especially adequate for corridors.

La moqueta da la sensación de comodidad y está especialmente indicada para los corredores.

WALLS HAVE EARS
Las paredes oyen.

When you call on the Ambassador try to be discreet in your conversation as walls have ears.

Cuando visites al embajador procura ser discreto en tu conversación, porque las paredes oyen.

WARD OF THE COURT (IN CHANCERY), A
menor de edad bajo tutela judicial.

Under the divorce proceedings their child John became a ward of the court.

En virtud de la causa de divorcio, su hijo Juan quedó bajo tutela judicial.

WASH ONE'S DIRTY LINEN IN PUBLIC, TO
secar los trapos al sol, sacar a relucir asuntos personales, sacar los trapos sucios a relucir.

I regret to remind you that we are here to discuss very serious matters which concern us all and not to wash our dirty linen in public.

Lamento recordarles que hemos venido a discutir cuestiones muy graves que nos afectan a todos y no a sacar a relucir asuntos personales.

WASH ONE'S HAND OF, TO
desentenderse, declinar toda res-

ponsabilidad en un asunto, lavarse las manos.

Every time I've tried to help you, you've let me down. Now I wash my hands of you.

Cada vez que he tratado de ayudarte me has dejado en la estacada. De ahora en adelante, allá te las compongas.

WASTE ONE'S BREATH, TO

gastar saliva inútilmente, perder el tiempo (hablando), predicar en el desierto.

Why waste your breath explaining something which he'll never be capable of understanding?

¿Por qué pierdes el tiempo explicándole algo que nunca será capaz de entender?

WATCH ONE'S STEP, TO

ir con cuidado, ir con pies de plomo, mirar donde se ponen los pies, andar con precaución.

Watch your step when getting off the lift.

Al salir del ascensor tengan cuidado de no tropezar.

Try to mind your step until you are familiar with the situation.

Procura ir con pies de plomo hasta que conozcas bien la situación.

WATCHED POT NEVER BOILS

Quien espera desespera.

WATER UNDER THE BRIDGE

agua pasada no mueve molino, ha llovido mucho desde entonces, cosas que han pasado a la historia.

All that is water under the bridge and has no relation to our present needs.

Todo eso son cosas pasadas, que nada tienen que ver con nuestras necesidades actuales.

In the old days pubs always gave you the first drink free, but much water flowed under the bridge since then.

Antiguamente, la primera copa que uno se tomaba en una taberna era gratis, pero, por supuesto, estas costumbres han pasado a la historia.

WATERED DOWN

aguado, diluido; atenuado, pálido.

The Minister's speech was watered down by the press until it was almost unintelligible.

La prensa dio una versión tan atenuada del discurso del ministro, que casi resultaba incomprensible.

WAY IN

entrada.

Which is the way in?

¿Dónde está la entrada?

WAY OF LIFE

1) género (estilo, norma, etc.) de vida, modo de vida, modo de vivir; costumbres, hábitos (individuales o colectivos); manera de ser, civilización, cultura.

Safety should be a way of life.

El cuidado en prevenir los accidentes debiera convertirse en un hábito.

(A veces, acompañado de un adjetivo, puede traducirse simplemente por «vida».)

Some Europeans find it hard to get used to the American way of life.

A algunos europeos les resulta difícil acostumbrarse a la vida norteamericana.

The folklore of our country reveals many facets of our way of life.

El folklore de nuestro país revela muchas facetas de nuestra manera de ser.

Gambling has become a way of life in some countries.

En algunos países el juego se ha convertido en una costumbre nacional.

When describing the virtues of a person one does not necessarily refer to his religious beliefs, but rather to his way of life.

Para hablar de las virtudes de una persona no nos fijamos necesariamente en sus creencias religiosas, sino más bien en la vida que lleva.

2) norma, norma de conducta, manera de hacer las cosas, forma de tomarse la vida.

Your easy-going attitude is most upsetting to your father, for whom perfection is a way of life.

Tu despreocupación le molesta mucho a tu padre, que es un hombre que procura hacerlo todo a la perfección.

3) algo normal, cosa corriente, algo natural, realidad cotidiana.

In this region poverty is a way of life.

En esta región la pobreza es algo normal.

WAY OUT

salida; solución.

Let me show you the way out.

Permítame que le indique dónde está la salida.

WAYS AND MEANS

modo, sistema, medio, camino, recursos.

We shall find ways and means to make them pay if they refuse to do so voluntarily.

Si se niegan a pagar por las buenas, ya encontraremos el modo de obligarlos.

WE ARE IN BUSINESS

la cosa marcha, la cosa va por buen camino, la cosa va en serio.

John says that he has the money and that he is ready to sign the contract tomorrow. I think we are in business.

Juan dice que tiene ya el dinero y que firmará el contrato mañana. Creo que la cosa marcha.

WEAKER GOES TO THE WALL, THE

siempre se rompe la soga por lo más delgado, el pez grande se come al chico, el débil lleva siempre las de perder.

In the struggle for life the weaker goes to the wall.

En la lucha por la vida, el débil sucumbe siempre.

WEAR AND TEAR

desgaste, deterioro, uso.

With so much snow in the winter the wear and tear on automobiles is very heavy.

Con la cantidad de nieve que cae en invierno los automóviles se deterioran mucho.

WEAR OFF, TO

desaparecer gradualmente, desvanecerse, borrarse, disiparse.

He was under a very strong drug during his last week at the hospital and the effects took several days to wear off.

La última semana que estuvo en el hospital le dieron un medicamento muy fuerte, cuyos efectos tardaron varios días en desaparecer.

WEAR ONE'S HEART ON ONE'S SLEEVE, TO. Véase CARRY ONE'S HEART, etc.

WEAR OUT, TO

1) agotar, cansar, dejar exhausto.

The walk home left me worn out.

El paseo hasta casa me ha dejado exhausto.

2) gastarse, desgastarse.

This record is quite worn out.

Este disco está muy gastado.

WEAR SEVERAL HATS, TO (sl.)

desempeñar varios cargos al mismo tiempo.

During the occupation of Japan, General MacArthur wore several hats.

Durante el período de ocupación del Japón, el general MacArthur desempeñó varios cargos al mismo tiempo.

WEAR THE BREECHES (or TROUSERS), TO

llevar los pantalones, mandar.

Although he appears to have a weak character he actually wears the breeches in the family.

Aunque parezca un hombre de carácter débil, es él quien manda en la casa.

WEAR WELL, TO

1) durar mucho (una prenda), dar buen resultado.

These trousers wear very well.

Estos pantalones dan muy buen resultado.

2) sentar bien (una prenda).

That skirt wears well on you.

Esta falda te sienta muy bien.

WEATHER PERMITTING

si el tiempo no lo impide.

The raffle will be held in the rectory garden, weather permitting; should it rain it will take place indoors.

La tómbola se celebrará en el jardín de la rectoría si el tiempo no lo impide. Si llueve, tendrá lugar en el interior.

WEATHER THE STORM, TO

capear el temporal.

Her father was very upset but I think that she managed to weather the storm.

Su padre se enfadó mucho, pero creo que ella consiguió capear el temporal.

WEEP ONE'S EYES OUT, TO. Véase CRY ONE'S HEART OUT, TO.

WELCOME TO THE CLUB (sl.)

eres de los míos, otro que tal, lo mismo digo, estamos de acuerdo.

«*I wish I was in Paris now.*»
«*Welcome to the club.*»

—¡Quién pudiera estar en París en estos momentos!
—Lo mismo digo.

WELL DONE!

¡muy bien!, ¡bravo!, ¡magnífico!

Well done! I never expected you to beat such strong competitors.

¡Bravo! Nunca creí que pudieras ganar a unos rivales tan fuertes.

WELL OFF. Véase WELL-HEELED.

WELL-GROOMED

atildado, acicalado, pulcro, compuesto.

She always appears well-groomed in public but is very sloppy in her home.

En la calle se la ve siempre muy compuesta, pero en su casa va muy descuidada.

WELL-HEELED (sl.)

rico, acomodado, en buena posición.

The ship was full of well-heeled tourists going on winter vacation to the Mediterranean.

El barco iba lleno de turistas de buena posición que se dirigían a pasar unas vacaciones de invierno en el Mediterráneo.

WELL-TO-DO. Véase WELL-HEELED.

WET BLANKET, A

aguafiestas, persona pesimista.

Come on, don't be a wet blanket. Everything will turn up well.

Vamos, no seas aguafiestas. Todo saldrá bien.

WHALE OF A TIME, A (sl.)

pasarlo bárbaro, divertirse como un loco.

We had a whale of a time at the fair.

En la feria lo pasamos en grande.

WHAT A BORE!

¡qué pelmazo!, ¡vaya lata!, ¡qué rollo!

I almost fell asleep. What a bore!

Por poco me duermo. ¡Qué rollo!

WHAT A GAME! (sl.)

¡vaya broma!, ¡qué lata!

Every time a car passes I have to write down its make and number. What a game!

De todos los coches que pasan he de anotar la marca y el nú-

mero de matrícula. ¡Menudo la-
tazo!

WHAT A LOT OF

¡cuánto!, ¡qué cantidad de!

*What a lot of time you have
wasted!*

¡Cuánto tiempo has perdido!

WHAT A SHAME. Véase IT'S A SHAME.

WHAT ABOUT...?

1) ¿qué te parece?

What about going out for dinner?

¿Qué te parece si nos fuéramos a
cenar fuera?

2) ¿qué hay de...?, ¿qué pasó
con...?

*What about this dress you were
going to buy me?*

¿Qué pasó con ese vestido que
ibas a comprarme?

WHAT ABOUT YOU?, (AND)

a ti ¿qué te parece?, y tú ¿qué
dices?

*I feel like going down to the club
for a drink. What about you?*

Me siento con ganas de ir al club
a tomar una copa. ¿Qué te parece?

WHAT CAN I DO FOR YOU?

¿qué se le ofrece?, usted dirá,
¿qué desea?

«What can I do for you?»

*«Nothing for the moment, thank
you. I was just browsing.»*

—¿En qué puedo servirle?

—No necesito nada por el momento, gracias. Estoy echando un
vistazo.

WHAT CAN'T BE CURED MUST BE ENDURED

a lo hecho, pecho.

*I don't complain because there is
nothing we can do about it. What
can't be cured must be endured.*

No me quejo, porque la cosa ya
no tiene remedio: a lo hecho,
pecho.

WHAT DO YOU KNOW! (sl.)

¡vaya, vaya!, ¡mira por dónde!,
¿qué te parece?, ¡qué sorpresa!

*So she actually found a husband!
Well, what do you know!*

¿De modo que al fin encontró
marido? ¡Mira por dónde!

WHAT DO YOU THINK YOU'RE DOING?

¿qué te propones?, ¿qué haces?,
¡alto ahí!, ¡no hagas locuras!

*«What do you think you're
doing?» I shouted to my son as
I saw him step on the railway
tracks.*

—¡No hagas locuras! —le grité
a mi hijo cuando vi que andaba
sobre la vía del tren.

WHAT ELSE?

1) ¿qué más?, ¿algo más?

«What else?»

*«Nothing else, thank you. I'm
perfectly satisfied after the dessert.»*

—¿Desea tomar algo más?
—No, muchas gracias. Con el postre me he quedado satisfecho.

2) ¿qué otra cosa puede ser?

«*You seem worried. Are you thinking of your examination?*»
«*What else?*»

—Pareces preocupado. ¿Estás pensando en los exámenes?
—¿En qué si no?

WHAT FOR?

1) ¿para qué?, ¿por qué?

You told me you left your car downtown. What for?

Me has dicho que has dejado el coche en el centro. ¿Para qué?

2) ¿por cuánto?

What will he sell his car for?

¿Cuánto pide por su coche?

WHAT GOOD IS IT...?

¿de qué sirve...?, ¿para qué...?

What good is it to wash the car now if it is going to rain anyway?

¿Para qué vas a lavar el coche ahora si después de todo va a llover?

WHAT IF...?

supón que, ¿qué pasaría si?, ¿por qué no?, ¿y si...?, ¿y qué importa que...?

What if we go to-morrow instead of to-day?

¿Por qué no vamos mañana en vez de ir hoy?

WHAT IS DONE, IS DONE

Lo hecho, hecho está. A lo hecho, pecho.

WHAT IS IN A NAME?

el nombre es lo de menos, ¿qué es, al fin y al cabo, un nombre?

If you like it, buy it. After all, what is in a name?

Si te gusta, cómpralo. Al fin y al cabo, el nombre es lo de menos.

WHAT THE EYE DOES NOT SEE THE HEART DOES NOT GRIEVE FOR. Véase OUT OF SIGHT, OUT OF MIND.

WHAT THE HELL

¡qué demonios!, ¡qué diantre!

I know the boat is expensive but, what the hell, one has to enjoy life too.

Ya sé que el barco resulta caro, pero ¡qué diantres!, uno tiene que disfrutar de la vida.

WHAT THE TRAFFIC WILL (CAN) BEAR

tanto como el cliente pueda pagar, todo lo que se pueda.

An old commercial rule is to charge as much as the traffic will bear.

Una vieja norma comercial consiste en pedir (cobrar) tanto como el cliente esté dispuesto a pagar.

WHAT WILL YOU HAVE?

¿qué va usted a tomar?

«*What will you have?*»
«*I'll have a sandwich and a cup of coffee.*»

—¿Qué va usted a tomar?
—Un bocadillo y un café.

WHAT WITH

debido a, a causa de, con, con eso de que.

There must be some reason sales are off... What with cars getting safer, maybe driving has lost its challenge.

Debe de haber alguna razón por la que las ventas hayan bajado... Con eso de que los coches ofrecen ahora menos peligros quizás el conducir ha perdido emoción.

WHAT WITH... WHAT WITH...

en parte por... y en parte por..., entre... y...

What with my work, what with my family, I haven't found a moment to see my friends.

Entre el trabajo y la familia, no he podido encontrar un momento para ver a mis amigos.

WHAT'S EATING (ITCHING), YOU? (sl.)

¿qué mosca te ha picado?

Can't you stop nagging me for five minutes? What's eating you?

¿Es que no puedes dejarme en paz ni un minuto? ¿Qué mosca te ha picado?

WHAT'S IT ALL ABOUT?

¿qué pasa?, ¿de qué se trata?

There are a lot of people shouting in the street. What's it all about?

Hay mucha gente gritando en la calle. ¿Qué pasa?

WHAT'S ITCHING YOU? Véase WHAT'S EATING YOU?

WHAT'S SAUCE FOR THE GOOSE IS SAUCE FOR THE GANDER

la ley es ley para todos, lo que es justo para uno también lo es para el otro, no se pueden hacer distinciones.

If your brother is not allowed to smoke you're not allowed either. What's sauce for the goose is sauce for the gander.

Si tu hermano no tiene permiso para fumar, tú tampoco lo tienes. Aquí no se hacen distinciones.

WHAT'S THE ANSWER?

¿qué hacemos?, ¿cómo lo arreglamos?, ¿qué solución tiene?

We can't keep these flowers in the house and if they are outside they will die. What's the answer?

En casa no podemos tener estas flores, y fuera se morirán. ¿Qué hacemos?

WHAT'S THE (BIG) IDEA? (sl.)

¿qué se propone usted?, ¿de qué se trata?, ¿qué te pasa?, ¿a santo de qué?

Stop pushing me! What's the idea?

¿A santo de qué me das esos empujones?

WHAT'S THE MATTER WITH YOU...?

¿qué te ocurre?

What's the matter with you? You haven't talked for an hour.

¿Qué te ocurre? Hace una hora que no abres la boca.

WHAT'S THE USE (OF IT)?

¿para qué?, ¿de qué servirá?, ¿con qué objeto?

What's the use of worrying? She'll find out sooner or later anyhow.

¿Para qué preocuparse? De todas formas, ella acabará por saberlo.

WHAT'S UP?

¿qué sucede?

I just heard Maria shouting in the courtyard. What's up?

Acabo de oír a María gritar desde el patio. ¿Qué sucede?

WHAT'S WHAT

la verdad, lo que está pasando.

When he finds out what's what he'll have a fit.

Cuando se entere de la verdad cogerá una rabieta.

WHEN ALL IS SAID AND DONE

al fin y al cabo, al fin y a la postre.

I don't find John so stupid. When all is said and done he has made a lot of money in insurance.

A mí Juan no me parece tan tonto. Al fin y al cabo, ha ganado mucho dinero con los seguros.

WHEN I AM GOOD AND READY

cuando me parezca, cuando me venga bien.

Don't keep nagging me. I'll come when I am good and ready.

No me atosigues más. Iré cuando me parezca.

WHEN IN ROME DO AS THE ROMANS DO

Donde fueres, haz lo que vieres.

WHEN THE COWS JUMP OVER THE MOON

La semana que no tenga viernes. Cuando la rana críe pelos. El día del Juicio.

WHEN THE CHIPS ARE DOWN

cuando las cosas van en serio, a la hora de la verdad, cuando hay que jugarse el tipo, cuando no hay retirada posible.

He is a man you can always trust when the chips are down.

Es un hombre que a la hora de la verdad siempre puedes contar con él.

WHERE DO YOU THINK YOU'RE GOING?

un momento, ¿adónde pretendes ir?, ¡alto!, ¡eh!, ¡deténgase!, ¿adónde va usted?

«*Where do you think you're going?*» *said the nurse.* «*Visiting hours are over.*»

—¡Alto! No se puede pasar —dijo la enfermera—. La hora de visita ha terminado.

WHERE DOES THAT COME INTO THE PICTURE?

¿qué tiene eso que ver con el caso de que estamos hablando?, ¿a qué viene eso?

And here is where Peter comes into the picture.

Y ahí es donde interviene Pedro.

WHERE IT'S AT. Véase WHERE THE ACTION IS.

WHERE THE ACTION IS

lugar donde reina (el centro de) la animación (actividad, movimiento, bullicio, diversión).

Downstairs, where the shops and restaurants and people are, that's where the action is.

En el piso de abajo, donde se encuentran las tiendas, los restaurantes y la gente, allí está la animación.

After dinner we'll ask the concierge where the action is in this city,

Después de cenar le preguntaremos al conserje dónde puede uno divertirse en esta ciudad.

WHERE THERE'S A WILL THERE'S A WAY

Querer es poder.

WHILE BACK, A

hace un buen rato, hace tiempo, hace muchos años.

You are wasting your time if you try to convince me because I'm in the conservative party since a while back.

No pierdas el tiempo intentando convencerme. Pertenezco al partido conservador desde hace muchos años.

WHITE ELEPHANT, A

algo cuyo mantenimiento es muy costoso y rinde en cambio pocos beneficios, asunto ruinoso.

Our foreign branches are the white elephant of the company. They require a lot of expenses and yield very little benefit.

Nuestras sucursales en el extranjero son el capítulo más ruinoso de la sociedad. Exigen muchos gastos y dan escasos beneficios.

WHITE LIE, A

mentira que no tiene importancia, mentira piadosa.

My admiration for her painting was only a white lie as I knew that she was persuaded that she was giving me a genuine masterpiece.

Mi admiración por su cuadro fue una mentira piadosa: vi que estaba convencida de que me regalaba una auténtica obra de arte.

WHITE-COLLAR (WORKER)

oficinista, empleado.

In many instances white-collars are worse off than blue collars.

En muchos casos los empleados administrativos están peor que los obreros.

WHITE TIE

de frac.

White ties become tall men rather than short.

El frac sienta mejor a los hombres altos que a los bajos.

WHIZ BY, TO

pasar silbando, pasar como una flecha.

Mary whizzed by in her car while I was waiting for the bus.

María pasó con su coche como una flecha mientras yo estaba esperando el autobús.

WHO CARES?

¡qué más da!

«*Stop scratching the wall, Johnny.*»

«*Who cares? We're moving tomorrow.*»

—Deja ya de rascar la pared, Juanito.

—¡Qué más da! Nos mudamos mañana.

WHY DON'T YOU JOIN US?

¿quiere usted acompañarnos?, ¿quiere usted sentarse con nosotros?, ¿por qué no viene a charlar con nosotros?

I was sitting with friends in a corner when I saw you walk in. Why don't you join us?

Estaba sentado en un rincón con unos amigos y le he visto entrar. ¿Quiere venir a charlar con nosotros?

WIDE AWAKE

1) completamente despierto, totalmente despejado.

He is wide awake from the moment he gets up.

Apenas se levanta, está completamente despejado.

2) listo, despierto, activo.

This job calls for a wide-awake person and not a philosopher like you are.

Este puesto exige una persona activa y no un filósofo como tú.

WIDE OPEN

abierto de par en par.

The wind opened the door wide.

El viento abrió la puerta de par en par.

WILD-GOOSE CHASE, A

empresa quimérica, intento totalmente inútil.

The efforts of the police resulted in a wild-goose chase because the criminals had already fled the country.

Los esfuerzos de la policía resultaron totalmente inútiles, pues los delincuentes habían huido ya del país.

WILDCAT STRIKE

(Huelga no autorizada por el sindicato al que pertenecen los huelguistas. La autorización es uno de los requisitos para su legalidad.)

huelga no autorizada, huelga ilegal, huelga sorpresa, huelga inesperada.

The labor situation was calm, except for a few wildcat strikes.

En el panorama laboral reinaba la calma, con la excepción de algunas huelgas inesperadas.

WIND AND WEATHER PERMITTING. Véase WEATHER PERMITTING.

WIND UP, TO

1) acabar en.

Remember my words. Either you change your ways or you'll wind up in jail.

Recuerda lo que te digo. O cambias de conducta o acabarás en la cárcel.

2) dar cuerda.

I forgot to wind up my watch last night.

Anoche me olvidé de darle cuerda al reloj.

3) cerrar un negocio, liquidar.

If no more clients show up we'll have to wind up the business.

Como no acudan más clientes, no tendremos más remedio que cerrar el negocio.

WINDS OF CHANGE

corrientes innovadoras, aires de renovación, aires nuevos.

In spite of all the efforts of the traditionalists the winds of change finally reached the country.

A pesar de todos los esfuerzos de los tradicionalistas, por fin ya se respiran aires de renovación en el país.

WINE AND DINE, TO

agasajar, tratar por todo lo alto.

I love my legal work but having to wine and dine important clients is not my bag.

Me encanta mi trabajo de abogado, pero el tener que agasajar a clientes importantes no me divierte.

WIPE OUT, TO

barrer, destruir, arrasar.

An atomic war would wipe out all forms of civilization throughout the world.

Una guerra atómica barrería toda forma de civilización de la faz de la tierra.

WIPE THE SLATE CLEAN, TO

hacer borrón y cuenta nueva, empezar de nuevo.

After all your explanations I am willing to wipe the slate clean but this is going to be your last chance.

Después de escuchar tus explicaciones estoy dispuesto a hacer borrón y cuenta nueva, pero es la última oportunidad que te doy.

WISHFUL THINKING

ilusiones, ilusiones vanas, simple expresión de los propios deseos, engañarse a sí mismo, castillos en el aire.

It is wishful thinking to imagine that her character will change at this age.

Pensar que pueda cambiar de carácter a esta edad es hacerse ilusiones.

What you are saying is only wishful thinking.

Lo que dices no es más que la expresión de tus propios deseos.

WISHY-WASHY

débil de carácter, pusilánime, indeciso.

He is too wishy-washy and won't take a stand.

Es demasiado débil para adoptar una actitud decidida.

WITH A BANG (sl.)

con gran éxito, con éxito clamoroso; con gran entusiasmo; con gran estruendo.

In spite of all predictions the new play went over with a bang.

A pesar de todos los pronósticos, la obra se estrenó con un éxito estrepitoso.

WITH A VENGEANCE

con toda el alma, con todas las fuerzas; con redoblada violencia, enconadamente, con creces.

The fight started again with a vengeance.

La lucha se reanudó con redoblada violencia.

WITH A VIEW TO

con objeto de, con el propósito de, con vistas a.

The government devalued the currency with a view to promoting exports.

El gobierno desvalorizó la moneda con objeto de fomentar las exportaciones.

WITH FLYING COLORS

con éxito, felizmente, victoriosamente.

Mary passed her examination with flying colors.

María se examinó con éxito.

WITH HIS TAIL BETWEEN HIS LEGS

con el rabo entre piernas, con las orejas gachas.

I wonder what the Principal must have told John because he entered his office very arrogantly but came out with his tail between his legs.

No sé lo que el rector habrá dicho a Juan. Lo cierto es que Juan entró en el despacho con mucha arrogancia pero salió con las orejas gachas.

WITH LOVE

(dedicatoria o despedida epistolar).

cariñosamente, «te quiere».

I don't know him well enough to end my letter «with love».

No lo conozco lo bastante como para terminar la carta despidiéndome con un «cariñosamente».

WITH MIGHT AND MAIN. Véase HAMMER AND TONGS.

WITH NO MORE (FURTHER) ADO. Véase WITHOUT MORE ADO.

WITH ONE VOICE

unánimemente, a coro.

When I asked the children whether they preferred to go for a walk or to the movies they an-

swered with one voice in favor of the movies.

Cuando pregunté a los niños qué preferían, si dar un paseo o ir al cine, me respondieron a coro que ir al cine.

WITH THE STROKE OF A PEN

de un plumazo.

You cannot eliminate poverty with the stroke of a pen.

La pobreza no puede eliminarse de un plumazo.

WITHIN WALKING DISTANCE FROM (or OF)

a una distancia que puede recorrerse cómodamente a pie.

I've always liked to live in places within walking distance of my office.

Siempre me ha gustado vivir en sitios desde los que pueda ir a pie a la oficina.

WITHOUT A THOUGHT

sin pensarlo, sin vacilar, inmediatamente.

Having always enjoyed myself so much in his home, I accepted his invitation without a thought.

Como siempre lo había pasado muy bien en su casa, acepté su invitación sin vacilar.

WITHOUT MORE ADO

sin más preliminares, sin más, acto seguido.

The president welcomed the participants and without more ado

opened the debate about the first item of the order of business.

El presidente dio la bienvenida a los participantes en la reunión, y sin más preliminares abrió el debate sobre la primera cuestión del orden del día.

WORD IN YOUR EAR, A

1) conversación privada.

May I have a word in your ear?

¿Podríamos hablar a solas?

2) advertencia.

A word in your ear: beware of his advice. He knows nothing about medicine.

Se lo aviso: cuidado con lo que le dice, pues no sabe una palabra de medicina.

WORDS FAILED ME

me quedé sin saber qué decir, me quedé sin habla.

I was so shocked by his behaviour that words failed me.

Su conducta me produjo tal disgusto que me quedé sin saber qué decir.

WORK MIRACLES, TO

hacer milagros.

I strongly recommend you the new drug. It works miracles: you'll get rid of your cold in twenty four hours.

Te recomiendo de veras la nueva medicina. Hace milagros: te curará el resfriado en veinticuatro horas.

WORK ONE'S WAY THROUGH, TO

1) trabajar para pagarse los estudios u otra actividad no remunerada.

To work one's way through college doesn't do any harm but rather strengthens character.

Trabajar para poder pagarse los estudios no perjudica a nadie y, en cambio, ayuda a formar el carácter.

2) penetrar poco a poco.

The needle worked its way through the muscle but did not reach the bone.

La aguja fue penetrando poco a poco en el músculo, pero no llegó a alcanzar el hueso.

WORK ONE'S WAY UP, TO

abrirse camino en la vida, prosperar, progresar con esfuerzo.

It took me many years to work my way up to the top of my profession but I would do it all over again.

Me costó muchos años de esfuerzo alcanzar la cima de mi profesión. Pero si tuviera que empezar otra vez, volvería a hacer lo mismo.

WORK OUT, TO

1) salir, resultar.

Stop worrying. Everything will work out all right.

No te preocupes más. Todo saldrá bien.

2) pensar, idear, planear.

It can't fail. I have everything worked out.

No puede fallar. Lo tengo todo perfectamente planeado.

3) resolver, solucionar, encontrar.

I am sure that we'll be able to work out a solution.

Estoy seguro de que llegaremos a encontrar una solución.

4) calcular.

I haven't worked out yet the exact amount I owe you but I'm going to give you an advance.

Todavía no he calculado el dinero que te debo exactamente, pero voy a darte una cantidad a cuenta.

5) agotar (una mina).

The mine was worked out after a few years.

La mina quedó agotada al cabo de pocos años.

WORK UP, TO

1) levantar, poner a flote.

If we really tried we could work up the business in a few weeks.

Si trabajáramos en serio conseguiríamos poner a flote el negocio en unas cuantas semanas.

2) instigar, incitar, azuzar, excitar, inflamar, calentarle a uno los cascos.

There is no speaker like him when it comes to work up the masses.

Para excitar los ánimos de las masas, no hay otro orador como él.

3) preparar, estudiar, trabajar en.

This Sunday I'm going to work up the lectures for next week.

Este domingo me dedicaré a preparar las lecciones que he de dar la próxima semana.

WORLD AND HIS WIFE (or UNCLE), THE. Véase ALL SUNDRY.

WORLD POWER, A

gran potencia, una primera potencia.

Virtually each European country has had a turn at being a world power.

Prácticamente, cada uno de los países europeos ha tenido la oportunidad de ser una gran potencia.

WORSE AND WORSE

cada vez peor, de mal en peor.

Since he left his job, his affairs are getting worse and worse.

Desde que dejó el empleo, va de mal en peor.

WORST IS YET TO COME (BE), THE

todavía falta (no han visto) lo peor; aún queda el rabo por desollar.

It was easy to disassemble the set but the worst is yet to come: now we have to find the breakdown.

Desmontar el aparato fue fácil, pero ahora viene lo peor: tenemos que encontrar la avería.

WORST OFFENDER, THE

el principal culpable, lo peor, el causante principal.

Pulp plants are the worst offenders in polluting the water of our rivers.

Las fábricas de pasta de papel son las principales causantes de la contaminación de nuestros ríos.

WORTH HIS SALT

que se precie, digno de su nombre, medianamente bueno.

Any cook worth his salt must face the test of his paella.

Todo cocinero que se precie debe pasar por la prueba de guisar una paella.

WOULD-BE, A

que aspira a ser, aspirante a.

Among the many visitors to the art galleries one can easily spot the would-be artists.

Entre el numeroso público que visita las exposiciones de pintura es fácil reconocer a los que aspiran a ser artistas.

WOULD THAT IT WERE SO

¡ojalá fuera así!

In television truth and justice always triumph and sordid poverty doesn't exist. Would that it were so.

En la televisión, la verdad y la justicia siempre triunfan y nunca se ve a gente que esté en la miseria. ¡Ojalá fuera así en la realidad!

WRITE AN EXAMINATION, TO

examinarse, hacer un examen escrito.

We can't go to the country until my son has written his examination.

No nos podemos marchar al campo hasta que mi hijo se haya examinado.

WRITE-IN

Anotación a mano del nombre de una persona que no figura impreso en la papeleta electoral como candidato oficial.

Jones won a write-in victory.

Jones salió elegido a pesar de que no figuraba en la candidatura oficial.

WRITING ON THE WALL, THE

(alusión al festín de Baltasar).

presagio de desgracia, advertencia de peligro, aviso del cielo, cuando las barbas de tu vecino veas pelar...

We were afraid Henry would try the same trick once more, but obviously he had seen the writing on the wall and thought better of it.

Nos temíamos que Enrique intentara de nuevo la misma jugada, pero, por lo visto, comprendió la que se le venía encima y cambió de idea.

When the products of my competitors appeared in the market I couldn't read the writing on the wall and after a year I was out of business.

Cuando los productos de la competencia hicieron su aparición en el mercado no supe ver el peligro que me amenazaba, y al cabo de un año tuve que cerrar el negocio.

WRONG SIDE OF THE TRACKS, THE

(Los pueblos norteamericanos que atravesaba el ferrocarril quedaban divididos en dos barrios, que se consideraban de desigual condición social.)

el barrio humilde de una ciudad, la parte menos elegante.

Knowing your parents and their aristocratic friends I am sure that they would never consent to you marrying a girl from the other side of the tracks.

Conociendo a tus padres y a sus aristocráticos amigos, estoy seguro de que nunca consentirían que te casaras con una chica de modesta condición social.

Y

YELLOW PRESS, THE
la prensa sensacionalista.

One gets very depressed reading the yellow press and then one discovers that only one fourth of the reported news were true.

La prensa sensacionalista es muy deprimente, y luego uno descubre que tan sólo una cuarta parte de las noticias leídas eran ciertas.

YOU ARE TELLING ME! Véase DO I NOT KNOW.

YOU ARE WELCOME
1) no hay de qué, de nada, no faltaba más.

«Thank you very much.»
«You are welcome.»
—Muchísimas gracias.
—No hay de qué.

2) bien venido.

Don't forget that you and your friends are always welcome in this house.

No olvides que tanto tú como tus amigos seréis siempre bien recibidos en esta casa.

YOU ARE WELCOME TO THE CLUB. Véase WELCOME TO THE CLUB.

YOU BET (YOUR SWEET LIFE)! (sl.)
¡toda la vida!, ¡ya lo creo!, puedes estar seguro, ¡y que lo diga!

«Do you think she will like this present?»
«You bet!»
—¿Qué te parece?, ¿le gustará este regalo?
—¡Ya lo creo!

YOU CAN LEAD A HORSE TO WATER, BUT YOU CANNOT MAKE HIM DRINK
Se puede llevar el caballo al abrevadero, pero no obligarlo a beber.

YOU CAN SAY THAT AGAIN
y que lo diga, no lo sabe usted bien, bien puede usted decirlo.

«You must be worn out after working such long hours.»
«You may say that again.»

—Debe de estar rendido después de haber trabajado tanto.

—¡No lo sabe usted bien!

YOU CAN WHISTLE FOR IT

espera sentado, quítatelo de la cabeza.

If you think I'm going to lend you my car to-night you can whistle for it.

Si crees que esta noche voy a prestarte el coche, ya puedes esperar sentado.

YOU CAN'T GET A LEOPARD TO CHANGE HIS SPOTS

Genio y figura hasta la sepultura. La cabra siempre tira al monte.

YOU CAN'T GET SOME-THING FOR NOTHING

No todo el mundo puede cantar misa. Quod natura non donat, Salamanca non prestat.

YOU CAN'T MAKE A SILK PURSE OUT OF A SOW'S EAR.

Aunque la mona se vista de seda, mona se queda.

YOU CAN'T WIN THEM ALL

uno no puede estar acertado en todo, no todo puede salir siempre bien, alguna vez uno tiene que equivocarse; no se puede siempre contentar a todo el mundo.

My wife scolded me for having forgotten two items on the shopping list she gave me. You can't win them all.

Mi mujer me regañó por haberme olvidado de comprar dos cosas de la lista que me dio. Uno no puede hacerlo todo bien.

YOU CAN'T TEACH AN OLD DOG NEW TRICKS

Loro viejo no aprende a hablar.

YOU LOOK AND YOU WONDER

lo ve uno y no lo cree, es algo increíble.

I'm telling you. They've built the best school in the world. You can only look and wonder.

Lo que te digo. Han construido la mejor escuela del mundo. Es algo increíble.

YOU NAME IT

lo que usted quiera.

We have in stock all the cigarettes in the world: Turkish, American, Greek, Brazilian, Spanish, you name it.

Tenemos toda clase de cigarrillos: turcos, americanos, griegos, brasileños, españoles... En fin, lo que usted quiera.

YOU'D BETTER BELIEVE IT

¡y de qué manera!, ¡cómo le diría yo!

«*Do you think Sara is serious when she is talking about leaving?*»

«*You'd better believe it. She is already packing.*»

—¿Crees que Sara habla en serio cuando dice que se marcha?

—¡Y cómo! Ya está haciendo las maletas.

YOUNG TURKS

(Miembros de un partido político que se oponen al programa oficial por sustentar ideas más liberales.) rebelde; liberal, reformista, progresista.

The conservative position of the leaders of the party is being threatened by the young turks in its ranks.

La postura conservadora de la jefatura del partido se ve amenazada por el ala progresista.

YOU'RE JOKING (KIDDING)

no lo dirás en serio, no es posible.

«What would you say if I told you that the Corcorans have bought the house next to us?» «You're joking»

—¿Qué me dirías si supieras que los Corcoran han comprado la casa de al lado?

—¡No me digas!

YOU'VE GOT TO BE KIDDING

(Igual que el anterior.)

YOU WOULD

eres muy capaz, te creo, serías muy capaz (en tono sarcástico, irónico o de conmiseración).

«If one day I'd find you with another man I'd kill you».
«You would!»

—Si algún día te encontrara con otro hombre, te mataría.

—¡Te creo!

YOU WOULDN'T

no te atreverías, no eres capaz (en tono de incredulidad, desdén o desafío).

«The next time I'll see him I am really going to give it to him!» «You wouldn't.»

—La próxima vez que le vea voy a sacudirle de verdad.

—No te atreverás.

YOUR GUESS IS AS GOOD AS MINE

yo sé tanto como ustedes, estoy tan poco enterado como usted, la misma pregunta me hago yo.

«Then, Professor, by when do you believe that man will be able to reach Mars?»
«In this subject, gentlemen your guess is as good as mine.»

—Así, pues, profesor, ¿cuándo cree usted que el hombre será capaz de llegar a Marte?

—En esta materia, señores, ustedes saben tanto como yo.

YOUR HONOUR (or LORD-SHIP)

usía, su señoría, ilustrísimo señor.

With your permission. Your Honour, I'm going to introduce the first witness for the defence.

Con el permiso de Su Señoría, voy a presentar al primer testigo de la parte demandada.

YOUR WISH IS MY COMMAND

Tus deseos son órdenes para mí.

ÍNDICE COMPLEMENTARIO

Como el lector habrá observado y se indica en la «Nota preliminar», los modismos que componen este diccionario están clasificados por el orden alfabético de su primera palabra. Esta clasificación permite encontrar la mayor parte de las expresiones recogidas. Hay casos, sin embargo, en que un mismo modismo puede adoptar varias formas y es posible que el lector busque una modalidad que no sea la incluida en el texto. También puede ocurrir que el lector no recuerde exactamente la formulación de las palabras, pero sí alguna palabra clave de la expresión. Para obviar estas dificultades hemos confeccionado el siguiente índice de palabras significativas que componen los modismos, excluidas las que figuran en primer lugar, con indicación del número de la página en que se encuentra el modismo.